国家基本职业培训包教程

DIANZI SHANGWUYUAN

电子商务员

（四级）

人力资源社会保障部教材办公室 组织编写

中国人力资源和社会保障出版集团
中国劳动社会保障出版社 中国人事出版社

图书在版编目（CIP）数据

电子商务员：四级 / 人力资源社会保障部教材办公室组织编写. -- 北京：中国劳动社会保障出版社：中国人事出版社，2019

国家基本职业培训包教程

ISBN 978-7-5167-4047-7

Ⅰ. ①电… Ⅱ. ①人… Ⅲ. ①电子商务-职业培训-教材 Ⅳ. ①F713.36

中国版本图书馆 CIP 数据核字（2019）第 253486 号

中国劳动社会保障出版社
中 国 人 事 出 版 社 出版发行

（北京市惠新东街 1 号 邮政编码：100029）

*

北京市艺辉印刷有限公司印刷装订 新华书店经销

787 毫米 ×1092 毫米 16 开本 22.25 印张 393 千字

2019 年 12 月第 1 版 2021 年 4 月第 4 次印刷

定价：52.00 元

读者服务部电话：（010）64929211/84209101/64921644

营销中心电话：（010）64962347

出版社网址：http://www.class.com.cn

国家基本职业培训包

编审委员会

主　任：张立新　张　斌
副主任：王晓君　袁　芳　魏丽君
委　员：王　霄　项声闻　杨　奕　蔡　兵　陈　蕾　葛恒双
　　　　张　伟　赵　欢　吕红文

本书编审人员

主　编：那　淼　贾婧文
副主编：董春超　万文兵
编　者：聂　兵　武晓燕　周倩倩　王新星　张亚敏　郝文红
审　稿：陈恩平

前言
Preface

为贯彻落实《中华人民共和国国民经济和社会发展第十三个五年规划纲要》提出的“实行国家基本职业培训包制度”的要求，全面推进《国务院关于推行终身职业技能培训制度的意见》各项部署，按照《人力资源社会保障部办公厅关于推进职业培训包工作的通知》的工作安排，“十三五”期间，组织开发100个国家基本职业培训包，指导开发100个地方（行业）特色职业培训包。职业培训包开发工作是新时期职业培训领域的一项重要基础性工作，旨在形成以综合职业能力培养为核心，以技能水平评价为导向，实现职业培训全过程管理的职业技能培训教学服务体系，这对于进一步提高培训质量，加强职业培训规范化、科学化管理，促进职业培训与就业需求的有效衔接，推行终身职业培训制度具有积极的作用。

职业培训包是依据《国家职业技能标准》，结合职业岗位实际需求开发的，集培训标准、课程规范、教学与学习资源、职业指南、培训机构设置指南等于一体的职业培训资源总和，是职业技能培训规范性技术文件。国家基本职业培训包由指南包、课程包、资源包三个子包构成，三个子包各含有相应培训内容与教学资源。

人力资源社会保障部教材办公室组织参加“国家基本职业培训包（指南包　课程包）”编制的专家及其他有关专家依据指南包、课程包，编写了“国家基本职业培训包教程”（简称培训包教程）。

培训包教程是职业培训包中资源包的重要组成部分。教程严格对应职业培训包课程规范要求，遵循职业培训教学规律，紧密结合经济社会发展的新要求和企业技术进步的实际需要编写。另外，探索“互联网＋职业培训”模式，在开发培训包教程的同时，配套开发数字课程资源，实现线上线下培训的有机衔接。

培训包教程分级别编写，其中，基本素质内容涵盖课程包的职业基本素质培训要求，是各级别均需掌握的基础知识；各级别教程采用“模块—课程—学习单元”的设计结构，与课程包的课程规范结构一一对应。

培训包教程适用于各类政府补贴培训、企业自主培训和市场化培训，是公共实训机构、职业院校（含技工院校）、职业培训机构和行业企业开展职业培训的重要资源。

培训包教程在编写中得到邢台技师学院、江苏仪征技师学院、北京市新媒体技师学院、杭州沃土教育科技股份有限公司、浙江商业职业技术学院的大力支持，在此表示衷心感谢。

培训包教程编写是一项探索性工作，欢迎培训单位和培训学员在使用中提出宝贵意见，以臻完善。

人力资源社会保障部教材办公室

Contents

目录 | 电子商务员（四级）

客户服务

物流基本作业

模块1 美工设计

- 课程 1-1　素材拍摄
- 课程 1-2　图片处理

课程设置[1]

课程	学习单元	课堂学时
1-1　素材拍摄	素材拍摄	4
1-2　图片处理	网店素材及制作	4

课程 1-1　素材拍摄

学习内容[2]

学习单元	课程内容	培训建议	课堂学时
素材拍摄	1）摄影器材的使用 ①拍摄器材的使用 ②辅助器材的使用	（1）方法：讲授法、演练法、实训法 （2）重点与难点：拍摄器材和摄影辅助器材的使用	4
	2）商品特性挖掘		
	3）商品构图要素		
	4）商品构图主要形式		
	5）拍摄过程中光的运用		

①② 全书“课程设置”和“学习内容”摘自《国家基本职业培训包（指南包　课程包）——电子商务师（试行）》，供参考。

学习单元　素材拍摄

一、摄影器材及使用

1. 摄影器材介绍

电子商务美工环节必不可少的一项任务就是素材拍摄，通常用到的素材拍摄器材分为相机和智能拍照手机两种。

（1）相机

1）数码相机。数码相机是一种集光学、机械、电子于一体的产品。数码相机利用电子传感器把光学影像转换成电子数据，集成了影像信息的转换、存储和传输等部件，其数字化存取模式能实现与计算机交互处理和实时拍摄。数码相机变焦镜头的变焦范围比较大，多为 24 ~ 200 mm，数码相机拍摄的画面质量较高，一般在 2 000 万 px 左右。数码相机是在电子商务美工环节最常见的选择，如图 1–1–1 所示。

图 1–1–1　数码相机

数码相机按照用途可分为单反数码相机、微单相机、卡片相机和长焦数码相机等。数码相机的传感器是一种光感应式电荷耦合器件或互补金属氧化物半导体。图像在传输到计算机以前，通常会先存储在数码存储设备中。

数码相机的优缺点见表 1–1–1。

表 1–1–1　数码相机的优缺点

优点	缺点
拍摄的图片可及时查看效果，效率高	成像质量相比光学相机缺乏层次感
光电转换芯片能提供多种感光度选择	影像处理芯片的不同造成不同照片颜色有差异
精致小巧，便于携带	后期使用维修成本较高
操作简单，容易上手	

2）单反相机。单镜头反光式取景照相机又称单反相机，有数码和机械之分。这种相机使用单镜头，光线通过镜头照射到反光镜上，通过反光镜和棱镜的独到设计使得摄影者可以从取景器中直接观察到所捕捉的影像，如图 1–1–2 所示。

在拍摄过程中，光线透过镜头到达反光镜，反射到上面的对焦屏并结成影像，透过接目镜和五棱镜，摄影者可以在取景器中看到外面的景物。当按下快门，反光镜抬起，图像被成像在感光元件（CCD）上，与取景器上所显示的一致。

图 1–1–2　单反相机

单反相机的优缺点见表 1–1–2。

表 1–1–2　单反相机的优缺点

优点	缺点
单镜头取景，无视觉差影响	相对笨重，不便携带
取景、调焦都十分方便	取景受镜头制约
可以随意换用各种焦距的镜头	操作复杂

（2）智能拍照手机

智能拍照手机集手机和数码相机的功能于一体，其方便之处在于便携性强、灵活方便，用户可以随时随地进行拍照。拍完的照片可以多媒体的形式发送给所需的人，即拍即发，方便快捷。智能拍照手机一般都提供了照片的编辑功能，用户可以把拍摄的照片做成手机的开关机画面、壁纸等，因此智能拍照手机的个性化功能更加强大，如图 1–1–3 所示。

图 1-1-3　智能拍照手机

随着科技的不断进步，智能拍照手机屏幕的分辨率越来越高，摄像头的像素也在增加，拍摄出的图片效果不仅没有颗粒感，而且色域也很广，可以很清晰地显示图片。但是与专业摄影工具比较，手机还是有其局限性：一是拍摄像素相对较低无法保证成像的质量；二是快门速度无法保证快速运动物体的拍摄质量和效果。

摄影器材的选择要从以下几个角度考量：一是拍摄素材所要达到的效果；二是拍摄器材操作的难易程度。

综上所述，电子商务企业美工通常所采用的拍摄器材以数码相机为主。下面在介绍摄影器材的使用过程中以数码相机为例。

2. 摄影器材的使用

在正常的拍摄过程中首先需要设置好相机的基本参数，每次拍摄之前，必须检查相机的设置菜单，以确认图像分辨率、拍摄模式、光圈、曝光、感光度等是否设置正确。否则，拍出的照片可能达不到预期效果。数码相机的基本参数设置按钮如图 1-1-4 所示。

（1）像素调节

对于数码相机的使用来说，最主要、最常用的是图像分辨率的设置。大多数数码相机都提供了多种分辨率选择，每次拍摄前必须确认分辨率的设置是否正确。

以佳能相机为例，像素调节操作方法是点击 MENU 键打开相机的设置菜单，选择“画质”，进入后可以选择相应的像素，如图 1-1-5 所示。

JPEG 与 RAW 是数码相机中常见的两种图片格式。RAW 图片格式的像素通常较高，但格式兼容性差，且占用内存较大，所以一般选择 JPEG 格式。选择格式后还要选择像素级别和图片尺寸。在选择像素级别和图片尺寸时，除了要考虑清晰度还要结合相机的存储容量和上传到店铺的实际素材要求，进行合理性选择。

（2）模式调节

通常，数码相机上有一个可转动的圆盘，上面标有 A、S、P、M 或 AV、TV、P、M 等字母，它们分别代表了不同模式的选择，如图 1-1-6 所示。

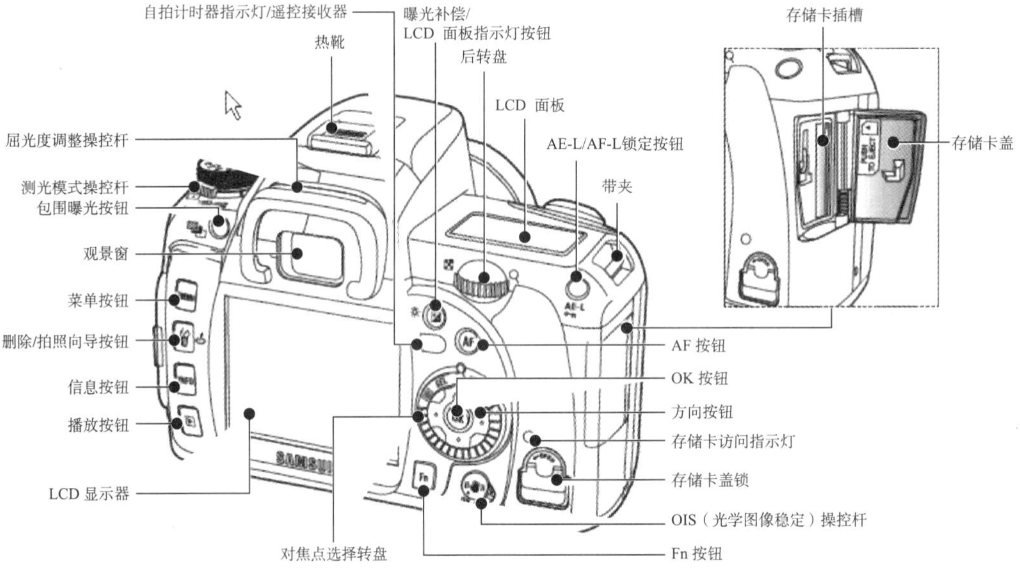

图 1-1-4　数码相机参数设置按钮

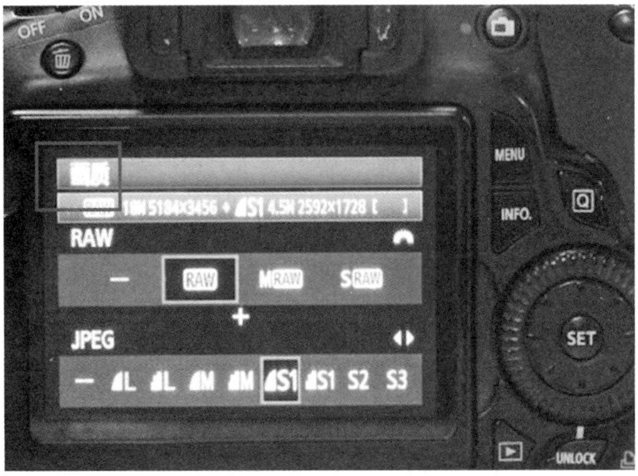

图 1-1-5　像素调节界面

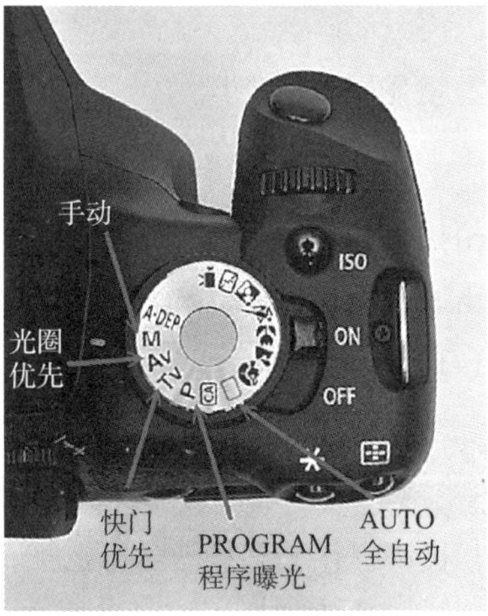

图 1-1-6　模式调节界面

1）A 或 AV 代表光圈优先模式。光圈决定拍摄照片时进光量的多少，光圈越大，进光量越多。通常情况下，光圈要与快门速度相结合，才能拍出理想的照片。光圈优先模式表示由相机自动测光系统计算出曝光量的值，然后根据选定的光圈大小自动选择快门速度的模式。这种模式比较适合拍摄静物。

2）S 或 TV 代表快门优先模式。快门速度决定了拍摄照片时的曝光时间长短。快门优先模式表示由相机自动测光系统计算出拍摄时需要的快门速度，然后根据选定的快门速度自动选择光圈大小的一种模式。这种模式比较适合拍摄运动的物体。

3）P 或 AE 代表程序自动模式，即拍摄照片时光圈、快门速度及感光度（ISO）都由相机自动测光系统决定。这种模式人为干预更少，对初学者来说较为简单，但拍摄的效果中规中矩。

4）AUTO 代表全自动模式，即所谓的“傻瓜”模式，所有参数都由相机自动决定，拍摄者只需要构图和按下快门即可，但这种模式的拍摄效果一般，仅适合入门级拍摄者使用。

5）M 即全手工模式。拍摄时，所用的光圈、快门速度、感光度等参数都由拍摄者根据经验手动设置。这种模式相对较难。网店经营对产品展示图片的要求越来越高，普通图片很难吸引和打动顾客，因此，要想拍出别具一格的图片，建议使用手动模式。

（3）光圈

光圈是用来控制光线透过镜头进入机身内感光元件的光量的装置，它通常是在镜头内，如图 1–1–7 所示。

光圈值 F 一般介于 2.8 ~ 11 之间，许多数码相机在调整光圈时，可以做 1/3 级的调整。在快门速度不变的情况下，光圈越大，光圈值 F 越小，进光量越多，画面比较亮；光圈越小，光圈 F 值越大，进光量越少，画面比较暗。光圈值 F 的变化如图 1–1–8 所示。

图 1–1–7　光圈

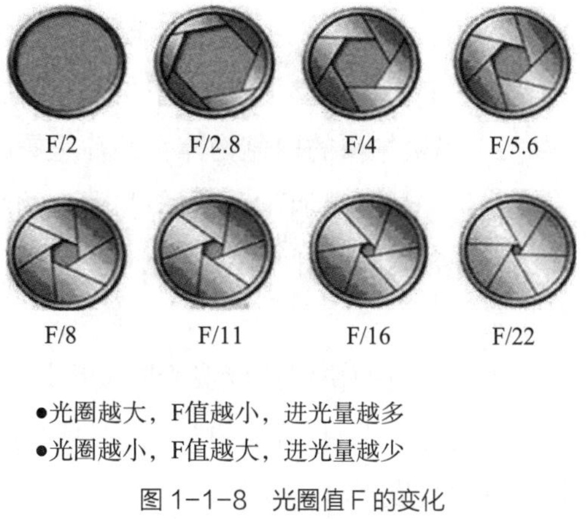

图 1–1–8　光圈值 F 的变化

光圈的主要作用是调节进入镜头的光线的多少。拍照时，光线强烈要缩小光圈，光线暗淡要扩大光圈。其他参数不变的情况下，F 值越小，越有利于夜景拍摄。另外，光圈是决定景深大小的重要因素，光圈大（光圈值小），景深小；光圈小（光圈值大），景深大。

（4）曝光补偿

曝光补偿是一种控制曝光的方式，曝光补偿值一般为 ±（2～3）EV。如果环境光源偏暗，可增加曝光补偿值（如调整为 +1 EV、+2 EV）以突显画面的清晰度。曝光补偿就是有意识地变更相机自动演算出的“合适”曝光参数，让照片更明亮或者更昏暗的拍摄手法。拍摄者可以根据自己的想法调节曝光补偿值，改变照片的明暗程度，创造出独特的视觉效果。曝光补偿操作界面如图 1–1–9 所示。要注意的是，曝光补偿按钮在手动模式（M）下无效。

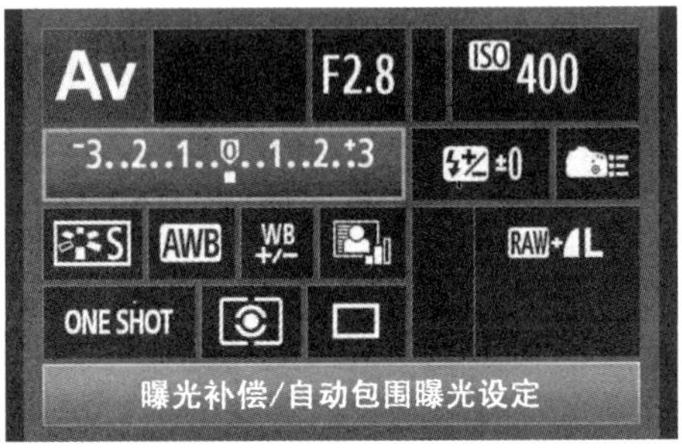

图 1–1–9　曝光补偿操作界面

曝光补偿的使用方法如下。

1）当拍摄环境比较昏暗，进行曝光补偿时，如果照片过暗，要增加 EV 值，EV 值每增加 1.0，相当于摄入的光线量增加一倍；如果照片过亮，要减小 EV 值，EV 值每减小 1.0，相当于摄入的光线量减少一半。按照不同相机的补偿间隔，可以以 1/2（0.5）EV 或 1/3（0.3）EV 的单位来调节。

2）当被拍摄的白色物体在照片里看起来是灰色或不够白时，要增加曝光量，简单来说就是“越白越加”。这看似与曝光的基本原则和习惯背道而驰，其实不然。因为相机的测光往往偏重于中心主体，白色的主体会让相机误以为环境很明亮，因而造成曝光不足。

由于相机的快门速度或光圈大小是有限的，因此并非总能通过曝光补偿达到 2 EV 的调整范围。在过暗的环境下仍然曝光不足时，应配合闪光灯或增加相机的感光度来提高画面亮度。

（5）感光度

数码相机感光度（ISO）就是相机传感器对光线的敏感程度。ISO 感光度、光圈、快门是拍摄时决定曝光量的三大要素，ISO 值会直接影响快门速度与光圈的调配。快门速度越慢（曝光时间越长），光圈越大，通过的光线越多；快门速度越快（曝光时间越短），光圈越小，通过的光线越少。随着 ISO 值增大，曝光所需时间也应随着缩短。感光度调节界面如图 1-1-10 所示。

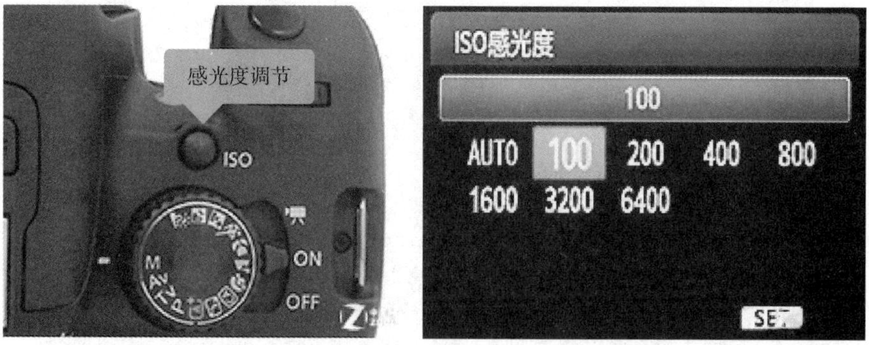

图 1-1-10　感光度调节界面

ISO 感光度的设置技巧如下。

1）晴天或光线充足条件下的室外，推荐使用 ISO 50 ~ ISO 200，使用小光圈拍摄。在光线不够明亮的条件下，适当提高 ISO（ISO 200 ~ ISO 400），并且使用大光圈进行拍摄。

2）光线较暗的室内、傍晚或夜晚的灯光下，推荐使用 ISO 400 ~ ISO 800。

3）拍摄静物时，可用较慢的快门，选用中、低度 ISO 拍摄（ISO 50 ~ ISO 200），以提高照片质量。

4）在室内配合闪光灯使用时，若发现闪光灯亮度不足，或主体亮度正常，但背景太暗，建议提高 ISO 值来拍摄，可让闪光灯效果更明显，现场光线更自然。

（6）焦距

焦距是数码相机从镜片中心到感光元件成像平面的距离。短焦距的光学系统比长焦距的光学系统有更佳的聚集光的能力。焦距固定的镜头被称为定焦镜头；焦距可以调节变化的镜头被称为变焦镜头。较常见的镜头焦距有 8 mm，15 mm，24 mm，28 mm，35 mm，50 mm，85 mm，105 mm，135 mm，200 mm，400 mm，600 mm，1 200 mm 等，还有长达 2 500 mm 的超长焦距镜头。数码相机焦距示意如图 1-1-11 所示。

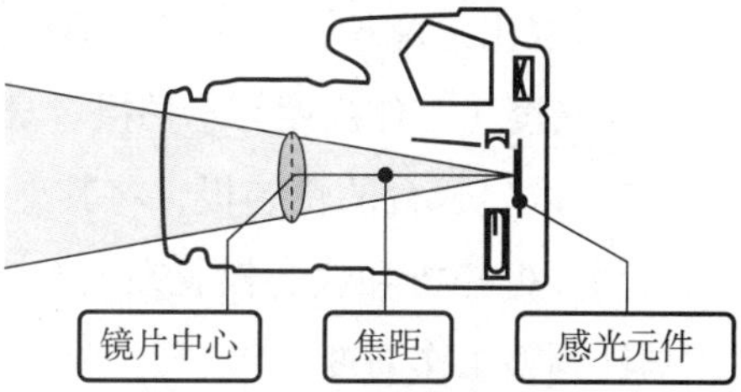

图 1-1-11　数码相机焦距示意

根据焦距的长短，即拍摄时的视角，镜头可分为标准镜头、广角镜头和长焦镜头等。不同焦距，拍摄的效果是不同的，如图 1-1-12 所示。

图 1–1–12　不同焦距拍出的效果图

3. 辅助摄影器材及使用

为了达到更好的拍摄效果，在使用相机的过程中往往会借助一些辅助的摄影器材，常见的辅助摄影器材有三脚架、柔光灯、背景布等。

（1）三脚架

三脚架的主要作用是稳定照相机，以达到某种拍摄效果。拍摄者在拍摄夜景或者带涌动轨迹的图片时，需要较长的曝光时长，此时，需要借助三脚架使相机稳定、不抖动。另外，当使用较重的拍摄器材（如长焦镜头照相机）时，为避免拍摄时间长而带来的疲劳，可以借助三脚架支撑拍摄器材，提高拍摄效率。三脚架还有延迟拍摄、保持水平拍摄角度等作用。三脚架如图 1–1–13 所示。

图 1–1–13　三脚架

三脚架的使用方法如下。

1）取出三脚架，展开后，旋转摇杆，将三脚架升至工作高度（工作高度等于拍摄者身高减去 30 cm）。

2）取出云台的快装板，将其上的螺钉锁定在相机的底部，把相机和快装板装在云台上，根据拍摄画面，用摇杆调整工作高度。

3）展开三脚架的脚管时务必把每一根脚管全部拉开至最大限度，将扣固定好，以防脚管关节部位松动。

三根脚管也应展开到最大限度，以便三脚架固定在地面上的面积足够大，确保三脚架不易移动。

4）将三脚架的其中一根脚管调整到镜头的正下方，另外两根脚管分立拍摄者的左右，以免拍摄者在拍摄时不慎碰撞三脚架。

5）检查固定座，确保固定座固定完好，否则须再次固定。

6）找出水平线，以便在使用时核对三脚架是否平稳，保证使用效果。

（2）柔光灯

柔光灯是把僵硬的闪光灯、直射光线通过耐高温的半透明塑料转化为柔和的漫射光，消去被拍摄物上的高光斑，使拍摄物上没有明显的阴影，充分反映物体的形态和色彩，使照片看起来更加自然。柔光灯如图 1-1-14 所示。

图 1-1-14　柔光灯

柔光灯的光照距离较短，一般为 2.5 ~ 3 m，适于室内场景的拍摄，常见的使用方法如下。

1）单个柔光灯。使用单个柔光灯是在拍摄过程中最简单、最常用的方法。单个柔光灯常被放在人物的左边或右边，通常比被拍摄物略高一些，并以 45° 向下打光，从而得到更好的灯光效果。

若因环境所致，单个柔光灯太暗，可以将反光板放到主灯的对面，使其折射部分光线，让需要突出的细节部分更清晰，将整个主体加亮。

2）光照距离造型。柔光灯作为基本照明，由于灯具与被拍摄物的远近不同所产生的承受光的多少有所不同，从而产生的影调的大小也会有所不同。如拍摄人像，可以将主光和逆光与模特的距离定为 2 m，再将辅助光与模特的距离定为 3 m，从而达到人物造型有所突破的具体目的。

3）调节光影造型。利用灯具功率大小与灯管数目的变化，可以调节光影造型以达到所需的效果。即用柔光灯作为基本照明，主光、逆光采用功率较大、灯管数目较多的灯具，如 55 W × 8 的灯具；辅助光和修饰光可采用功率小、灯管数目少的灯具，如 36 W × 2 的灯具；背景光可根据背景和被拍摄物的距离，来进行适当的调整。

（3）背景布

拍摄者为使产品在一个干净整洁的拍摄环境中，会将一块布放在被拍摄物后面来突出主体，放在后面的那块布被称为背景布。背景布可减少高反光物品的杂乱反光，衬托、突出被拍摄物。背景布如图 1–1–15 所示。

图 1–1–15　背景布

拍摄者在选择背景布时，大多选择没有图案的单色背景布。当然，根据被拍摄物的造型风格和服装色系的不同也可选择不同的背景布来搭配。

不同颜色的背景布与不同类型的被拍摄物搭配，展示出的效果不同，下面列举几种颜色背景布与不同商品的常见搭配。

1）粉色。适合年轻女性用品，如少女装、女性饰品、化妆品、儿童用品等。

2）灰色。适合男士用品，如男装、男鞋、男性饰品、数码产品等。

3）驼色。适合时尚、欧美风格的服装类，男装和女装都可以。

4）蓝色。适合男性饰品类、游戏类、玩具类。

5）米色。能衬托主题，适合较复杂的服装搭配拍摄。

6）珠玉。女装常用搭配色，能够和谐地突出商品。

二、商品特性挖掘

电子商务的顾客在选择商品时，往往会根据商品图片呈现的效果进行选择，因此商品图片在呈现效果上一定要体现商品的特性，反映出商品的价值点，强化购买动机。在商品拍摄过程中，挖掘商品特性拍摄的方法如下。

1. 善用外物搭配

时至今日，人们已经不再满足于仅仅展现商品的外观，在顾客越来越挑剔的眼光下，商品的优势和价值、悠闲的生活节奏、小资情调和抽象的意境都有可能成为打开顾客心门的一把钥匙。所以，越来越多的网店在拍摄图片时运用配饰来提升图片的视觉冲击力和艺术感染力。如图 1–1–16 所示的两张图片展示的都是童装，显然第二张图片更加吸引人。第二张图片在左上角和右上角用美丽的鲜花和可爱的毛绒玩具为童装做搭配，不仅丰富了图片的色彩，而且突出了童装天真、美丽、可爱、纯真的主题，让人赏心悦目。

图 1–1–16　童装对比图

在使用外物搭配这种方式时要注意以下两点：一是运用配饰时，一定要注意与拍摄主体之间的主次关系，配饰不能喧宾夺主。二是注意主体与配饰之间的颜色搭配，人们的眼球往往会被强烈的颜色和大面积的色块所吸引，所以在搭配时，主体与配饰的颜色最好有较大的反差，同时，拍摄主体的颜色要相对突出，成为图片的主色调。

2. 改变商品外形

如图 1–1–17 所示是一组皮带商品对比图片，这两张图片效果显然第二张更好，第二张图片使原本扁平的皮带通过改变外形，再加上侧光的运用，立刻具有了立体感和层次感，显得高贵大气。

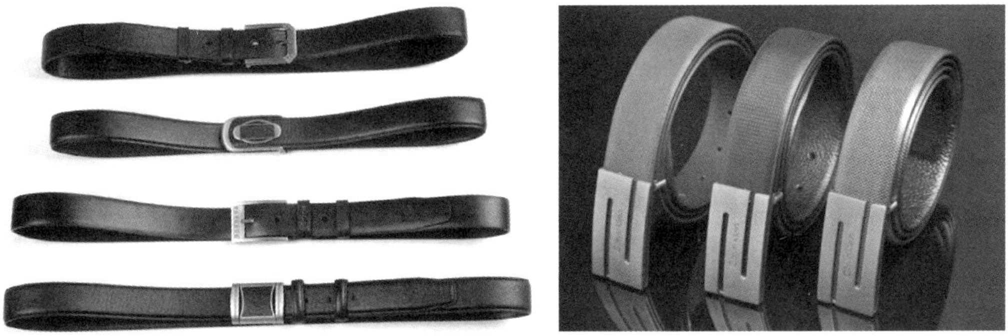

图 1–1–17　皮带商品对比图

大部分商品自产出后，其结构基本固定，但通过精心的设计和拍摄，可以改变商品的外形，让商品形状有立体感，色彩和光线更有层次感。所以拍摄前应多设计、多尝试，充分发挥想象力和创造力，设计和美化商品的外部线条，使之呈现出独有的设计感和美感。

3. 注重产品细节

顾客在看商品图片时，除关注图片的美观外，更希望通过图片得到更多商品信息，作为购买时的参考。因此，拍摄商品时，不仅要展示商品的外部形态，还应展示商品的内部细节，如图 1–1–18 所示。

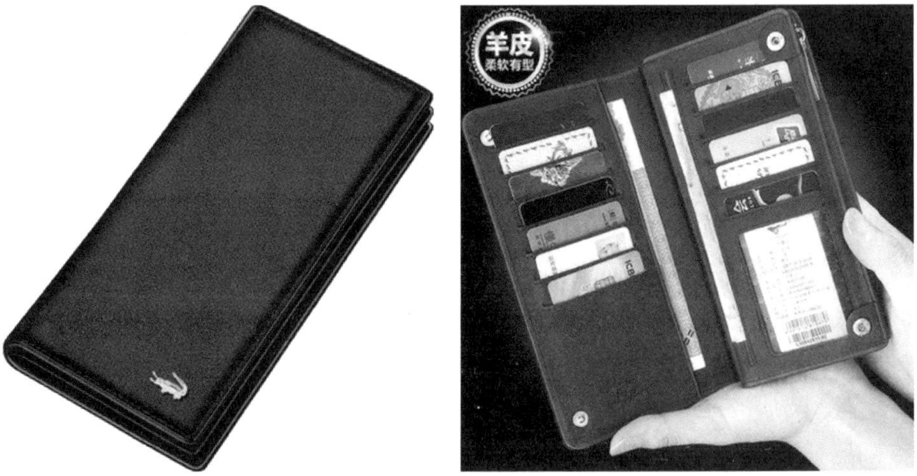

图 1–1–18　产品细节展示图

展示商品细节是为了打动顾客，促成购买，因此首先要明确商品的哪些细节最有可能打动顾客，然后将这些细节按主次排序，把最能打动顾客的细节在图片最突出的位置展示出来。

三、商品构图要素

构图是指在照片有限的空间内处理人、景、物的关系，并将三者安排在画面中最佳位置的过程。构图与取景密不可分，如果说取景决定了拍摄多大范围画面，那么构图决定了在有限的画面空间中，不同景物所处的位置以及在整个画面中所占的比例。

构图最主要的目的是强调及突出主题景物，同时把烦琐的、次要的东西恰当地安排为陪衬。商品构图的要素包含拍摄环境、拍摄布光、商品摆放三方面。

1. 拍摄环境

拍摄环境包括室内环境和室外环境。不同的商品应选择不同的环境进行拍摄。小件商品，因为体积较小，如果在室外等较大环境中拍摄，就会显得没有主题和重点，构图显得杂乱无章。如图 1–1–19 所示为小件商品拍摄效果对比图。

图 1–1–19　小件商品拍摄效果对比

电子商务卖家应准备一个微型摄影棚，这不仅免去了布景的麻烦，还能拍摄出漂亮的、主体突出的图片。如果没有微型摄影棚，应尽量选择白色或纯色的背景来替代，或者选择室内光线充足的窗边进行拍摄，如图 1–1–20 所示。

大件商品的拍摄可选择在较为空旷的场地进行拍摄，如自然景区、繁华的商业街或商场，也可以在室内影棚进行拍摄。但在室内拍摄时，要尽量选择整洁和单色的背景，同时不要出现与拍摄主题不相关的物体和内容（不包括参照物或服装的配饰等），如图 1–1–21 所示。

图 1-1-20　白色背景产品拍摄

图 1-1-21　摄影棚和空旷场地拍摄效果

室外拍摄时，最好利用午后一两点时的自然光。避免阳光直射，但是要保证光线充足。避免阳光直射是为了防止物体反光，特别是一些金属物品，反光以后就无法看清物体的表面纹理了。此外，在背景较暗的地方拍摄，还能充分利用背景的反光能力，使拍出的物品受光均匀。

2. 拍摄布光

在室内影棚拍摄时，必须根据拍摄对象的形状、表面材质粗细、通透性、薄厚等因素安排灯光的位置，这就是布光。布光方法不同，拍摄效果大不相同。对于透明的商品，如玻璃器皿、水晶等，拍摄这类物品是为了表现出商品清澈透明的质感，建议采用侧光或底光。底光从物体的下面往上打，能很好地表现出透明商品的透亮质感。如果再采用后方布光，就更能表现商品的通透性，如图 1–1–22 所示。

图 1–1–22　不同布光拍摄出的效果

（1）常用光源

在拍摄中，摄影师经常采用的光源如下。

1）顺光。以被摄物体为中心，正面射来的光为顺光，主要用来表现商品的细节。

2）侧光。照射在被摄物体的侧面 90° 位置的光为侧光，主要用来生成强烈的阴影，强调被摄物体的轮廓。

3）漫射光。从被摄物体的 45° 方向射来的光为漫射光，主要用来强调凹凸层次。漫射光比侧光形成的阴影淡。

4）逆光。从被摄物体后面射来的光为逆光，主要用来拍摄透明和半透明的商品。

5）逆射光。从被摄物体后方 120° ~ 150° 射入的光为逆射光，主要用来突出阴影和立体感，突出重量感。

（2）常见布光方法

摄影常见的布光方法有正面两侧布光、两侧 45° 布光、单侧 45° 不均衡布光、前后交叉布光、后方布光五种。

1）正面两侧布光。正面两侧布光是商品拍摄中最常用的布光方式，这种布光方式以顺光为主，正面投射出来光线全面而均衡，不仅商品表现全面，不会有暗角，而且有利于表现商品的细节，如图 1–1–23 所示。

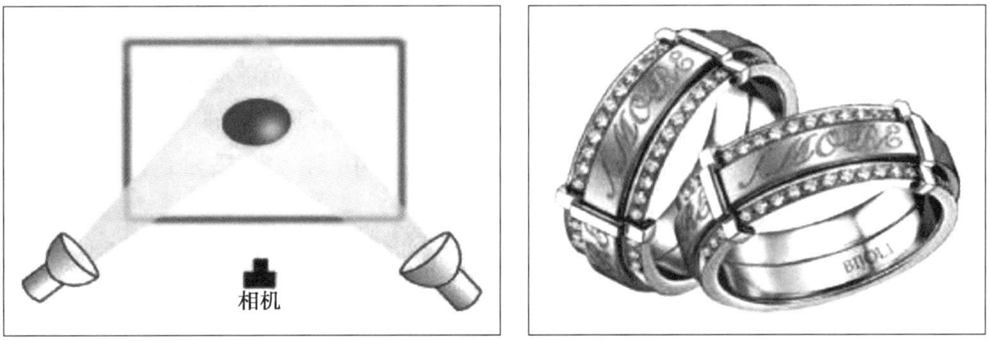

图 1–1–23　正面两侧布光方式及效果

2）两侧 45° 布光。两侧 45° 布光方式以侧光为主，可以使商品的顶部受光，而正面没有完全受光。这种布光方式适合拍摄外形扁平的小商品，不适合拍摄立体感较强且有一定高度的商品，如图 1–1–24 所示。

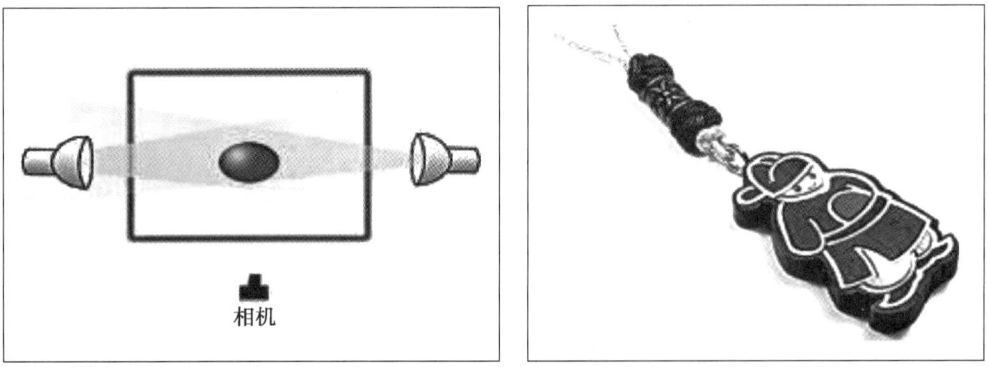

图 1–1–24　两侧 45° 布光方式及效果

3）单侧 45° 不均衡布光。单侧 45° 不均衡布光以侧光为主，同时辅以漫射光。这种布光方式使商品的一侧出现明显的阴影，底部的投影也很深，从而使商品具有强烈的立体感，但因为阴影的出现使商品表面的很多细节无法呈现，同时，由于减少了环境光线，增加了拍摄的难度。这种布光方式适用于有一定高度、厚度的商品，如图 1–1–25 所示。

4）前后交叉布光。前后交叉布光以顺光和逆射光相结合，既表现出商品的重要细节，又通过逆射光表现出商品的层次感和立体感，如图 1–1–26 所示。

5）后方布光。后方布光的方式以逆光和逆射光为主，这种布光方式从商品背后打光，商品的正面因没有光线而产生大片阴影，无法看清商品全貌和细节，因此这种布光方式适合拍摄玻璃器皿、镂空雕刻等通透性强的商品，如图 1–1–27 所示。其他商品最好不要尝试这种布光方式。另外，如果采用平摊摆放的方式拍摄，可以增加底部的灯光，也可通过从商品的后方打光来表现出通透的质感。

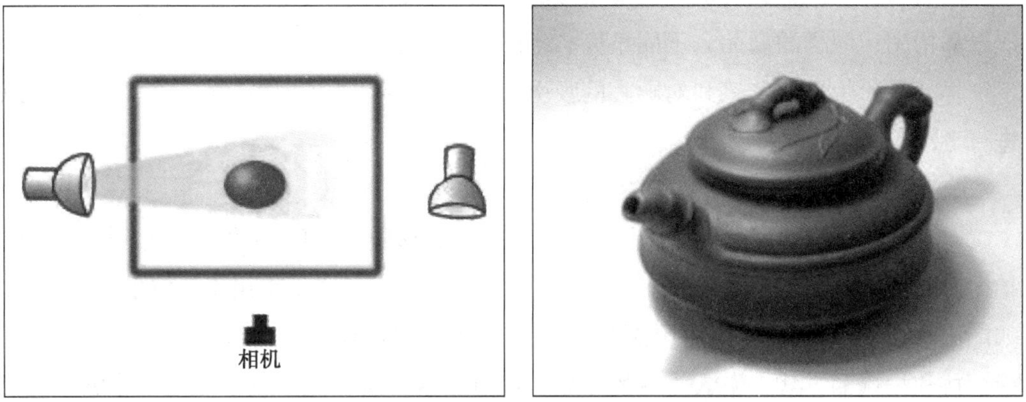

图 1-1-25　单侧 45° 不均衡布光方式及效果

图 1-1-26　前后交叉布光方式及效果

图 1-1-27　后方布光方式及效果

3. 商品摆放

商品的摆放过程其实也是艺术设计的过程，商品的摆放方法直接决定了拍摄时的取景和构图，同样的商品，不同角度、不同造型、不同摆放方式，拍摄出来的效果是不一样的，所带来的美感和对顾客的吸引力也大不相同。在拍摄之前，要对以下两点进行考虑。

（1）商品的摆放角度

电子商务平台的商品琳琅满目，商品的外形、材质、颜色、尺寸、功能各不相同，拍摄时的摆放方法也是不同的。所以摆放商品的角度不一样拍摄出来的效果也不一样。如图 1–1–28 所示是两张化妆包的图片，视觉效果的差别是很明显的。左图采取了正面摆放和拍摄的方式，给人直观的印象，细节展示丰富，但牺牲了商品立体感，仅表达了美观的概念。右图采取了 45° 摆放的方式，同时加上化妆品的展示，不仅突出了商品的立体感和层次，也表达了不仅美观而且实用的商品信息，所以给顾客的视觉冲击力会更强。因此右图更具有商业价值。

图 1–1–28　商品不同摆放角度拍摄效果

商品摆拍建议如下。

1）对于立体感较强的商品，采用 45° 摆放，可最少突出商品的三个面，这样使图片更加生动丰富。

2）多个商品搭配时，应分出主次，主要商品要放在明显位置，让图片主题突出。

3）对于有多种颜色、种类的同款商品或组合产品，可摆放成一字形、八字形或 V 字形进行展示，如图 1–1–29 所示。

4）对于首饰类商品，可采取悬挂或 45° 平铺的摆放方式，如图 1–1–30 所示。

图 1-1-29　商品一字形、八字形、V 字形展示效果

图 1-1-30　首饰类商品摆放方式

（2）商品摆放有序

摆放多个商品时的难点是如何将商品位置进行合理安排，使图片显得饱满、丰富，同时又能做到构图井然有序，画面富有节奏感和韵律感，给人以美的享受。如图 1-1-31 所示两张图片的摆放都是经过精心设计的，左图将新娘的头冠、耳坠和项链三种商品根据形状特点精心地组合成一个心形，既使画面显得井然有序，又突出了婚礼用品“爱”的主题，很有创意。右图的摆放是按照指甲油颜色从深到浅、由暖色到冷色呈对角线排列（从左角向右上角），既突出了色彩的层次感，又突出了商品品种丰富、顾客有多种选择这一信息，构思非常巧妙。

商品摆放建议：商品在摆放时要根据商品的形状、颜色、大小等有序进行。因此，摆放时，先要确定摆放的思路，即要突出什么样的主题、要给顾客传递什么样的商品信息和商品内涵，然后再有序摆放。

图 1-1-31　商品摆放效果

四、商品构图主要形式

1. 黄金分割法

黄金分割是广泛存在于自然界的一种现象，用黄金分割法进行的构图，画面的长宽比例通常为 1：0.7，由于按此比例设计的造型十分美丽，因此被称为黄金分割，这一比例也称为黄金比例。日常生活中有很多物品都采用这个比例，如电影和电视屏幕、书报、杂志、箱子、盒子等。此处指将摄影主体放在位于画面大约 1/3 处，使画面和谐而又充满美感。黄金分割法又称“三分法则”，即将整个画面在横、竖方向各用两条直线分割成相等的三部分。将拍摄主体放置在任意一条直线或直线的交点上的构图比较符合人类的视觉习惯。拍摄时可直接调出相机的“井”字辅助线，将拍摄主体放在 4 个交叉点上，如图 1-1-32 所示。

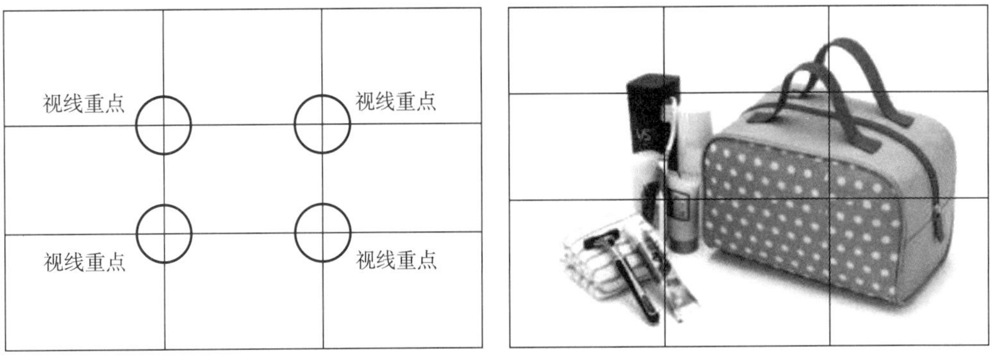

图 1-1-32　黄金分割拍摄效果

2. 均分法

为了在视觉上突出主体，主体也常被放在画面的中间，左右基本对称，因为很多人喜欢把视线放在中间，左右空间的比例大体均分。但是，在有些情况下为了防止画面显得过于呆板，往往在对称之中略有偏移，如图 1-1-33 所示。

图 1-1-33　均分法拍摄效果

3. 疏密相间法

当需要在一个画面中摆放多个物体进行拍摄时，取景中最好是让它们错落有致，疏密相间。多件物体的前后左右布局就比一字排开自然和美观得多，其中，有些被拍摄物体适当地相连或交错，往往会让画面显得更加紧凑，主次分明。篆刻中有“疏可走马，密不透风”的布局方法，借用到商品拍摄构图中也非常容易出效果，如图 1-1-34 所示。

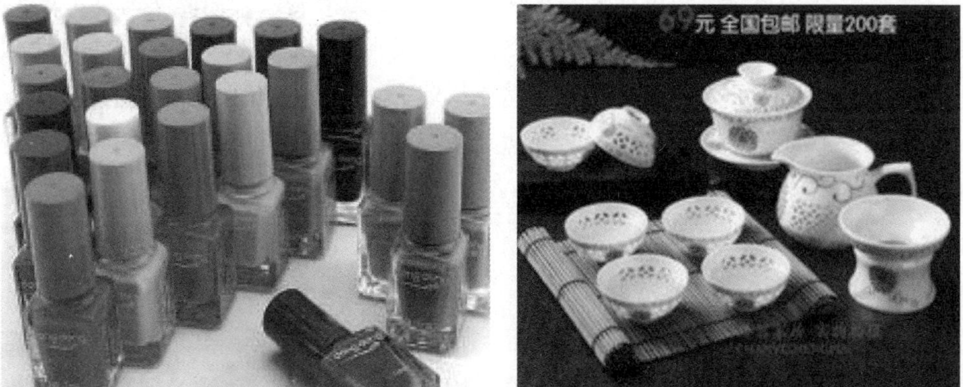

图 1-1-34　疏密相间法拍摄效果

4. 透视构图法

拍摄商品图片时，透视构图法使拍摄主体清楚呈现，背景隐隐约约、若隐若现，以增强立体感，表现出丰富的拍摄层次。如图 1–1–35 所示，画面元素虚实变幻，色彩明暗跳跃，图片不会因单调、呆板而显得过于平淡。但这样的远近和明暗层次也要使用得当，不多也不少，否则反而显得不协调。

图 1–1–35　透视构图法拍摄效果

五、构图拍摄过程中光的运用

光是构图拍摄过程中不可或缺的元素，没有光就没有影像，拍摄也就失去了意义。在拍摄过程中，巧妙地用光可以拍摄出令人满意的照片。借助光，摄影师可以使画面传达出不同的意境。但光线的量要适当，不能曝光过度，也不能使画面过于昏暗，主体不清晰。不同拍摄对象在构图过程中需要不同的光线运用方式，也就是不同的布光方法。

1. 吸光体的布光方法

吸光体包括毛皮、衣服、布料、食品、水果等表面不光滑，对光反射比较稳定的物品。这类物品本身的色彩层次比较丰富，因此可采取侧光、侧顺光配合正面顺光表现其丰富的色彩层次和立体感，如图 1–1–36 所示。

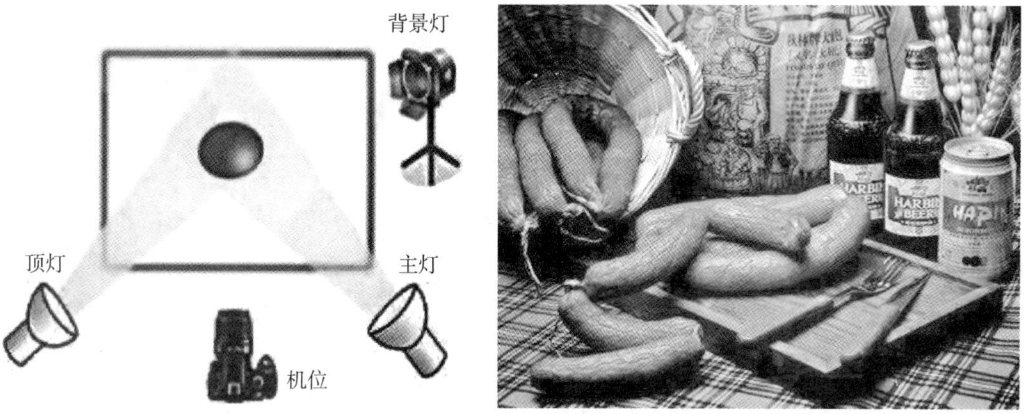

图 1-1-36　吸光体的布光方法及效果

2. 反光体的布光方法

反光体是指表面光滑，具有强烈的单向反射能力，直射灯光聚射到这种物品表面，会使光线改变，产生出强烈眩光的物品，如金银饰品、瓷器、漆器、电镀制品等。

反光体的最大特点是对光线有强烈的反射作用，所以塑造反光体一般都是让其出现“黑白分明”的反差视觉效果。最好的方法就是采用大面积照射的光或利用反光板照明，光源的面积越大越好。

在拍摄这类商品时，应该采用柔和的散射光线进行照明，也可以采取间接照明的方法，使用柔光箱、反光板这类光扩散工具来柔化光线，用反射光来照亮商品。因为均匀、柔和的光线能够有效地降低商品表面的反光度，使其色调更加丰富，从而表现出光滑的质感，如图 1–1–37 所示。

图 1-1-37　反光体的布光方法及效果

3. 透光体的布光方法

透光体是指材质透明，光线能穿过主体的物体。如玻璃器皿、水晶、玉器等透光体，既有透光特性，也有反光特性，光线的入射角度越小，反射光越多，能显示透光体光感的恰是这种反光。因此，在拍摄时要采用侧光、逆光、侧逆光、底部光等生动的照明方式，利用光线穿过透光体时因厚度不同而产生的光亮差别，使其呈现出不同的光感，来表现清澈透明的质感。同时，因透光体具有反光特性，所以一般不要用顺光直接照明，而要选择使用间接光照明，这可以使商品的表面产生少量反光，以便更好地显示其外形和质感，如图 1–1–38 所示。

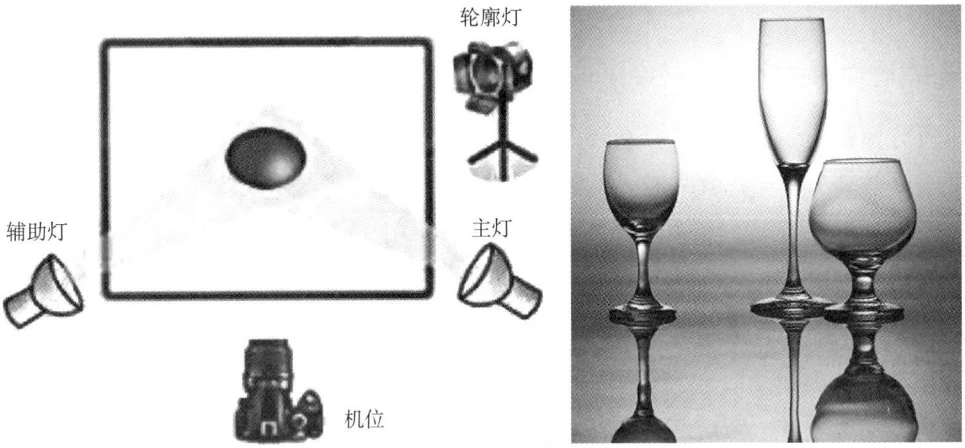

图 1–1–38　透光体的布光方法及效果

4. 人像摄影布光技巧

（1）双闪光灯加柔光箱营造蝴蝶光

两盏加柔光箱的闪光灯，在模特面前左右呈 45° 放置的布光方法被称为“蝴蝶光”布光法。这种布光方法充分利用了柔光的特点。其特性就像它的名字一样，比较柔和，反差较小，能对人物皮肤产生柔化的作用，一般适合于拍摄女性的肖像，如图 1–1–39 所示。

“蝴蝶光”是初级布光方法，有一定的缺点和局限性。一是亚洲人黑色的头发在使用这种布光方法拍摄时，难以表现出丰富的细节；二是因为光源都在正面，没有光影变化的柔美皮肤虽然漂亮但却缺乏真实感，容易给人华而不实、甜得发腻的视觉感受。

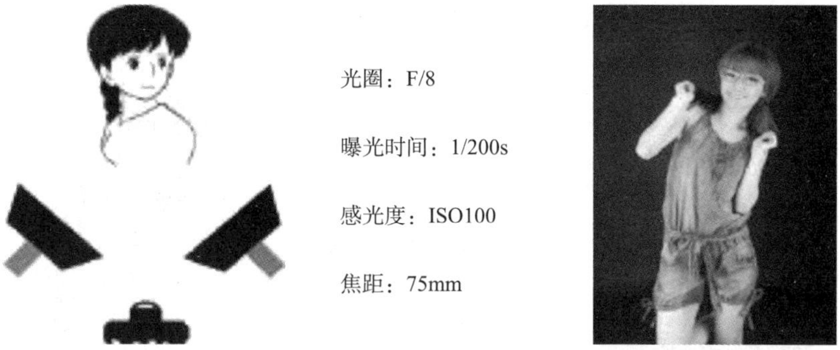

图 1-1-39　双闪光灯加柔光箱营造蝴蝶光方法及效果

（2）强调立体感的侧位单灯与头发光的营造

这种方法只采用一盏闪光灯加柔光箱从前侧打光，同时为模特头顶设置打亮头发的一盏高位闪光灯，如此一来，人物的受光面左右不均匀，可以产生较强的立体感，如图 1-1-40 所示。

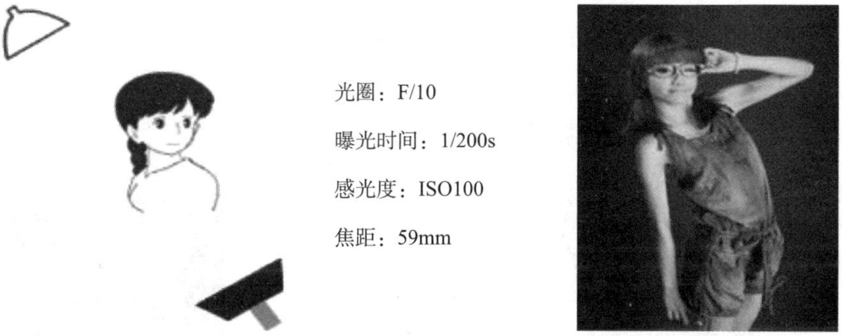

图 1-1-40　强调立体感的侧位单灯与头发光的营造方法及效果

头发光是效果光的一种，通常使用硬光来营造。亚洲人黑色的头发在摄影棚拍摄时经常被忽略，导致漆黑一片，细节尽失，因此，头发光的营造就显得更为重要了。在图 1-1-40 中，摄影师在模特的右后方高位架设一盏高度较高、带标准罩的闪光灯，朝模特头部的方向打光，以营造画面中模特头发的高光及反光效果。

（3）用柔光箱营造高光背景

模特背靠一面大型柔光箱，同时在模特的前方架设另一面大型柔光箱，将第一面柔光箱连同其后的闪光灯作为背景，与另一面闪光灯的柔光箱“面对面”。当摄影师按下快门时，相机通过无线触发器将模特后面的闪光灯同步曝光，柔光箱在强光照射下成为画面中纯净的背景。同时，模特的轮廓以及皮肤质感被高光勾勒出来，高光甚至会在人物的皮肤上产生一种“溢光”的效果。这种布光方法可以表达圣洁和神秘的感觉。需要注意的有两点，一是这种布光方法对摄影师的镜头品质要求较高，二是这种布光方法不利于表现色彩丰富的拍摄主题，如图 1–1–41 所示。

图 1–1–41　用柔光箱营造高光背景方法及效果

（4）双灯营造头发光，单灯正面补光

硬光的方向性及其对人物和被摄体线条的勾勒特性，也可以很好地营造人物的头发光。如图 1–1–42 所示，摄影师使用两盏闪光灯，分别从人物的后方以一定的角度对人物投射硬光，有效地营造了模特金色的头发光，同时也使人物的轮廓更加清晰，立体感也更强。与此同时，在人物的正面，摄影师使用第三盏加装柔光箱的闪光灯对人物正面进行补光，刻画出人物的脸部细节。

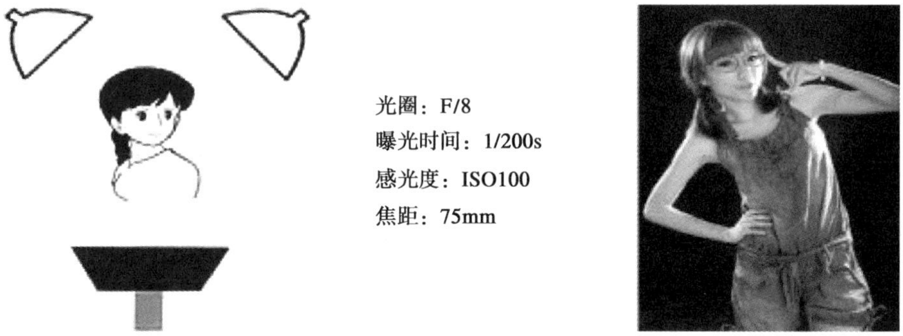

图 1–1–42　双灯营造头发光，单灯正面补光方法及效果

这种布光方法较为复杂，为了更好地表现头发光，拍摄者要将人物后方的两盏闪光灯的位置设置得稍高一些。在镜头的选用上，一定要选用抗眩光品质出色的镜头，并装配合适的遮光罩，以防止后方闪光灯的刺眼光线射入镜头中，影响数码照片的图像品质。

（5）主光、副光的组合及反光板的应用

如图 1–1–43 所示，摄影师采用了在人物左前方和右后方各安排一盏带有柔光箱的闪光灯的布光方式。为了在营造人物立体感的同时不使画面的光比过大，摄影师在模特的右前侧，又安置了一个大面积的反光板，对人物进行补光，获得了比较理想的效果。

图 1-1-43　主光、副光的组合及反光板的应用方法及效果

人物左前方的闪光灯作为主光照亮人物主体，由于灯位与人物呈 45°，因此可以很好地营造人物五官的立体感。同时，人物右后方的闪光灯，则起到了勾勒模特身体线条的作用，使画面中模特左部的轮廓充满光感。

课程 1-2　图片处理

学习内容

<table>
<tr><th>学习单元</th><th>课程内容</th><th>培训建议</th><th>课堂学时</th></tr>
<tr><td rowspan="3">网店素材及制作</td><td>1）网店装修素材
①网店店标
②网店店招
③网店轮播图</td><td rowspan="3">（1）方法：讲授法、演练法、实训法
（2）重点与难点：网店素材制作</td><td rowspan="3">4</td></tr>
<tr><td>2）网店商品素材
①商品主图
②详情页</td></tr>
<tr><td>3）网店素材制作
①常用图片处理工具
②网店素材制作方法</td></tr>
</table>

学习单元　网店素材及制作

一、网店装修素材

网店开设成功后需要对店铺进行装修，而装修前有一项重要工作就是素材制作，一般常见的网店装修素材包含 4 种，分别为店标、店招、轮播、页头。

1. 店标

店标可以看成是网店的标志。个性化的、视觉冲击强的店标会让人印象深刻。同时，店标也能反映出网店所售商品的类型和定位。以淘宝店的店标为例，其文件格式为 GIF、JPG、JPEG、PNG，文件大小在 80 KB 以内，建议尺寸为 80 px × 80 px，如图 1–2–1 所示。

图 1–2–1　淘宝店店标

2. 店招

店招类似于传统实体店的门头，顾客通过店招的背景色和文字内容，能够直观地了解到店铺所售商品的类型。因此，网店的店招起到说明店铺信息、展示店铺形象的功能。风格上要求尽量简约，切勿堆砌过多产品和文字信息，以免让人感到烦琐和不美观。以淘宝店的店招为例，其文件格式为 JPG、GIF，建议尺寸为 950 px × 120 px，如图 1–2–2 所示。

图 1–2–2　淘宝店店招

3. 轮播

轮播类似于传统实体店铺的橱窗展示位，通常展示店铺的主推商品或热销商品，让顾客能在进入店铺后的第一时间关注到。轮播又叫海报图，最好能打造出一种类似于海报的视觉冲击力。以淘宝店为例，轮播图最多可上传 5 张，文件格式是 JPG，建议尺寸为 950 px × 250 px（店铺默认情况下轮播的高度为 250 px，考虑到视觉效果建议高度为 400 px），如图 1–2–3 所示。

图 1–2–3　淘宝店轮播

4. 页头

页头是从店铺视觉美观的角度出发，在店铺店招两边填充颜色或图片，从而达到店招两侧满屏的效果。以淘宝网店为例，页头两边可以添加系统默认的颜色，也可添加自己制作的图片，图片格式为 GIF、JPG、PNG，建议尺寸为 1 920 px × 150 px，大小为 200 KB 以内，如图 1-2-4 所示。

图 1-2-4　淘宝店页头

二、网店商品素材

网店所售商品的素材通常包含商品主图、商品详情页两大类。

1. 商品主图

顾客购买商品通常进入的是网店的商品售卖页面，在售卖页面设有多张产品主要图片来展示所售商品，所以商品主图是对所销售商品的一种最直接的视觉展示方式，是最重要的信息承载和传达媒介。商品主图的作用主要体现在以下两个方面。

（1）提升点击率

顾客在电子商务平台上通过搜索欲购买的商品后会进入商品展示页面，在该页面面对众多同类商品时，会根据不同商品主图中表达的要素来判断点击哪一件商品，所以好的商品主图能够提升店铺的点击率。

（2）关系到品牌形象与店铺定位

商品主图中除了有产品展示外，还会在图片的四个角位置展示商品品牌、销量、促销等相关信息，用来全方位阐述商品，所以商品主图关系到商品品牌形象与店铺定位。以淘宝店为例，商品主图一般由 5 张产品图组成，每张图片的大小不超过 3 MB，像素超过 700 px × 700 px 的主图可以实现放大镜功能，如图 1-2-5 所示。

图 1-2-5　淘宝店主图

产品售卖页默认呈现的大图，同时是主图中的第一张图片叫作首图，电子商务平台中搜索相关关键词进入搜索结果页面后所呈现的都是产品的首图，如图 1-2-6 所示。

图 1-2-6　商品主图展示效果

2. 商品详情页

顾客通过点击商品主图进入商品售卖页，若顾客想对该商品有进一步的了解就会点击该商品的详细描述界面，也就是商品的详情页，如图 1–2–7 所示。

图 1–2–7　商品详情页效果图

商品详情页的主要作用如下。

（1）提升商品购买转化率

顾客进入商品详情页后通过商品描述来判断该商品是否符合自身需求，若描述与需求相符则购买概率会大大增加。

（2）增加顾客购买信心

网购顾客最担心的就是商品质量问题，而商品详情页恰好承担着向顾客解说商品质量、打消顾客疑虑的作用。

（3）体现商品价值

很多顾客在网购商品时首先考虑的就是价格问题，而价格竞争会进入恶性循环，所以在商品描述中要将价格和价值的意义进行阐述，体现自身商品的价值。

三、网店素材制作

1. 常用图片处理工具

常用的图片处理工具分为截图工具（如红蜻蜓抓图精灵、白云截屏助手、聊天工具和浏览器自带等）、图片编辑工具（如 Adobe Photoshop、美图秀秀、CorelDRAW 等）、图片素材添加工具（如美图淘淘等）。每个工具使用的难易度不同，达到的效果也不同，没有美工基础的大多数店铺新手卖家，可以使用一些易上手的工具进行组合搭配使用，以达到理想的功能和效果。下面简单介绍几款常见的图片处理工具。

（1）红蜻蜓抓图精灵

红蜻蜓抓图精灵是一款免费的专业级屏幕捕捉软件，能够让用户比较方便地捕捉到需要的屏幕截图，操作界面也非常简单，如图 1–2–8 所示。

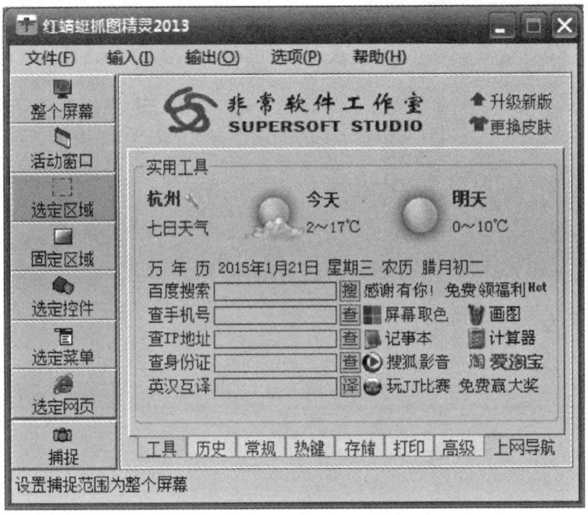

图 1–2–8　红蜻蜓抓图精灵界面

平时制作图片时，人们会到网上寻找素材，有时需要一些截图工具将需要的素材照片剪切下来，以备使用。但大部分截图软件截取下来的图片会降低原图片的像素，而红蜻蜓截图精灵刚好能最大限度地避免这一不足之处。

红蜻蜓抓图精灵的使用比较简单，截取图片时，点击操作界面中的“选定区域”，再点击“捕捉”，就会出现捕捉键“十”，点击一下鼠标左键就可以拖动方框选中需要的界面，再次点击就可将选定的界面截取下来，如图 1–2–9 所示。图片截取下来后需要进行另存为操作，如图 1–2–10 所示。

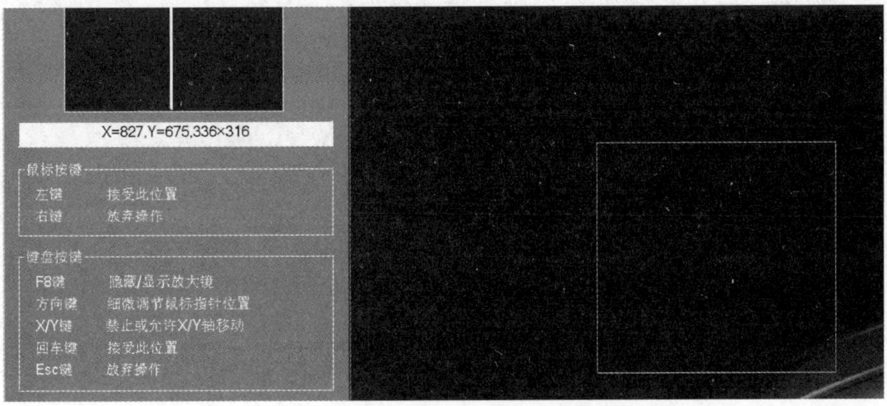

图 1–2–9　红蜻蜓抓图精灵操作界面示例

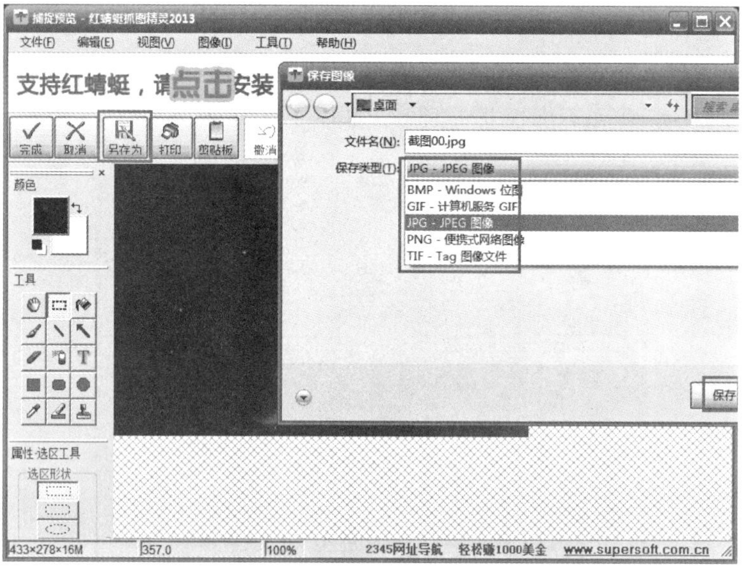

图 1-2-10　红蜻蜓抓图精灵保存界面示例

（2）Adobe Photoshop

Adobe Photoshop 简称 PS，是由 Adobe Systems 开发和发行的图像处理软件。PS 主要处理以像素所构成的数字图像。使用其众多的编修与绘图工具，可以有效地进行图片编辑工作。PS 有很多功能，在图像、图形、文字、视频、出版等方面都有涉及。PS 操作界面如图 1-2-11 所示。

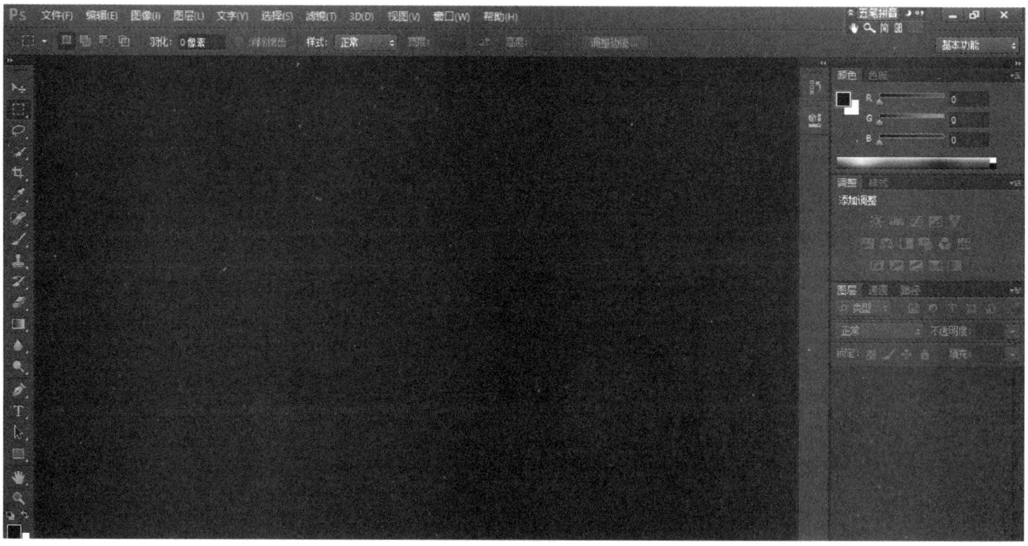

图 1-2-11　Photoshop 操作界面

从功能上看，PS 可分为图像编辑、图像合成、校色调色及功能色效制作部分等。图像编辑是图像处理的基础，可以对图像做各种变换，如放大、缩小、旋转、倾斜、镜像、透视等，也可进行复制、去除斑点、修补、修饰图像的残损等。图像合成是将几幅图像通过图层操作、工具应用合成完整的、传达明确意义的图像，这是美术设计的必经之路。该软件提供的绘图工具让图像与创意很好地融合。校色调色可方便快捷地对图像的颜色进行明暗、色偏的调整和校正，也可在不同颜色间进行切换以满足图像在不同领域如网页设计、印刷、多媒体等方面的应用。特效制作在该软件中主要由滤镜、通道及工具综合应用完成。包括图像的特效创意和特效字的制作，如油画、浮雕、石膏画、素描等常用的传统美术技巧都可借由该软件特效完成。

（3）美图秀秀

美图秀秀是由美图网研发推出的一款免费图片处理软件，相对于 Adobe Photoshop 等专业级图片编辑软件，美图秀秀不仅操作简便，而且使用者无须专门学习就可以轻松上手。同时美图秀秀还加入了独有的图片特效、美容、拼图、场景、边框、饰品等特效处理功能，加上每天更新精选素材，可以让使用者轻松做出专业级图片。

如图 1-2-12 所示为美图秀秀的操作界面，框内为常用操作功能按钮。

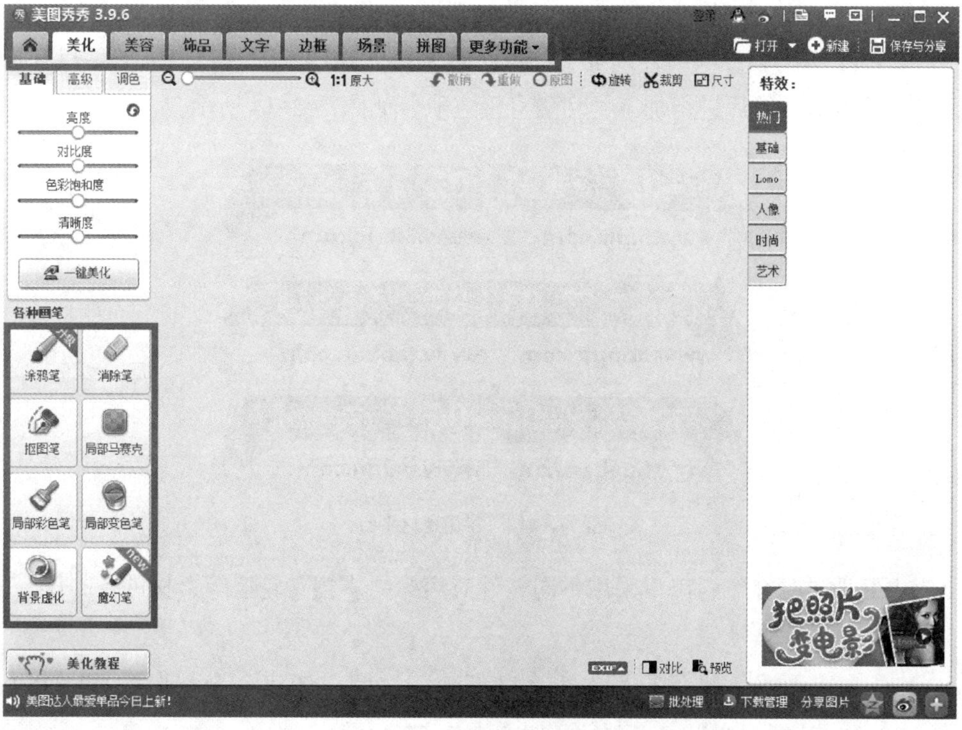

图 1-2-12　美图秀秀操作界面

2. 网店素材制作方法

网店素材制作首先要准备原始素材，原始素材一般有两种获取途径。

第一种是拍摄，根据自己的实际需要对所需的商品素材进行拍摄，拍完后选择合适的进行修饰，如图 1–2–13 所示。

图 1–2–13　素材拍摄现场

第二种是借鉴，可以到各大电子商务平台或国内比较大的素材提供平台找寻符合自己需求的素材，然后进行加工，切勿直接盗取，如图 1–2–14 所示。

图 1–2–14　常见素材平台

为更好地进行介绍，以下采用不同软件对店标、店招、轮播等素材进行制作。

（1）店标制作

1）点击美图秀秀操作界面右上角“新建”按钮，新建一个空白文档，大小为 80 px × 80 px，选择一个自定义颜色，如图 1–2–15 所示。

图 1-2-15　新建画布操作

2）使用文字工具，输入店铺名字，调整文字字体、大小和透明度，如图 1-2-16 所示。

图 1-2-16　文字输入操作

3）保存操作好的店标，如图 1–2–17 所示。

图 1–2–17　店标保存操作界面

（2）店招制作

1）打开 PS，新建一个 950 px × 120 px 的空白文件，如图 1–2–18 所示。

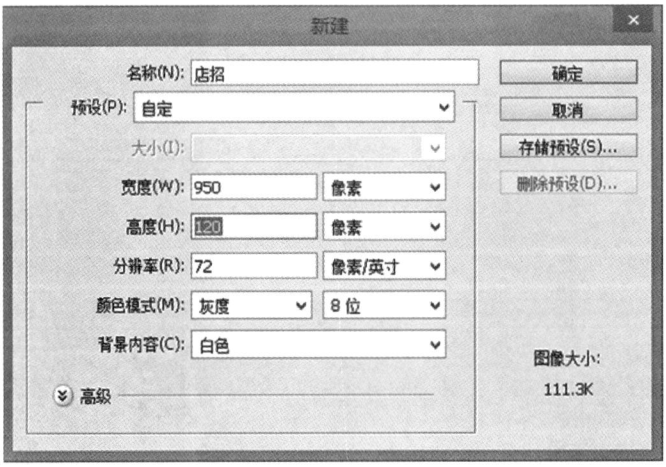

图 1–2–18　PS 新建画布操作界面

2）选择一个合适的背景图，图要求背景简单，宽度在 950 px 以上，如图 1–2–19 所示。

图 1-2-19　选择背景图

3）背景图粘贴与新建文档。调整背景图的大小与位置至合适处，如图 1-2-20 所示。

图 1-2-20　将背景图放置在画布中的操作

4）用文字工具完成店招的文字部分，并对其进行美化，如图 1-2-21 所示。

5）合并图层，保存为 JPG 格式，或进一步制作成 GIF 格式，如图 1-2-22 所示。

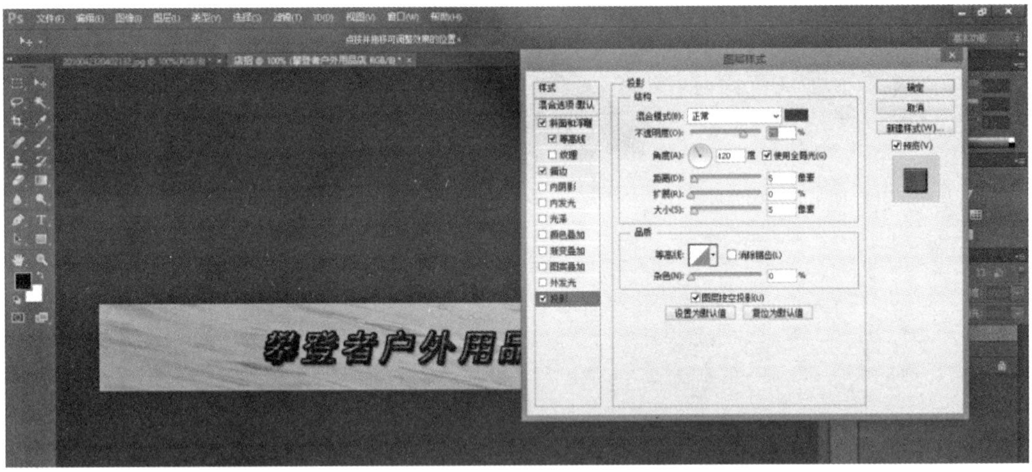

图 1-2-21 店招文字添加及美化

图 1-2-22 店招效果图

（3）轮播制作

1）将符合需求的图片用美图秀秀进行抠图处理，点击“前景作为素材”，保存为透明背景图，如图 1-2-23 所示。

图 1-2-23 图片抠图保存为透明背景图

2）点击右上角的“新建”，会弹出底板编辑页面，将高度和宽度改为轮播图的大小并选取相对应的底色，点击“应用”完成新建，如图 1–2–24 所示。

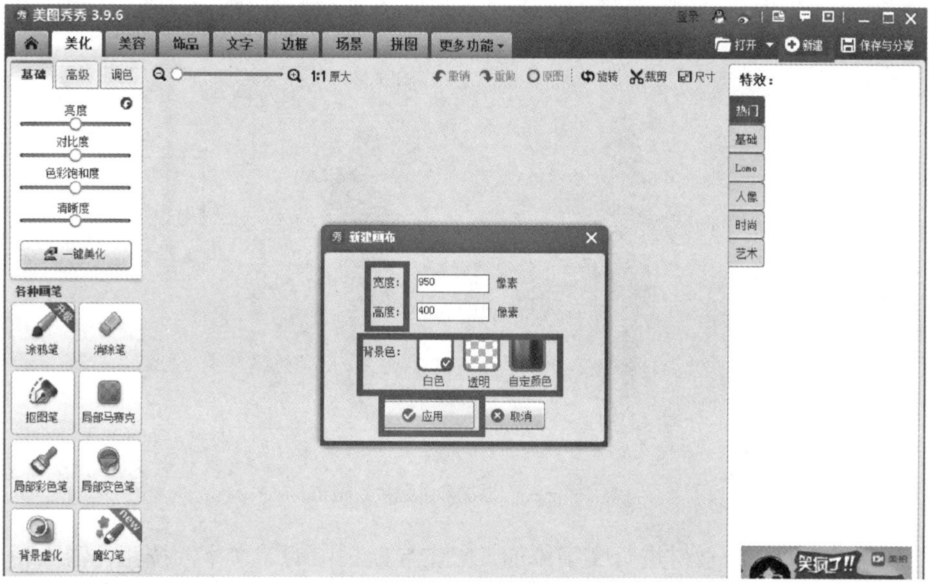

图 1–2–24　新建轮播尺寸画布

3）点击导航栏中的“饰品”，在右上角选择“用户自定义”，将已经抠图完成的图片添加进来，并可将图片进行放大和缩小操作，如图 1–2–25 所示。

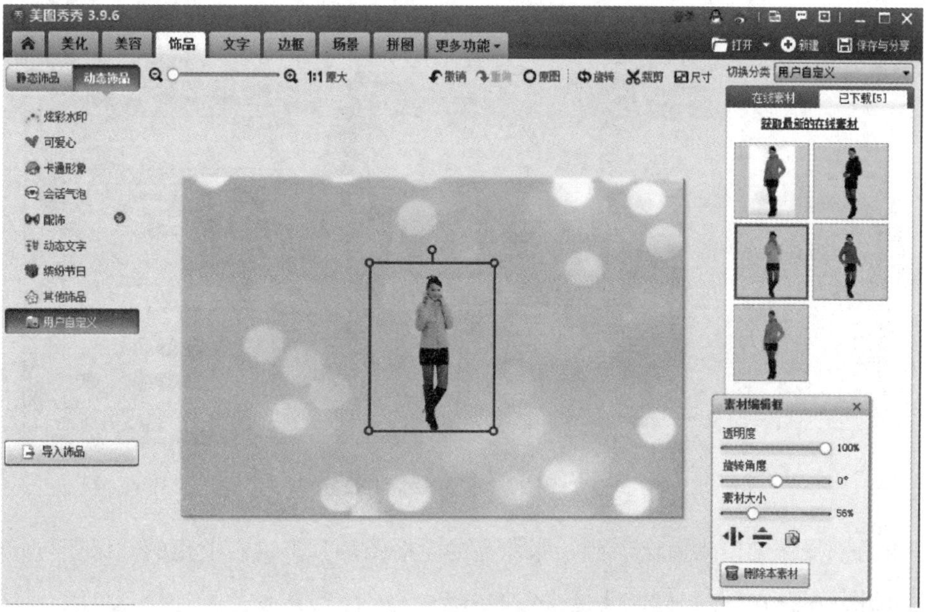

图 1–2–25　将抠出的图片放置于画布中

4）若需要添加多张图片，也可点击鼠标右键添加本地，如图 1–2–26 所示。

图 1-2-26　添加多张图片到画布

5）将图片做好的素材进行文字添加，点击导航栏中的“文字”按钮，输入相对应的不同颜色的文字，如图 1–2–27 所示。

图 1-2-27　轮播图片添加文字

6）全部操作结束后就会看到一张漂亮的轮播图片，点击右上角的“保存与分享”，将做好的图片进行储存，如图 1–2–28 所示。

图 1-2-28　轮播制作完成界面

模块2

商务信息管理

课程设置

课程	学习单元	课堂学时
2-1　商务信息采集	（1）网络商务信息采集	2
	（2）信息传输与下载	2
2-2　商务信息处理与发布	（1）商务信息整理与更新	2
	（2）网络商务信息发布	2

课程 2-1　商务信息采集

学习内容

学习单元	课程内容	培训建议	课堂学时
（1）网络商务信息采集	1）网络商务信息基础 ①网络商务信息基本概念 ②网络商务信息采集基本要求 2）常用网络信息采集 ①搜索引擎信息采集 ②特定网站信息采集 ③社交网络信息采集 ④电子邮件信息采集	（1）方法：讲授法、演示法、实训法 （2）重点与难点：常用网络商务信息采集	2
（2）信息传输与下载	1）常用下载工具的使用 2）FTP 文件传输 3）利用即时通信工具传输与下载文件	（1）方法：讲授法、演示法、实训法 （2）重点与难点：利用即时通信工具传输与下载文件	2

学习单元 1　网络商务信息采集

一、网络商务信息基础

1. 网络商务信息基本概念

网络商务信息是指以网络为传播载体，以数字化为表现形式，与商务活动有关的各种信息的集合，它描述和反映了网上各种商务活动之间的相互联系和相互作用。网络商务信息限定了商务信息传递的媒体和途径，它包括文字、数据、表格、图形、影像、声音，以及内容能够被人或计算机察知的符号系统等。

在当今网络商务活动中，从事网络活动的主体依据互联网上传播的商务信息来完成商务活动的市场调研、广告宣传、咨询洽谈、网上订购、竞买竞卖、网上支付、电子账单、服务传递、意见征询、交易管理等。在商务活动中，商务信息作为一种社会资源越来越被人们重视，可以说，商务信息与企业的经营决策和营销管理息息相关，充足、有效的商务信息更能为企业调整经营决策提供可靠依据。

在互联网上，商务信息繁多，对网络商务信息的划分也有多个标准。按照网络商务信息本身对不同用户的使用价值，可以将它粗略地分为以下两类。

（1）免费商务信息

这些信息主要是社会公益性信息。对社会和人们具有普遍服务意义的信息只占信息库数据量的 5% 左右。这类信息主要是一些信息服务商为了扩大本身的影响，从产生的社会效益上得到回报，推出的一些方便用户的信息，如在线免费软件、实时股市信息等。

（2）收费商务信息

这些信息一般是非公益性信息，它们的采集、加工、整理、更新等比较复杂，需要花费一定的费用。信息服务商推出这类信息一方面是体现社会普遍服务意义，另一方面是为了提高市场的竞争力和占有率。网络商务信息大部分属于这类信息。

2. 网络商务信息采集基本要求

网络商务信息采集是指从互联网共享资源中收集、处理和分析网络商务实体信息的过程，它是一种有目的、有步骤地从各个网络站点查找和获取信息的行为。信息采集是信息得以利用的第一步，也是关键的一步，信息采集结果的好坏，直接关系到整个商务活动开展的质量。因此，在电子商务活动中，网络商务信息采集应坚持做到及时、准确、适度和经济。

（1）及时

及时是指迅速、灵敏地反映销售市场各个方面的最新动态。信息都是有时效性的，其价值与时间成反比。及时要求信息流与物流尽可能同步。由于信息的识别、记录、传递、反馈都要花费一定的时间，因此，信息流与物流之间一般会存在时滞。尽可能地减少信息流滞后于物流的时间，提高时效性，是网络商务信息收集的主要目标之一。

（2）准确

准确是指信息应真实地反映客观现实，失真度小。在网络营销中，由于买卖双方不直接见面，信息的准确就显得尤为重要。准确的信息才可能带来正确的市场决策。信息失真，轻则会贻误商机，重则会造成重大的损失。信息的失真通常有三个方面的原因：一是信息源提供的信息不完全、不准确；二是信息在编码、译码和传递过程中受到干扰；三是信箱接收信息出现偏差。为减少网络商务信息的失真，必须在上述三个环节上提高管理水平。

（3）适度

适度是指提供信息要有针对性和目的性，不要无的放矢。没有信息，企业的营销活动就会完全处于一种盲目的状态。信息过多过滥也会使营销人员无所适从。在当今的信息时代，信息量越来越大，范围越来越广，不同的管理层次又对信息提出不同的要求。在这种情况下，网络商务信息的收集必须目标明确、方法恰当，信息收集的范围和数量要适度。

（4）经济

这里的经济是指如何以最低的费用获得必要的信息。追求经济效益是一切经济活动的中心，也是网络商务信息收集的原则。用户没有能力，也不可能把网上所有的信息全部收集起来，信息的及时性、准确性和适度性都要求建立在经济性的基础上。此外，提高经济性，还要注意使所获得的信息发挥最大的效用。

二、常用网络信息采集

网络技术和电子商务的迅猛发展，使得网络成为信息的海洋，如何运用有效途径与工具，在无序的海量资源中获取所需商务信息，已成为电子商务从业者必备能力之一。当前，网络商务信息采集途径有搜索引擎采集、电子邮件采集、电子公告板 BBS 采集、新闻组采集，还可从社交网络或特定网站进行信息采集。

1. 搜索引擎信息采集

（1）搜索引擎概念

搜索引擎（Search Engine）是指根据一定的策略、运用特定的计算机程序从互联网上搜集信息，在对信息进行组织和处理后，为用户提供检索服务，将用户检索相关的信息展示给用户的系统。在互联网上，所有的信息就像汪洋大海上的孤岛，网页链接是这些孤岛之间纵横交错的桥梁，而搜索引擎，则为用户绘制了一幅一目了然的信息地图，供用户随时查阅。搜索引擎广泛应用于商务信息采集、网站推广、网络广告等领域，蕴含着巨大的商业价值。

（2）搜索引擎采集信息流程

搜索引擎采集信息先要确定搜索关键词和恰当的搜索引擎工具，然后进行搜索，具体采集信息流程如图 2–1–1 所示。

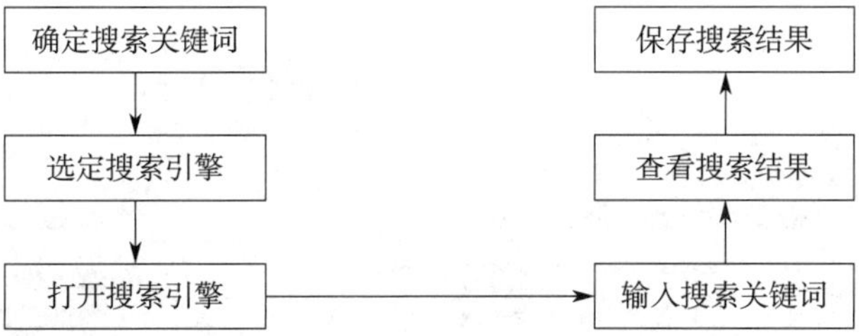

图 2–1–1　搜索引擎采集信息流程

（3）利用搜索引擎采集信息

下面以搜集当前玩具市场信息为例，来说明使用搜索引擎检索信息的具体方法。

步骤 1：确定搜索关键词。要搜集当前玩具市场的信息，可以直接使用“玩具”这个关键词，需要的相关信息会大量出现在搜索结果当中。可是，信息太多，不方便准确查找，所以可以进一步限定范围，如用“玩具市场”“玩具批发价格”“玩具店”等进行搜索。

步骤 2：选定搜索引擎。目前流行的搜索引擎有很多，既可以选择大众普遍使用的技术型搜索引擎，如谷歌、百度等，也可以利用分类目录搜索引擎搜索，如新浪分类目类、搜狐分类目类等。下面以百度为例，来说明浏览器中利用搜索引擎搜集与玩具相关的信息的方法。

步骤 3：打开搜索引擎。在桌面上点击 Internet Explorer 图标，启动 Internet Explorer 浏览器。在地址栏中输入 http://www.baidu.com，按 Enter 键后即可进入百度首页，如图 2–1–2 所示。

图 2–1–2　百度首页

步骤 4：输入搜索关键词。在百度搜索栏中输入关键词“玩具市场”，选择“网页”，然后点击“百度一下”按钮，就可以搜索到有关信息，如图 2–1–3 所示。

图 2–1–3　搜索结果

步骤 5：查看搜索结果。点击搜索结果中需要的任意信息即可进入下一级页面，直到找到真正需要的信息。如果没有找到需要的信息，可以直接在搜索栏中重新输入关键词，如“玩具批发市场”，再次查看搜索结果。

步骤 6：保存搜索结果。在检索结果中找到需要的信息后，通过浏览器的保存功能可以将网页保存到本地文件夹中，如图 2-1-4 所示。

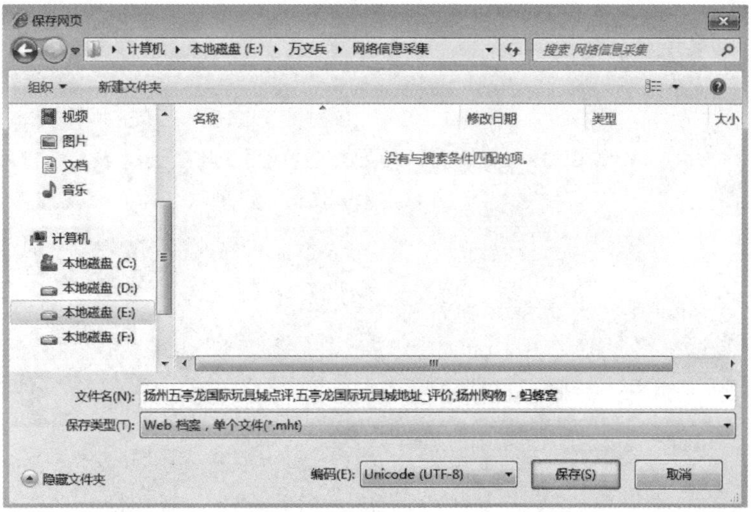

图 2-1-4　保存搜索结果

2. 特定网站信息采集

随着互联网的发展，网站的类型越来越多，在种类繁多的各类网站中，有一种类型的网站——垂直网站正引起越来越多人的关注。垂直网站（Vertical website）是一个面向特定行业领域，为企业以及特定人群提供信息交流、资源互享、提供实物和服务交易的第三方电子商务平台。与传统类型网站不同，它更专注于某一领域或服务，如 IT、娱乐、体育等，力求成为关心某一领域（或服务）内容的人上网的第一站。

（1）常见电子商务类垂直网站

常见电子商务类垂直网站见表 2-1-1。

表 2-1-1　常见电子商务类垂直网站

名称	网址	简介
中国国际电子商务网	http://www.ec.com.cn/	该网站是由中华人民共和国商务部中国国际电子商务中心建设运营的电子商务综合性、专业化服务网站，聚焦于电子商务政策解读、区域发展、行业热点、特色服务等内容

续表

名称	网址	简介
安卓网	http://www.hiapk.com/	该网站是手机玩家与厂商之间沟通的重要桥梁，也是国内最早一家专注于 Android 手机行业的综合性手机门户网站
蜂鸟网	http://www.fengniao.com/	该网站涉及摄影作品、全新数码相机、镜头等摄影器材行情评测，是学习摄影技巧、分享摄影图片的专业摄影垂直网站
亿邦动力网	http://www.ebrun.com/	该网站是国内权威电子商务新闻门户网站，主要为中小企业提供全面、及时、权威的电子商务新闻资讯
派代网	http://www.paidai.com/	该网站是目前较为活跃和有影响力的电子商务行业交流平台，创立至今一直不断在“干货”、谈论氛围上下功夫，力争为用户提供更有价值的内容
淘宝论坛	https://index.bbs.taobao.com/home.html	该网站是最具人气的淘宝店铺推广社区论坛，以淘宝网为依托，提供论坛资讯信息，力求给客户一个简洁舒适的快速阅读门户页面
途牛旅游网	http://www.tuniu.com/	该网站是专业的休闲旅游预订平台，以“让旅游更简单”为使命，为消费者提供由北京、上海、广州、南京等百余个城市出发的旅游产品预订服务

（2）利用垂直网站采集信息

下面以采集国家关于农村电子商务的政策为例，来说明使用垂直网站检索信息的具体方法。

步骤 1：选定待采集网站。由于主要是采集农村电子商务政策，因此，可将待采集网站确定为聚焦电子商务政策解读的中国国际电子商务网（http://www.ec.com.cn/）。

步骤 2：打开搜索引擎。在桌面上点击 Internet Explorer 图标，启动 Internet Explorer 浏览器。在地址栏中输入 http://www.ec.com.cn/，按 Enter 键后即可进入中国国际电子商务网首页，如图 2–1–5 所示。

步骤 3：查找农村电子商务政策。在中国国际电子商务网首页导航栏中点击“电商热点”中的“农村电商”，就可以检索到有关的信息，如图 2–1–6 和图 2–1–7 所示。

图 2-1-5　中国国际电子商务网首页

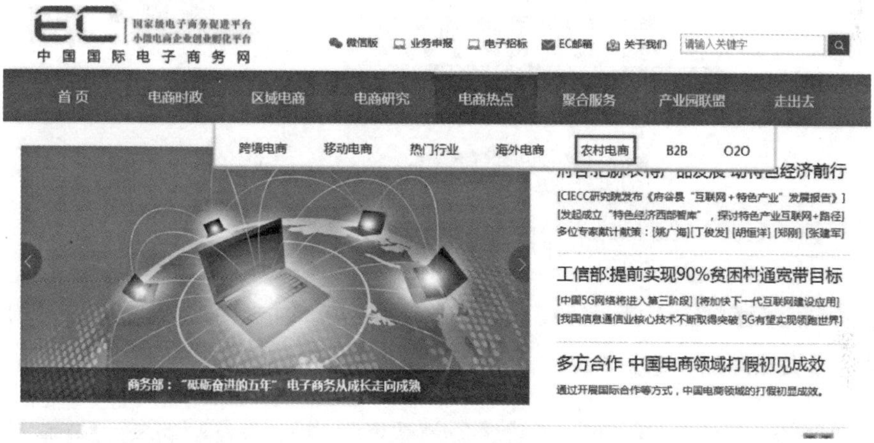

图 2-1-6　查找农村电子商务资讯

图 2-1-7　农村电子商务热点

步骤 4：查看查找结果。点击搜索结果中需要的标题即可进入下一级页面，如果没有找到需要的信息，可以换一个网站重新查找，直到找到真正需要的信息，如图 2–1–8 所示。

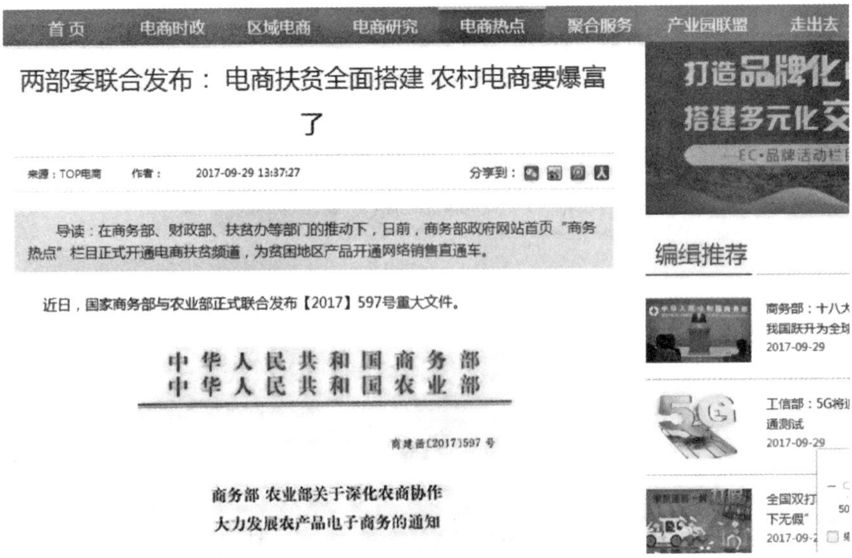

图 2–1–8　查看搜索结果

步骤 5：保存检索结果。在检索结果中找到需要的信息后，通过浏览器的保存功能可以将网页保存到本地文件夹中，如图 2–1–9 所示。

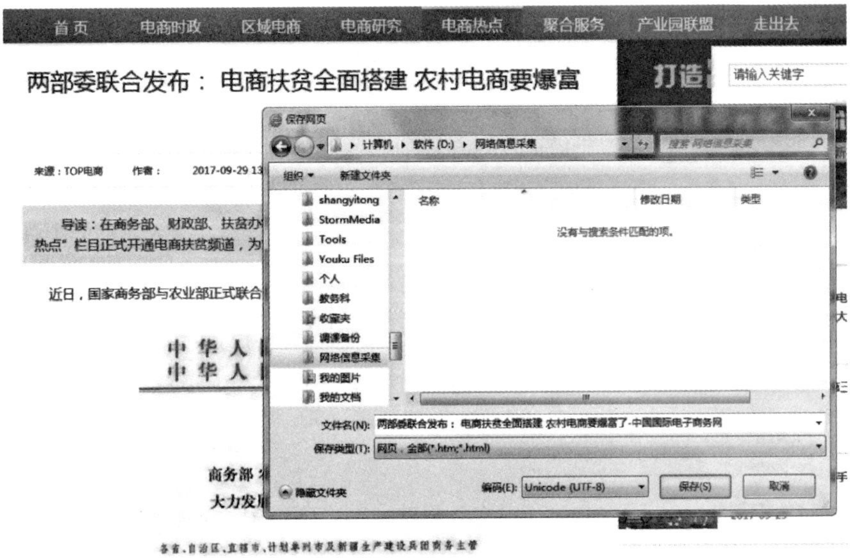

图 2–1–9　保存搜索结果

3. 社交网络信息采集

社交网络即社交网络服务（Social Network Service，SNS），包括社交软件和社交网站。社交网络是一个新兴事物，它使人们能够进行跨越地域的交流，使很多兴趣相投的人能够随心所欲地交谈。

（1）常用社交软件

社交软件是指实现社会上交际往来的网络软件。随着时代的改变，伴随着移动互联的崛起，我们身边渐渐出现了很多社交软件，见表 2-1-2。

表 2-1-2　常用社交软件

软件名称	简介
微信	微信提供公众平台、朋友圈、消息推送等功能，用户可以通过"摇一摇""搜索号码""附近的人"，以及扫二维码方式添加好友和关注公众平台，可将内容分享给好友以及将用户看到的精彩内容分享到微信朋友圈
抖音	这是一个可以拍短视频的音乐创意短视频社交软件，该软件于 2016 年 9 月上线，是一个专注年轻人的 15 s 音乐短视频社区。用户可以选择歌曲，配以短视频，形成自己的作品。通过抖音短视频，用户可以分享自己的生活，同时也可以认识更多朋友，了解各种奇闻趣事
QQ	QQ 是腾讯 QQ 的简称，是一款基于 Internet 的即时通信（IM）软件。目前 QQ 已经覆盖 Microsoft Windows、OS X、Android、iOS、Windows Phone 等多种主流平台。QQ 支持在线聊天、视频通话、点对点断点续传文件、共享文件、网络硬盘、自定义面板、QQ 邮箱等多种功能，并可与多种通信终端相连
YY	这是一款全民娱乐视频直播平台，提供在线高清流畅的直播间与直播视频秀，内容包含音乐、舞蹈、脱口秀等热门秀场直播。用户可以使用 YY 语言与他人进行聊天，也可以通过内置的直播平台进行视频或语音直播

在此以微信为例，介绍利用社交软件采集信息的流程。

步骤 1：搜索并关注腾讯问卷公众号，然后关注该公众号，并进入该公众号，公众号页面如图 2-1-10 所示。

步骤 2：点击底部的"创建问卷"功能，弹出选择菜单，可以创建空白问卷，也可以选择模板问卷来创建，如图 2-1-11 所示。

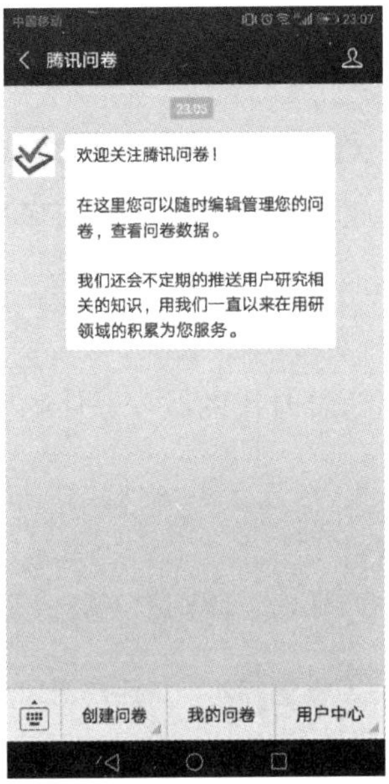

图 2-1-10　腾讯问卷公众号页面

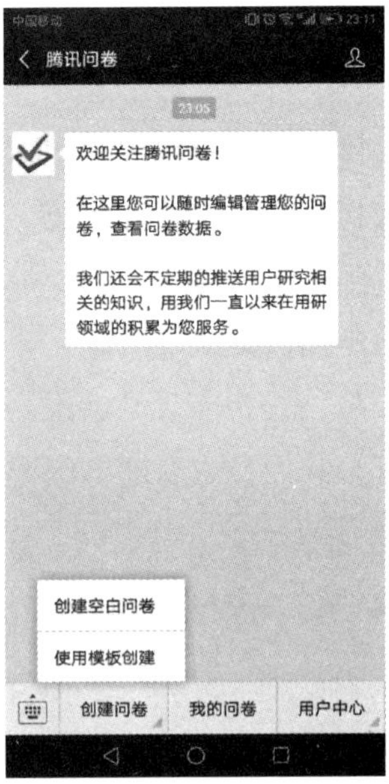

图 2-1-11　创建问卷界面

此处以创建模板问卷为例讲述创建过程。点击“使用模板创建”，需要先登录授权，如图 2-1-12 所示。此处选择“微信登录”。

步骤 3：进入腾讯问卷模板界面，如图 2-1-13 所示。界面中有许多模板可供选择，选择自己感兴趣的一个主题作为模板，此处选择“互联网”主题。

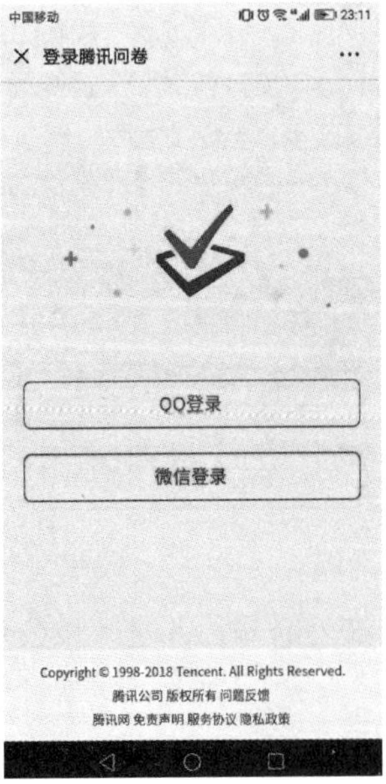

图 2-1-12　登录授权

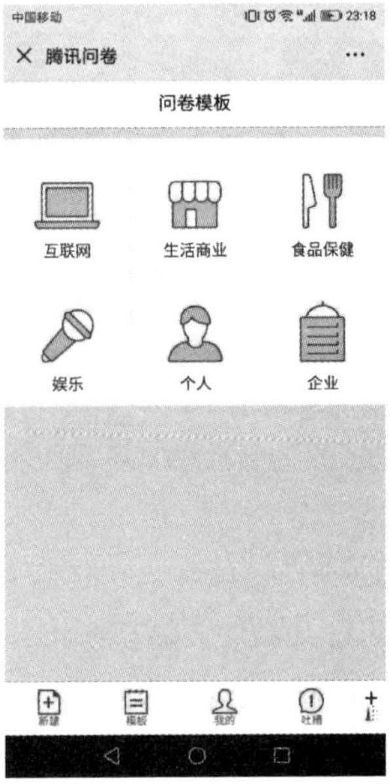

图 2-1-13　问卷模板界面

然后在“模板列表”中选择“旅游电子商务 – 消费心理与消费行为调查问卷”测试模板，可以直接使用，也可以预览编辑，如图 2–1–14 所示。

步骤 4：选择预览编辑模板问卷，问卷问题如图 2–1–15 所示，这是一个常用的旅游消费心理与消费行为的调查问卷，点击右上角的“使用”。

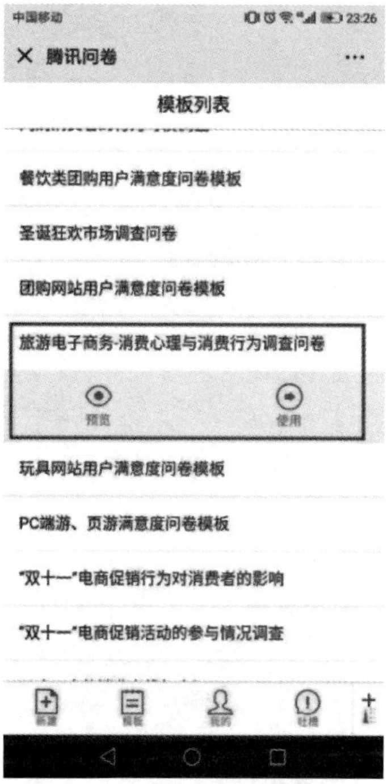

图 2–1–14　问卷模板列表

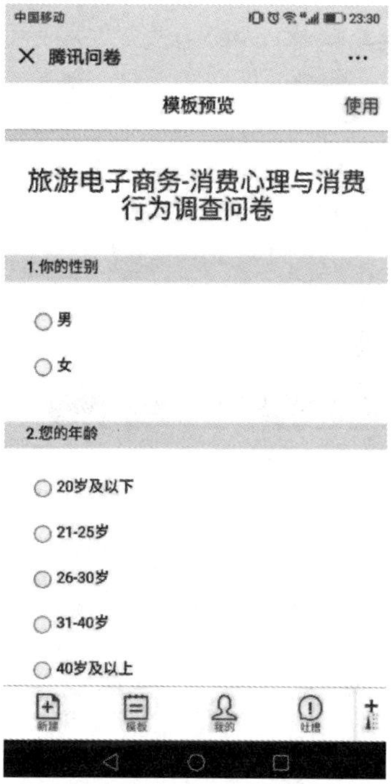

图 2–1–15　预览问卷

步骤 5：弹出编辑页面，可以删除或者添加问题，修改问题的排序等，也可以添加问卷的调查背景和结尾致辞等，如图 2–1–16 所示。编辑完成后，点击屏幕底部中间位置的“保存”按钮就可以保存修改后的问卷。

步骤 6：发布问卷，点击右上角的“开始回收”，如图 2–1–17 所示，表示问题开始发布，并记录调查者填写的答案数据到后台数据库中。

步骤 7：到首页“我的问卷”里查看已发布的问卷，如图 2–1–18 所示。

点击正在回收的问卷时，会弹出操作菜单，可以选择相应的功能，如删除问题、查看统计数据等，如图 2–1–19 所示。

图 2-1-16　编辑页面

图 2-1-17　发布问卷

图 2-1-18　查看已发布问卷

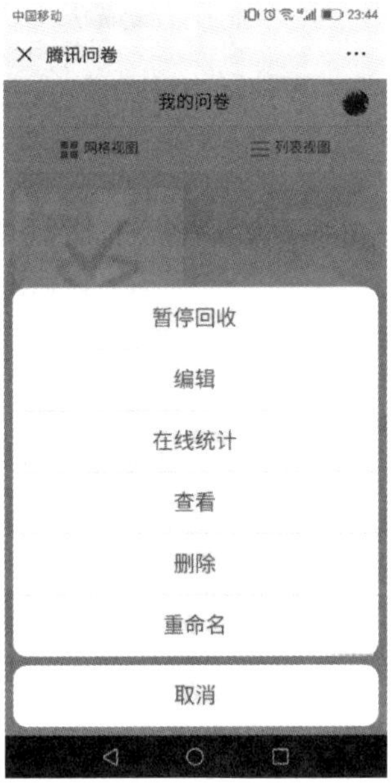

图 2-1-19　编辑已发布问卷

步骤 8：分享问卷。创建问卷后，可以将问卷的链接分享出去让接受调查的人群在线填写并提交，如图 2-1-20 所示。微信客户端问卷界面如图 2-1-21 所示。

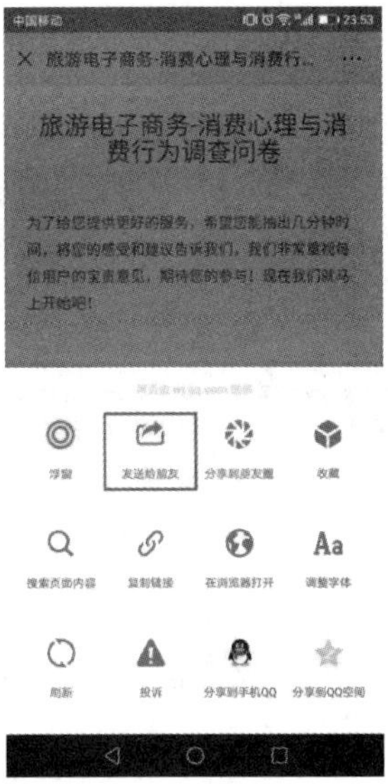

图 2-1-20　分享问卷

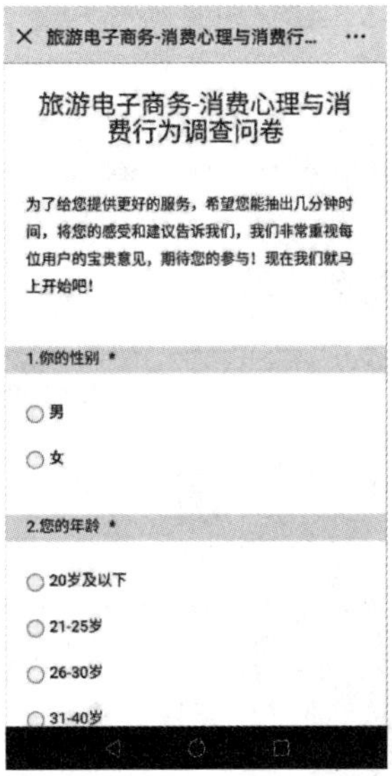

图 2-1-21　微信客户端问卷界面

（2）常用社交网站

社交网站全称社会性网络网站（Social Network Site），又称社交网，是一种基于社会网络关系系统思想，反映个人之间关系的网站，旨在帮助人们建立社会性网络的互联网应用服务。目前，国内较受欢迎的社交网站有微博、人人网（校内网）、开心网、知乎、豆瓣、QQ 空间等。在此以新浪微博为例，介绍采集商务信息的流程。

步骤 1：打开微博。在桌面上点击 Internet Explorer 图标，启动浏览器，在地址栏中输入 http://www.weibo.com/，按 Enter 键后即可进入新浪微博首页，如图 2-1-22 所示。

图 2-1-22　微博首页界面

步骤 2：利用微博平台提供的搜索功能查找关注话题的信息，如图 2-1-23 所示。

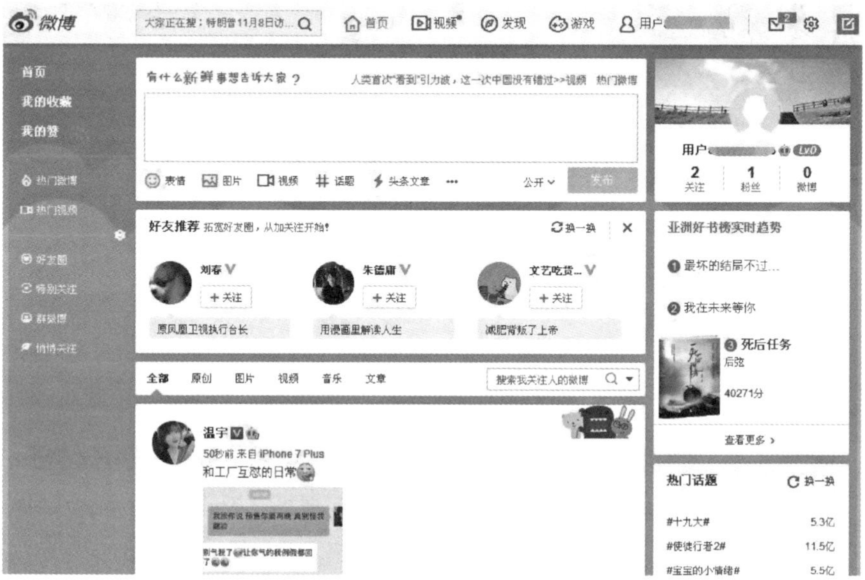

图 2-1-23　微博搜索入口界面

以“旅游”作为关键词，搜索后可以查看到旅游有关的内容，最近的信息包含新发布的 8 条信息，如图 2-1-24 所示。

图 2-1-24　微博搜索结果界面

步骤 3：通过高级搜索功能筛选检索结果。由于检索出的信息较多，可以按照信息是否为热门信息，是否为原创信息，是否为认证用户发布的，是否包含图片、视频、音乐等进行信息过滤。除此之外，还可以根据信息发布的时间和发布地区进行筛选。微博高级搜索页面如图 2-1-25 所示。

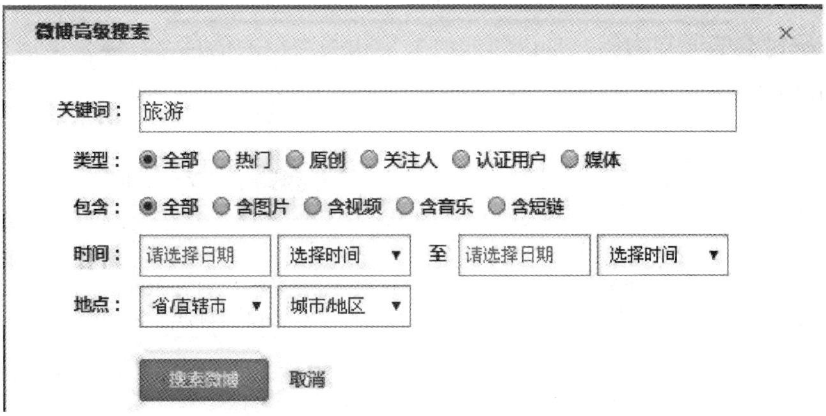

图 2-1-25　微博高级搜索页面

4. 电子邮件信息采集

电子邮件是一种用电子手段提供信息交换的通信方式，是互联网应用较广的服务。通过网络的电子邮件系统，用户可以以非常低廉的价格、非常快速的方式，与世界上任何一个角落的网络用户进行联系。

电子邮件可以是文字、图像、声音等多种形式。同时，用户可以得到大量免费的新闻、专题邮件，并实现轻松的信息搜索。电子邮件的存在极大地方便了人与人之间的沟通与交流，促进了社会的发展。

（1）电子邮件特点

电子邮件是以电子形式传递的邮件信息，其具有传统邮件所不具备的许多特点。

1）方便性。在一段时间的有效期内，收信用户可以在自己方便的时候处理，也可方便地传输声音、图片、图像、程序、文本、报表等。

2）群发性。用户根据实际需要，可以将同一邮件发送给多个收件人。如果由于某种原因电子邮件没有传送给收件人，邮件系统会将邮件退回，并给出退信原因。

3）廉价性。电子邮件的发送是十分廉价的，仅在互联网使用上会产生少量费用。

4）全天性。电子邮件可以在有网的情况下随时随地发送。

5）透明性。用户发邮件给另一个用户，都会有相应记录，什么时候发送的，以什么样的方式、内容发送的，打开邮件箱即可得到。

6）快捷性。一份报告传入仅需要 1 ~ 2 min，而如果是纸质送达的话，即使是一个办公室，大概也要 3 min。

（2）电子邮件采集信息流程

使用电子邮件采集信息，首先要确定采集的信息内容，根据要采集的信息内容有针对性地选择邮件发送的对象才能获取有价值的商务信息。下面以使用电子邮件发送电子商务研讨会的通知为例，来说明如何采集相关人员的信息，具体采集信息流程如图 2–1–26 所示。

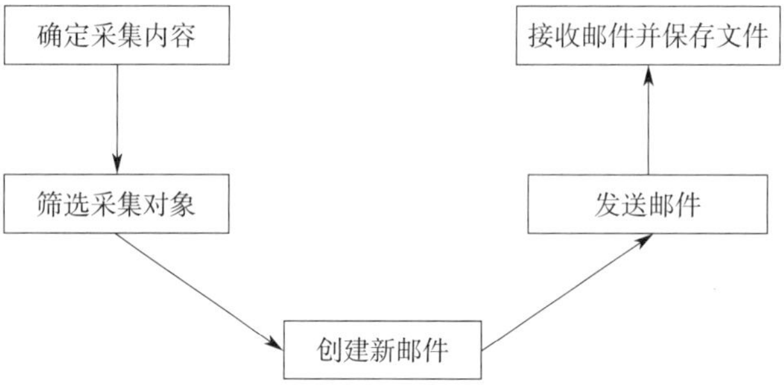

图 2–1–26　电子邮件采集信息流程

（3）利用电子邮件采集信息

步骤 1：确定采集内容。根据研讨会日程安排，需要提前了解参会人员的基本信息，可设计一份参会回执随会议通知一起发送，要求参加会议人员填写参会报名表后回复邮件，参会报名表示例如图 2–1–27 所示。

步骤 2：筛选采集对象。本次研讨会的参会对象为电子商务专业的教师，所以在选择发送对象时要有所选择，如图 2–1–28 所示。

步骤 3：创建新邮件并发送。创建新邮件，在新邮件对话框中输入邮件内容，在“收件人”中输入电子邮件地址，邮件地址既可以是一个，也可以是多个，多个邮件地址之间可用“;”符号、“,”符号或者空格隔开；撰写完邮件正文后，执行“添加附件”操作，在出现的对话框中选择研讨会通知和参会报名表，点击“发送”完成邮件发送，如图 2–1–29 所示。

步骤 4：接收新邮件并保存。待所邀参会对象回复后，可以打开收件箱，查看邮件内容。将邮件中的参会报名表附件保存到相应文件夹中以便统计参会人员信息，如图 2–1–30 和图 2–1–31 所示。

南京站：导博信息化教学应用能力提升实战课报名表

欢迎您报名参加 9 月 23 号，南京站，导博信息化教学实战课，本次培训对导博教师用户完全免费。报名后，工作人员会及时通过邮箱提醒您培训时间、地点、发送通知文件等事项。

关于培训有任何疑问，欢迎您随时咨询：18091831234 钱凡

您的院校名称*

您的姓名*

您的职务*

☐院系领导

☐专业负责人

☐骨干教师

☐任课教师

您本学期代课科目？*

☐网络营销

☐网店运营

☐电子商务基础

☐市场营销

☐跨境电商

☐移动商务

☐视觉营销

☐客户关系管理

☐其他

您的手机*

您的邮箱*

您希望在本次培训中获得哪些提升？

图 2-1-27　参会报名表

图 2-1-28　确定发送对象

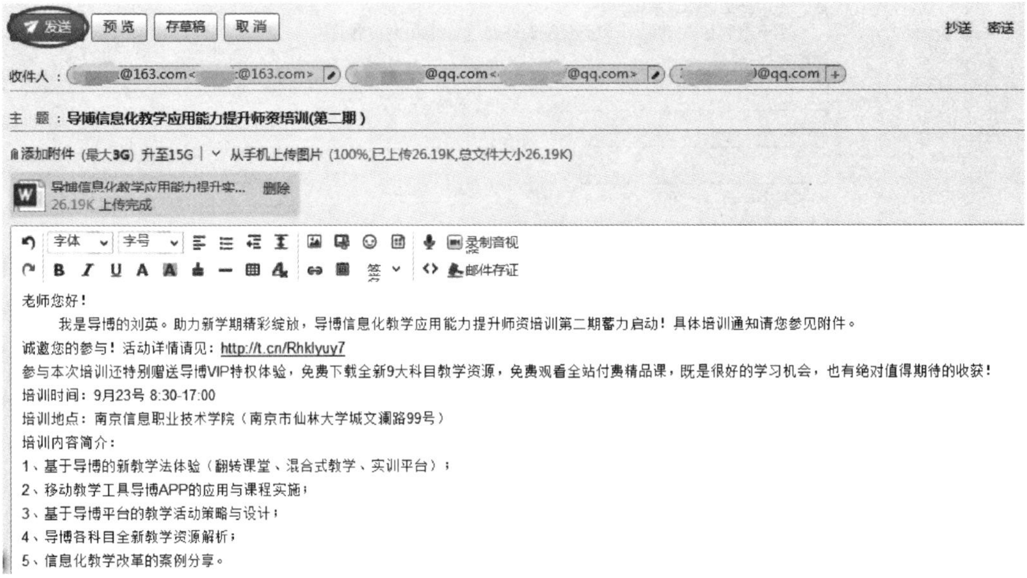

图 2-1-29　创建新邮件并发送

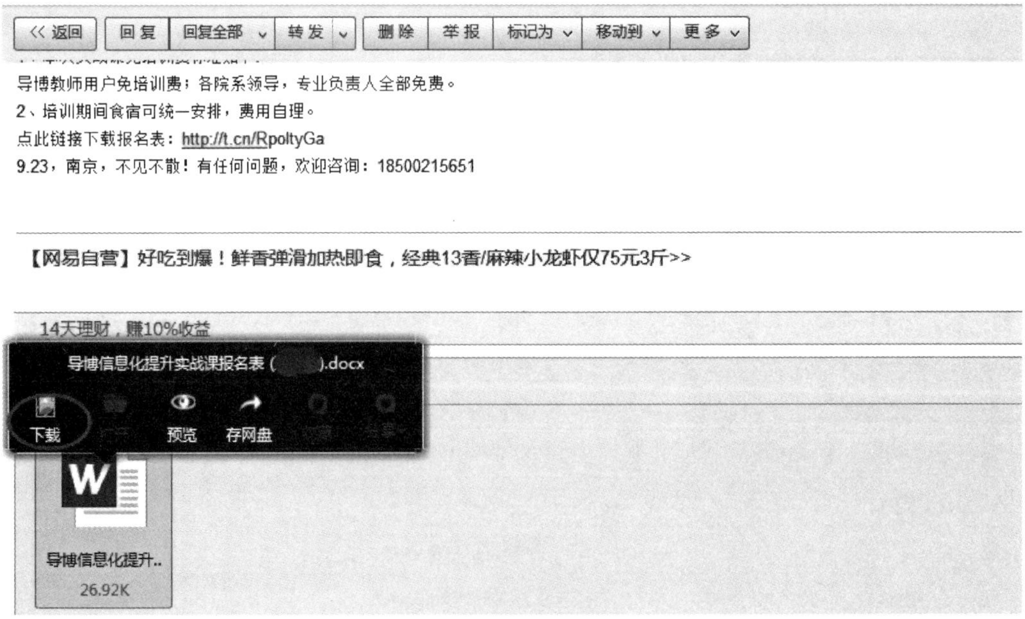

图 2-1-30　下载邮件附件

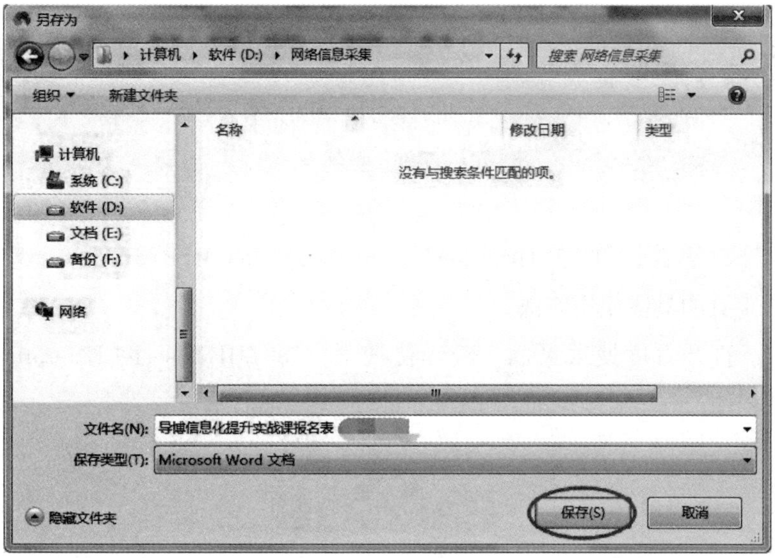

图 2-1-31　保存邮件内容

学习单元 2　信息传输与下载

一、常用下载工具的使用

下载（Download）是指将文件从特定服务器复制到自己计算机上的网络活动。为了能够更快速、方便地将所需要的信息下载下来，此时一般需要借助下载工具来实现。

下载工具是一种可以更快地从网络上下载文本、图像、视频、音频、动画等信息资源的软件。当前，国内比较知名的下载工具有：FlashGet（网际快车）、Thunder（迅雷）、FlashFXP、NetTransport（影音传输带）、BitComet（比特彗星）、eMule（电骡）等，见表 2-1-3。

表 2-1-3　常用下载工具表

序号	下载工具	支持协议	备注
1	FlashGet、Thunder	HTTP、FTP 协议	—
2	FlashFXP	FTP 协议	下载 FTP 服务器文件

续表

序号	下载工具	支持协议	备注
3	NetTransport	RTSP 或 MMS 协议	下载网络流媒体文件
4	BitComet、eMule	P2P（点到点）方式	下载 BT 资源

下面以下载惠普打印机（HP LaserJet Enterprise Flow MFP M633z）驱动程序为例，来说明迅雷工具的具体使用方法。

步骤 1：打开百度搜索页面，输入待搜索内容“HP LaserJet Enterprise Flow MFP M633z 驱动程序”，并点击“百度一下”，如图 2–1–32 所示。

图 2–1–32　输入待搜索内容

步骤 2：在搜索结果页面，依据个人判断，选择与待搜索内容最符合的一项。此处选择图 2–1–33 中矩形框中的那项，点击打开相关页面。

图 2–1–33　搜索结果

步骤 3：在所打开的页面中选择“迅雷下载”，如图 2–1–34 所示。

图 2-1-34　选择“迅雷下载”

步骤 4：在弹出的对话框中，选择下载文件所保存的目录，此处选择保存在桌面，点击“下载”，如图 2-1-35 所示。

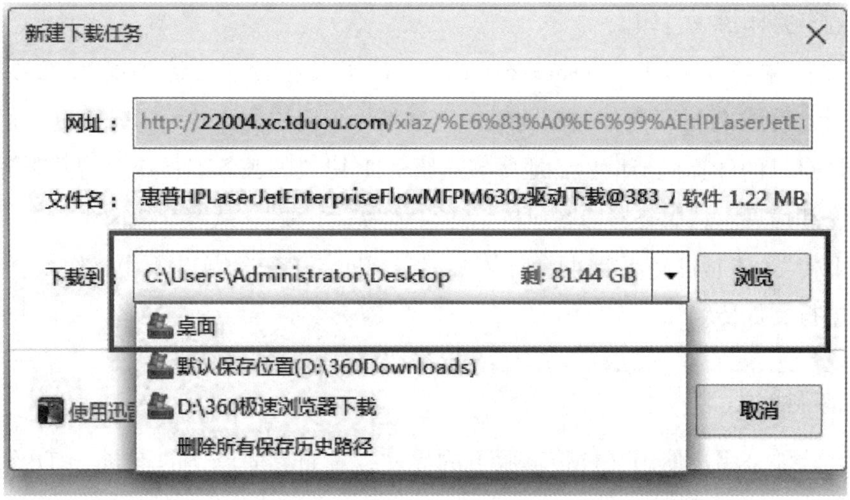

图 2-1-35　选择保存目录

步骤 5：在桌面上查找已下载的打印机驱动程序，如图 2-1-36 所示。

图 2-1-36　查看下载文件

二、FTP 文件传输

1. 文件传输概述

文件传输（File Transfer）是将一个文件或其中的一部分从一个计算机系统传到另一个计算机系统。它可把文件传输至另一计算机中去存储，或访问远程计算机上的文件，或把文件传输至另一计算机上去运行（作为一个程序）、处理（作为数据），或把文件传输至打印机去打印。

文件传输协议（File Transfer Protocol，FTP）又称为“文传协议”，主要用于在 Internet 上控制文件的双向传输。同时，它也是一个应用程序（Application）。用户可以通过它把自己的计算机与世界各地所有运行 FTP 协议的服务器相连，访问服务器上的大量程序和信息。从服务器向客户机传送，称为“下载”。从客户机向服务器传送，则称为“上传”（Upload），只要两台计算机遵守相同的 FTP 协议，不受操作系统的限制，就可以进行文件传输。

2. FTP 软件的类型

FTP 软件是用户使用文件传输服务的界面，按照界面风格的不同，FTP 软件可分为字符界面和图形界面两类。

（1）字符界面的 FTP 软件采用命令行方式进行人机对话。早期的各种操作系统下的 FTP 软件和 Windows 中内置的 FTP 应用程序都属于此类（见图 2-1-37），而且使用上基本相同。

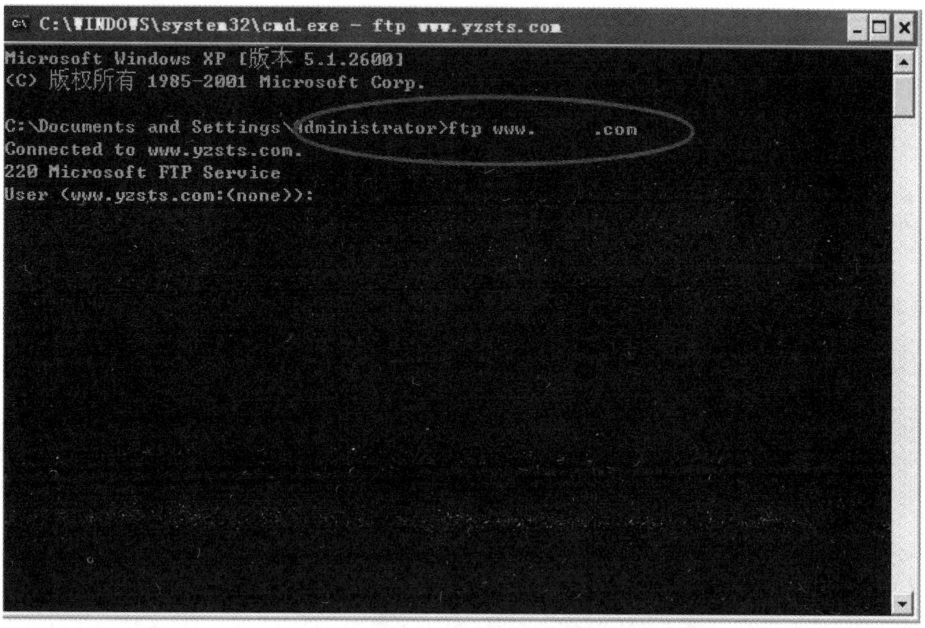

图 2-1-37　Windows XP FTP 应用程序登录

（2）图形界面的 FTP 的软件则提供了更加直观、方便、灵活的窗口互联界面。这类软件发展迅速，功能更强劲的工具不断涌现，如 FlashFXP、CuteFTP 传输软件，如图 2-1-38 所示。

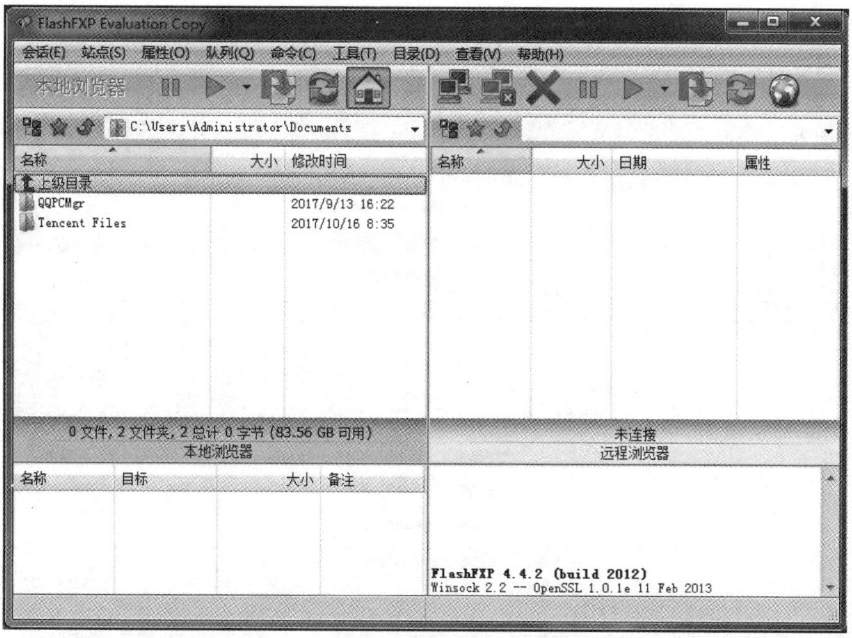

图 2-1-38　FlashFXP 应用程序界面

3. 利用 FTP 软件传输文件操作示例

步骤 1：点击 FlashFXP 菜单栏“站点”中的“站点管理”，打开站点管理器，然后点击“新建站点”，输入站点名称，最后点击“确定”，完成新建站点，如图 2–1–39 所示。

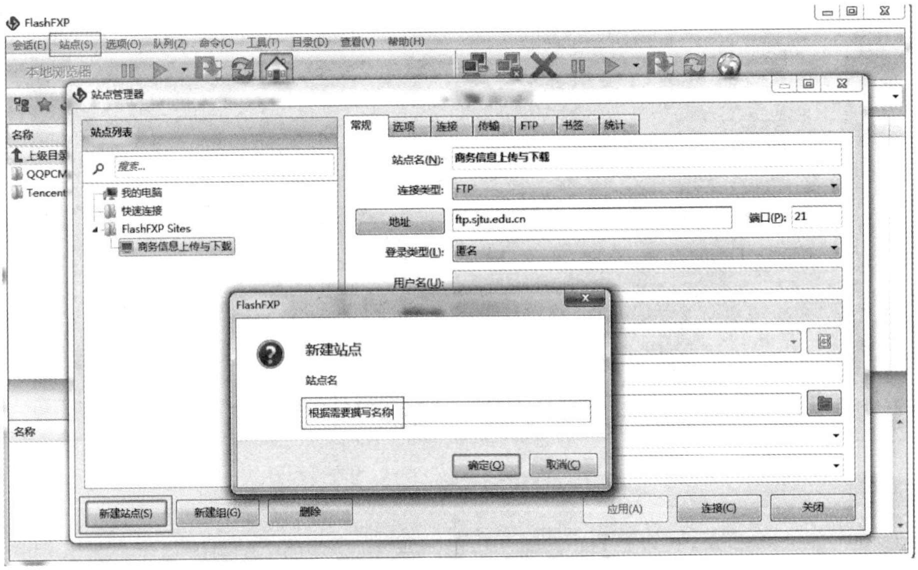

图 2–1–39　FlashFXP 新建站点界面

步骤 2：在“站点管理器”中编辑新建站点的相关信息，包括站点名称、地址、用户名称、密码等，点击“应用”保存站点信息，点击“连接”，FlashFXP 开始连接 FTP，如图 2–1–40 所示。

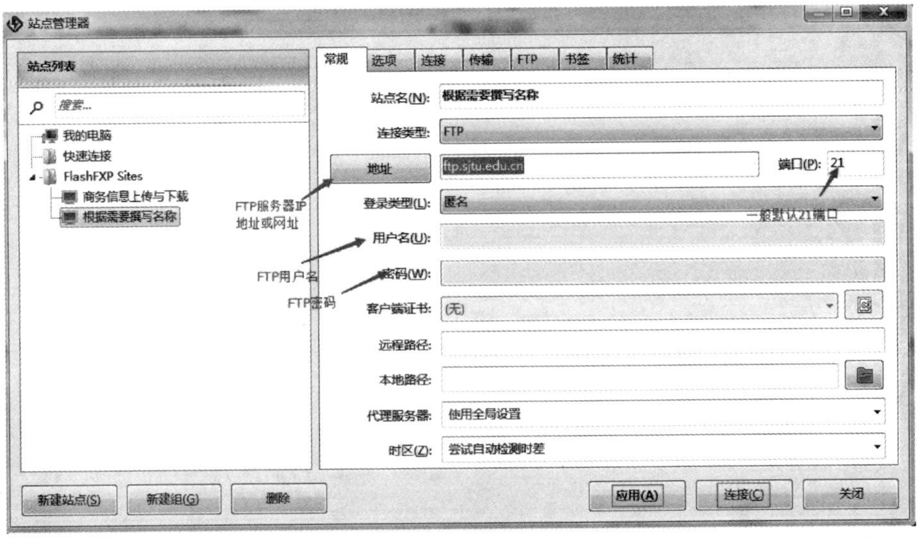

图 2–1–40　编辑站点界面

步骤 3：连接 FTP 成功后，右侧窗口会显示 FTP 服务器（站点）目录，可以对 FTP 服务器（站点）中的内容进行上传、下载、修改、删除操作，如图 2-1-41 所示。

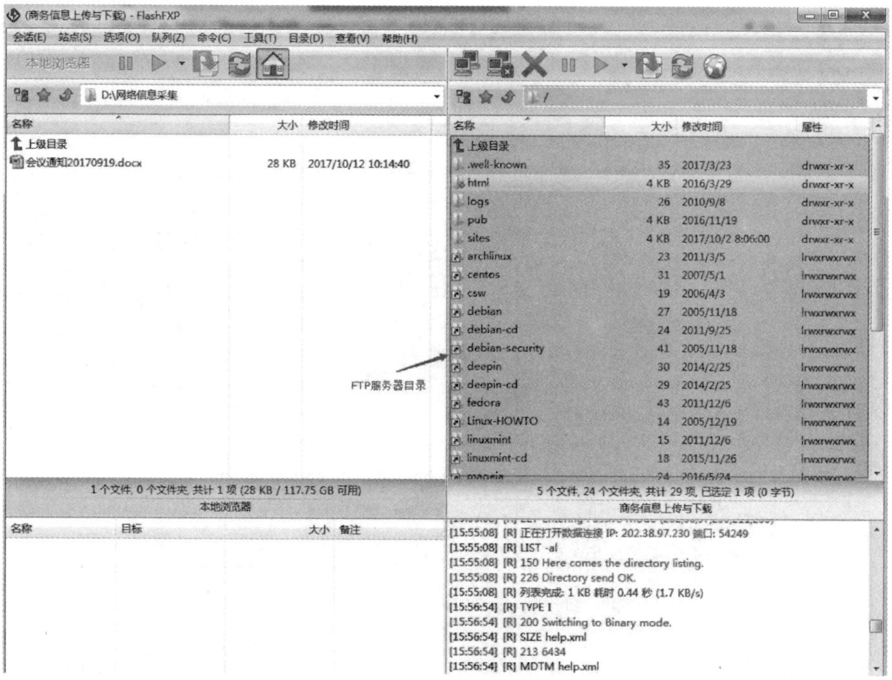

图 2-1-41　站点服务器界面

步骤 4：登录成功后，可刷新目录、切换本地账户、断开链接，双击文件夹也可打开对应的目录，如图 2-1-42 所示。

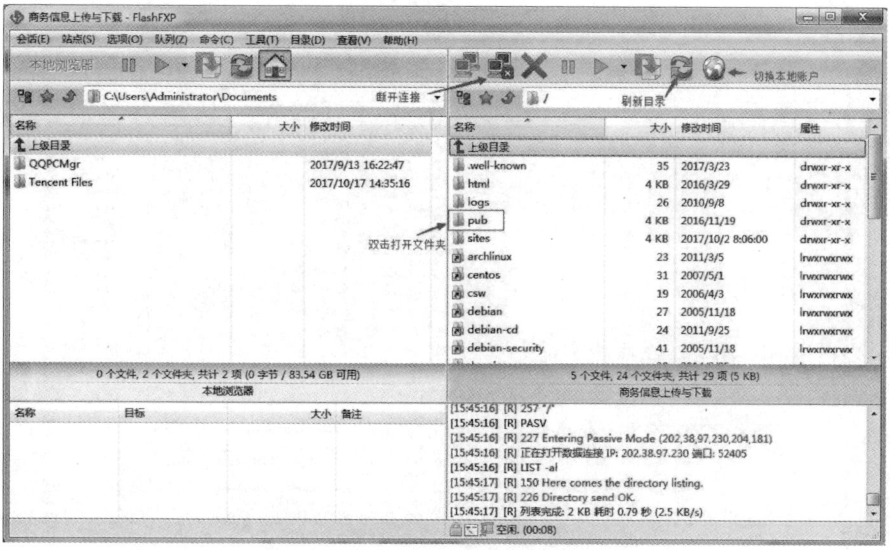

图 2-1-42　FlashFXP 操作界面

步骤 5：在左侧本地窗口选择文件或文件夹，右击文件或文件夹，选择“传输选定的项”，即可把文件或文件夹上传到右侧的 FTP 服务器，如图 2-1-43 所示。

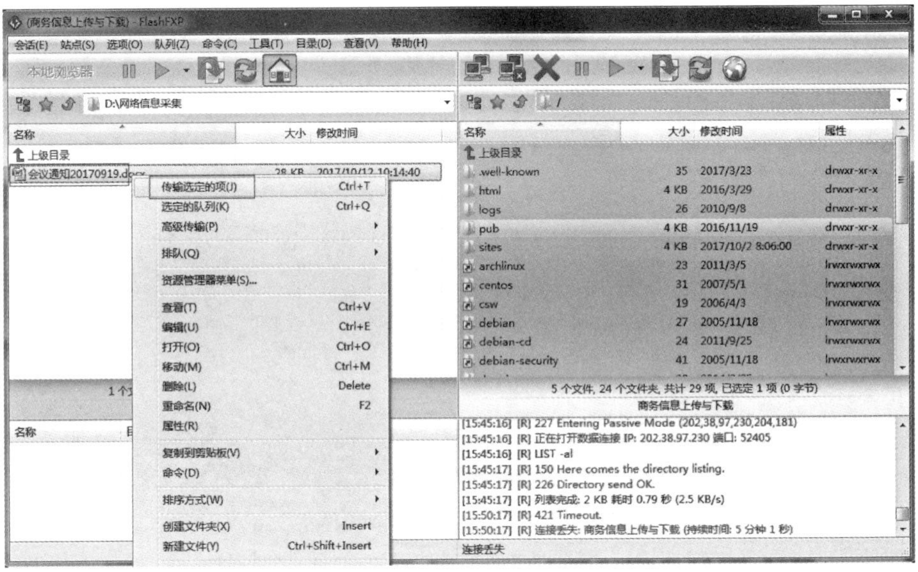

图 2-1-43　FlashFXP 上传操作界面

步骤 6：在右侧 FTP 服务器目录选择文件或文件夹可以进行相关的传输、查看、编辑、移动、删除、重命名、新建文件、刷新等操作，如图 2-1-44 所示。

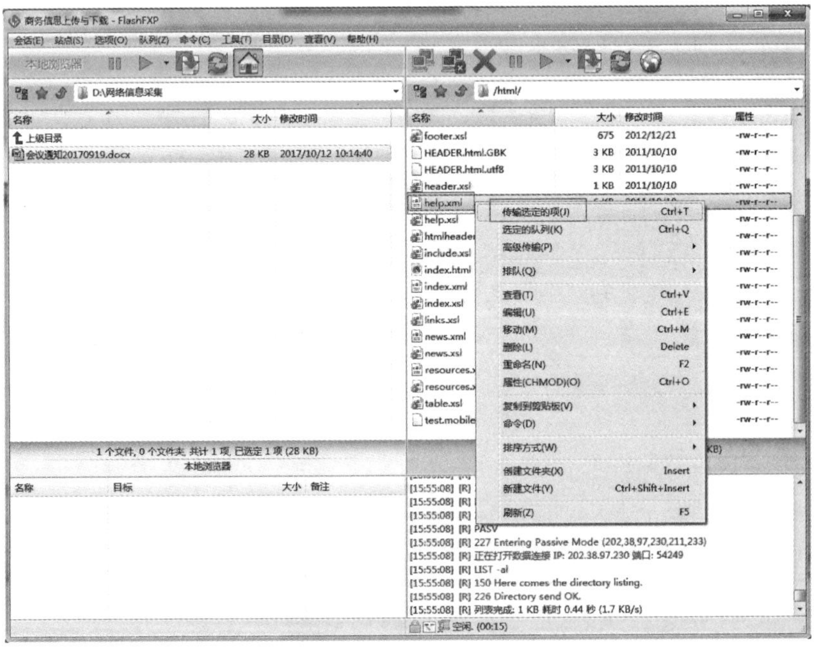

图 2-1-44　FlashFXP 下载操作界面

步骤 7：下载文件后，即可在本地目录文件夹查看所下载的文件，如图 2-1-45 所示。

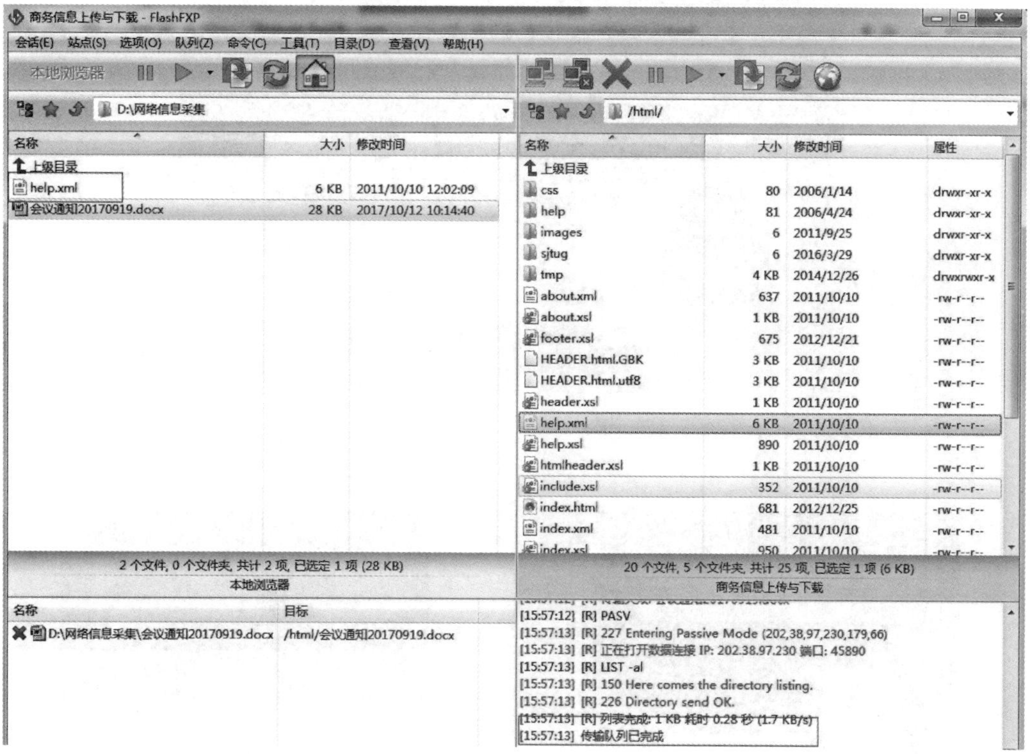

图 2-1-45　查看下载结果界面

三、利用即时通信软件传输与下载文件

即时通信软件是通过即时通信技术来实现在线聊天、交流的软件。即时通信比传送电子邮件所需时间更短，而且比拨电话更方便，可以实现在线交流，是当前较为方便的通信方式。下面以个人即时通信软件 QQ 为例，说明使用即时通信软件来传输和下载“会议通知”的具体方法。

步骤 1：登录 QQ 并查找到待接收文件好友，如图 2-1-46 和图 2-1-47 所示。

步骤 2：传输文件。在 QQ 接收好友图标上单击右键，选择“发送即时消息”，如图 2-1-48 所示。

图 2-1-46　登录 QQ

图 2-1-47　查找好友

图 2-1-48　发送即时消息

在弹出的对话框中，选择“发送文件 / 文件夹”，如图 2-1-49 所示。

图 2-1-49　发送文件 / 文件夹

在弹出的窗口中，查找到所需传输的文件，如图 2-1-50 所示。

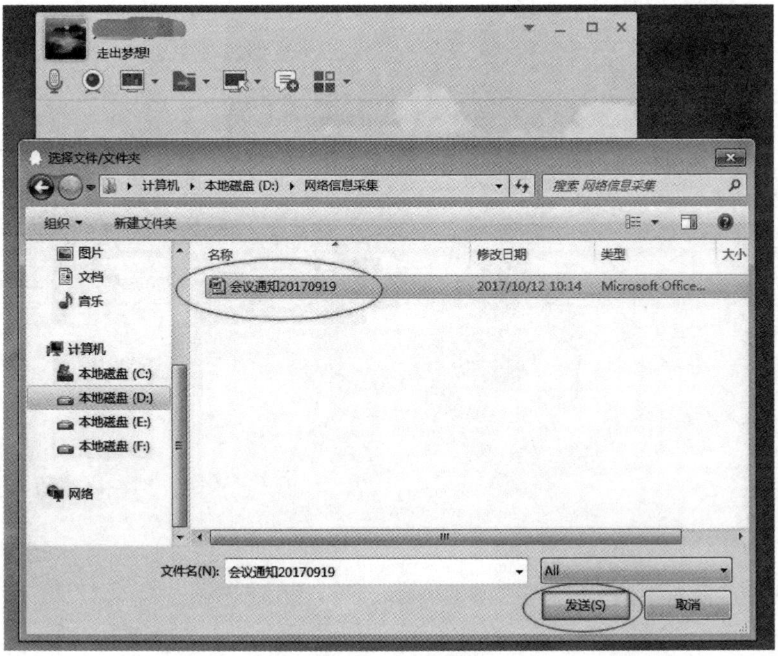

图 2-1-50　会议通知文件

选中待传输文件“会议通知”，并选择“发送”。如果对方长时间没有接收文件，建议选择“转离线发送”文件，如图 2-1-51 所示。

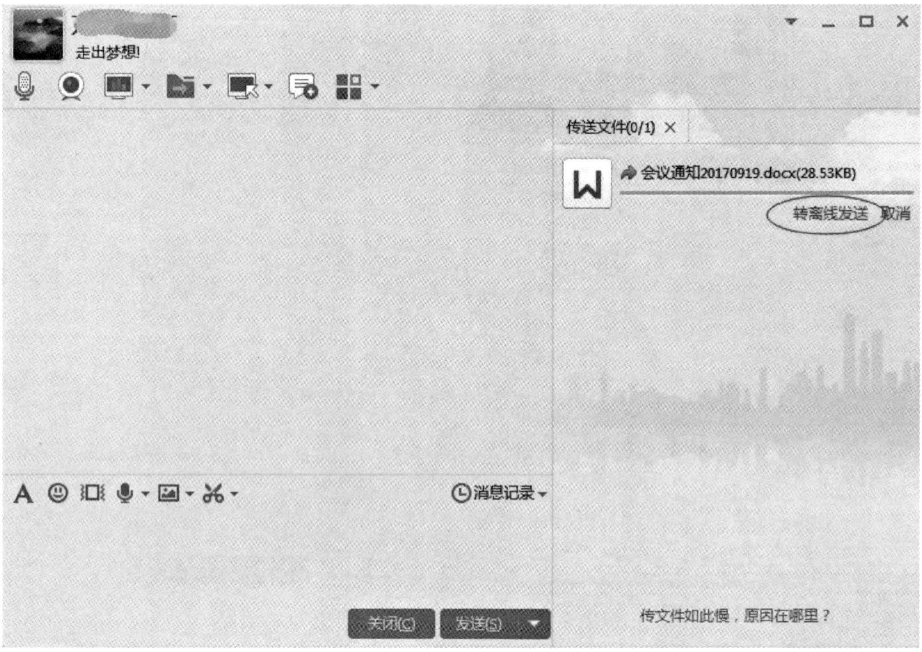

图 2-1-51　转离线发送

步骤 3：接收文件。在接收端，选择“接收”或“另存为”即可接收文件，如图 2-1-52 所示。

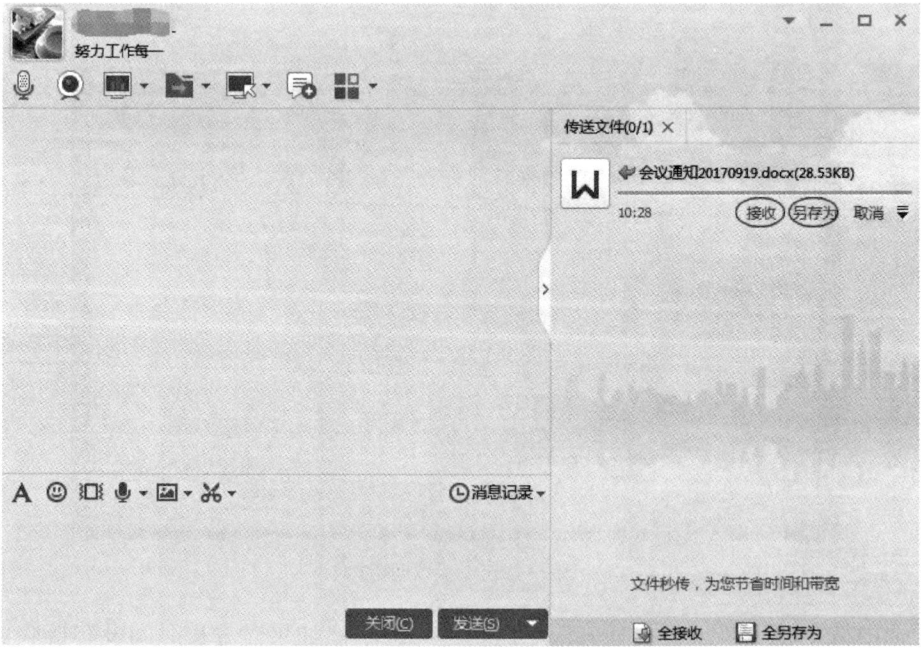

图 2-1-52　接收文件

步骤 4：保存所接收文件。在选择接收文件后，依据文件存储路径将文件保存到本地文件夹中，如图 2-1-53 所示。

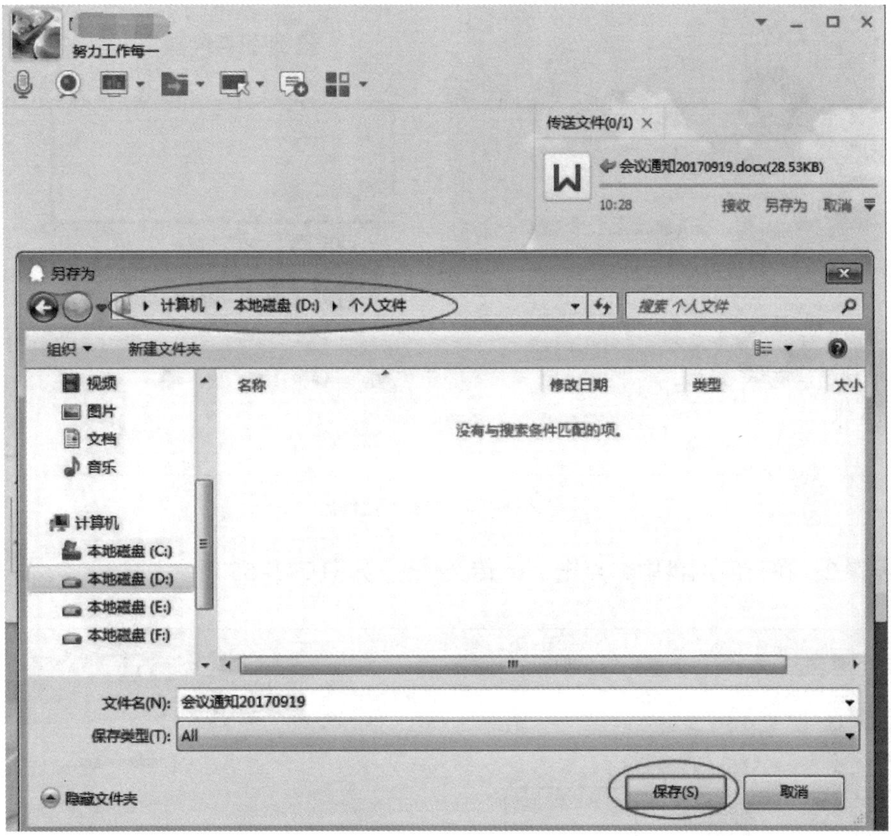

图 2-1-53　保存文件

四、网盘文件上传与下载

网盘又称网络 U 盘、网络硬盘，是由互联网公司推出的在线存储服务，服务器机房为用户划分一定的磁盘空间，为用户免费或收费提供文件的存储、访问、备份、共享等文件管理功能，并且拥有高级的世界各地的容灾备份。用户可以把网盘看成一个放在网络上的硬盘或 U 盘，不管是在家中、单位或其他任何地方，只要能连接到因特网，用户就可以管理、编辑网盘里的文件。不需要随身携带，更不怕丢失。

目前，常用的网盘有百度网盘、115 网盘、联想企业网盘、搜狐企业网盘等。下面以百度网盘为例，说明网盘文件上传和下载“会议通知”的具体方法。

步骤 1：输入已有用户名和密码，登录百度网盘，如图 2-1-54 所示。

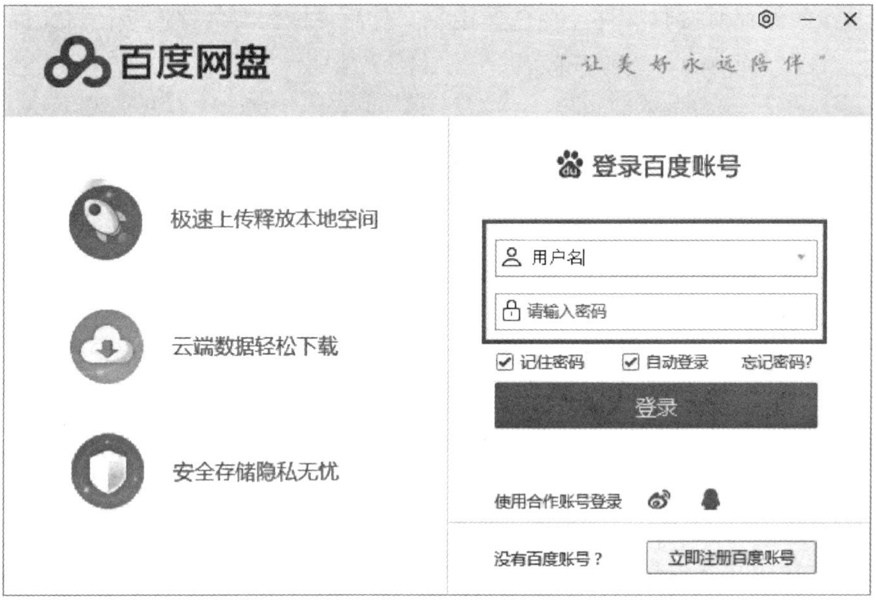

图 2-1-54　登录百度网盘

步骤 2：在百度网盘中，点击“上传文件”，如图 2-1-55 所示。

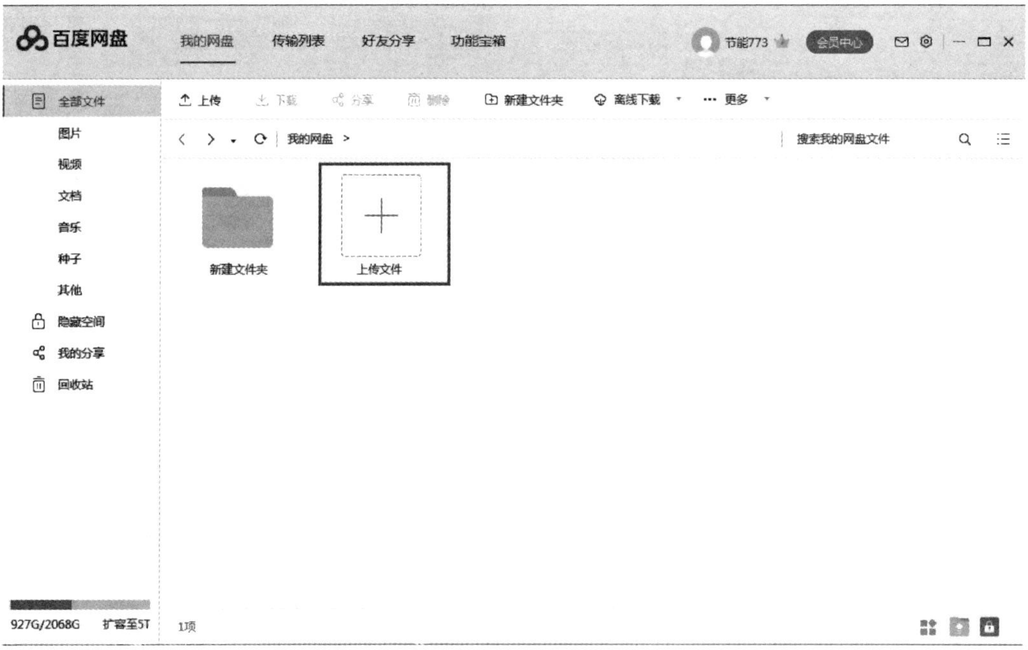

图 2-1-55　上传文件

在所弹出的对话框中，选择待上传文件“会议通知”，并点击“存入百度网盘”，如图 2-1-56 所示。

图 2-1-56　选择待上传文件

步骤 3：在百度网盘中即可查看已上传的“会议通知”文件，如图 2-1-57 所示。

图 2-1-57　查看已上传文件

至此，即可实现将文件上传到百度网盘。

步骤 4：在百度网盘中右击待下载文件“会议通知”，在弹出的对话框中点击“浏览”，选择保存目录，如图 2–1–58 所示。

图 2–1–58　选择保存目录

步骤 5：点击“下载”，即可实现将文件下载，如图 2–1–59 所示。

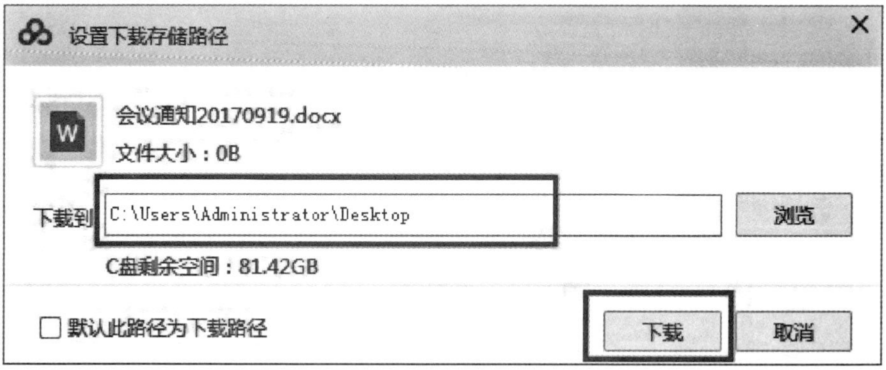

图 2–1–59　下载文件

步骤 6：在桌面上查看所下载的文件，如图 2–1–60 所示。

图 2-1-60　查看下载文件

课程 2-2　商务信息处理与发布

学习内容

学习单元	课程内容	培训建议	课堂学时
（1）商务信息整理与更新	1）信息存储介质选择 2）商务信息分类存储 3）商务信息定期更新	（1）方法：讲授法、演示法、实训法 （2）重点与难点：商务信息更新	2
（2）网络商务信息发布	1）利用网站发布信息 2）利用电子邮件发布信息 3）利用社交平台发布信息	（1）方法：讲授法、演示法、实训法 （2）重点与难点：利用社交平台发布信息	2

学习单元 1　商务信息整理与更新

一、信息存储介质选择

1. 存储介质概述

存储介质又称为存储媒体，是指存储二进制信息的物理载体，这种载体具有表现两种相反物理状态的能力，存储器的存取速度就取决于这两种物理状态的改变速度。

2. 常用存储介质

存储介质并不是越贵越好、越先进越好，而是要根据不同的应用环境，合理选择存储介质。目前常用的存储介质主要有以下几种。

（1）硬盘

硬盘是计算机主要的存储媒介之一，它由一个或者多个铝制或者玻璃制的碟片组成，碟片外覆盖有铁磁性材料。伴随着存储技术的发展，目前市面上比较常见的硬盘是移动硬盘和固态硬盘。

移动硬盘又称为活动硬盘或 USB 硬盘，是以硬盘为存储介质，强调便携性，特点是即插即用，像 U 盘一样，用的时候插上，不用时拔掉，目前市场上大多数的移动硬盘都是以笔记本计算机小硬盘为基础的。

固态硬盘（Solid State Drives）简称固盘，其具有传统机械硬盘不具备的快速读写、质量小、能耗低，以及体积小等特点，同时其劣势也较为明显，如价格较为昂贵，容量较低，一旦硬件损坏，数据较难恢复等。

（2）U 盘

U 盘全称 USB 闪存盘（USB flash disk），它是一种使用 USB 接口的无须物理驱动器的微型高容量移动存储产品，通过 USB 接口与计算机连接，实现即插即用。U 盘具有体积小、便于携带、存储容量大、价格便宜、性能可靠等优点。

（3）光盘

光盘是以光信息作为存储的载体，利用激光原理进行读、写的设备，可以存储文字、声音、图形、图像和动画等多媒体数字信息。光盘分为不可擦写光盘和可擦写光盘。光盘读写需要配套的光盘驱动器，与硬盘和 U 盘等存储介质相比，光盘读写速度慢，但价格相对便宜，容量大，可长期保存。

（4）SD 卡

SD（Secure Digital）卡是一种基于半导体快闪记忆器的新一代记忆设备，由于它拥有体积小、数据传输速度快、可热插拔等优良特性，被广泛地应用于便携式设备，如电子词典、移动电话、数码相机、汽车导航系统等。SD 卡最大的特点就是通过加密功能，可以保证数据资料的安全保密。

二、商务信息分类存储

此处分类存储的含义是将所存商务信息按某一结构分门别类来进行存储，并非指商务信息的分类，可以说，商务信息没有特定的种类。

1. 商务信息分类的定义

商务信息分类是指在一定范围内，为了某种目的，以一定的分类原则和方法为指导，按照商务信息的内容、性质及管理者的使用要求等，将商务信息按一定的结构体系分门别类地组织起来。对信息进行分类组织，可以促进信息共享与信息有效访问，提高领导决策和信息化的投资回报率。

2. 信息分类的原则

（1）科学性

科学性是指信息分类的客观依据。通常是选用信息的最稳定的本质属性或特征作为分类的基础和依据。

（2）系统性

系统性是指将选定的信息的属性或特征按一定排列顺序予以系统化，并形成一个合理的分类体系。

（3）可扩充性

可扩充性是指分类体系的建立应满足信息的不断发展和变化的需要。

（4）兼容性

兼容性是指分类上与有关标准的协调一致。所谓信息分类的兼容性是指某一系统的信息分类涉及一个或几个其他信息系统时，信息的分类原则及类目设置上应尽可能与有关的标准取得一致。

（5）综合实用性

综合实用性是指分类要从系统工程的角度出发，把局部问题放在系统整体中处理，达到系统最优化。

3. 分类存储商务信息

信息管理系统软件虽然操作方便且功能强大，但往往需要购买，而且价格也不便宜，因此对中小企业和个人而言，商务信息存储与管理可以借助 Excel 办公软件实现。

下面以某公司清仓商品销售统计为例，说明 Excel 办公软件存储和管理数据的方法。假设某化妆品销售电子商务公司需要对即将到期的库存商品进行清仓处理，设定该公司产品不超过 1 000 种。根据公司实际业务需要，将待清仓商品按到期时间进行分类。

步骤 1：创建到期产品目录汇总表。打开 Excel 表格，点击左上角的 Office 按钮，在弹出的下拉菜单中点击“新建”选项，弹出一个“新建工作簿”对话框，使用左侧“模板”列表中默认选项“空白文档和最近使用的文档”，在右侧的列表框中选择“空工作簿”选项，如图 2-2-1 所示。

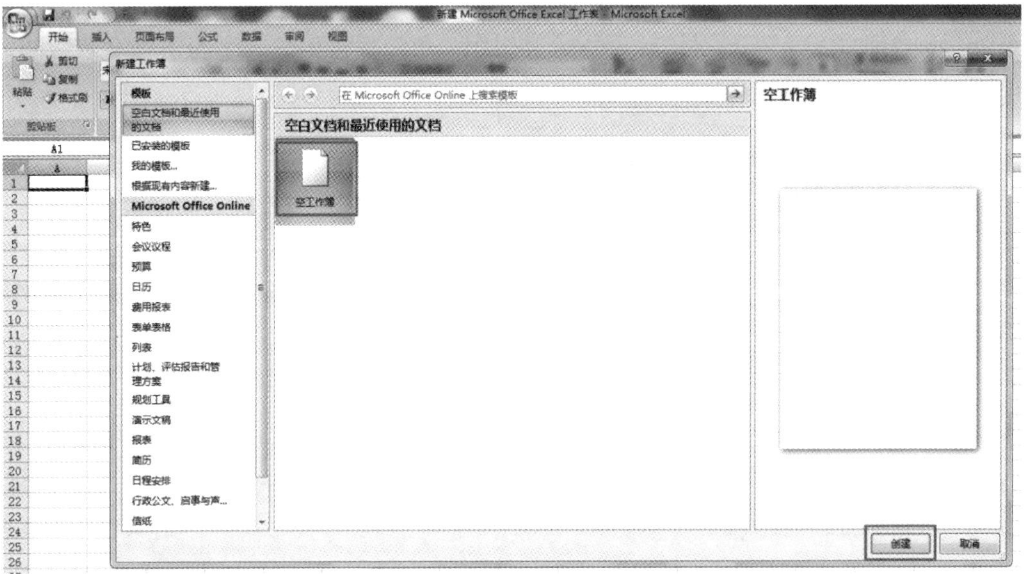

图 2-2-1　新建工作簿

在新建工作簿的 Sheet1 工作表上建立到期产品库存工作表，方法是点击工作表标签 Sheet1，进入工作表 Sheet1，在 A1 到 K1 单元格内分别录入“货品编号”“品名”“规格”“库存”“成本价”“库存成本”“质量”“30 天销量”“到期时间”“已销比例”“备注”，用鼠标双击工作表标签，改名为“到期产品汇总”，如图 2-2-2 所示。

货品编号	品名	规格	库存	成本价	库存成本	质量	30天销量	到期时间	已销比例	备注

图 2-2-2　到期产品汇总表

步骤 2：录入产品相关数据。根据仓库库存实际情况，将库存产品信息录入汇总表中。另外，将距离保质期 1 年内到期的产品信息、距离现在保质期 1 年到 1 年半之间的产品信息、距离现在还有 1 年半到期的产品信息，用不同颜色底纹标识，如图 2-2-3 所示。

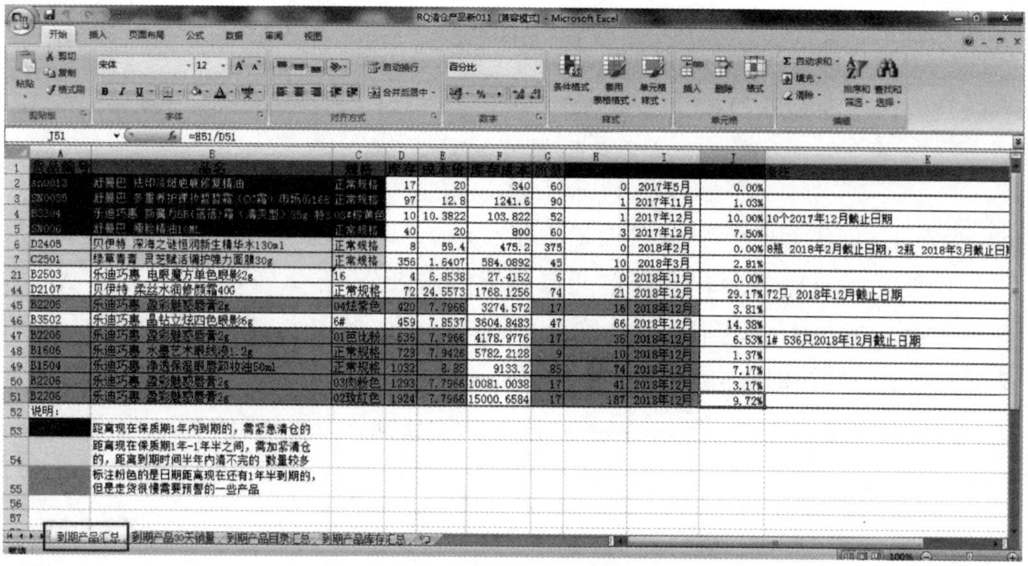

	A	B	C	D	E	F	G	H	I	J	K
1	货品编号	品名	规格	库存	成本价	库存成本	质量				备注
2	sn0013	舒蔓巴 祛印淡斑焕颜修复精油	正常规格	17	20	340	60	0	2017年5月	0.00%	
3	SN0035	舒蔓巴 多重养护裸妆菁萃霜（CC霜）[illegible]	正常规格	97	12.8	1241.6	90	1	2017年11月	1.03%	
4	B3304	乐迪巧惠 新魔力BB（莹透）霜（清爽型）35g 特	03#粉黄色	10	10.3822	103.822	52	1	2017年12月	10.00%	10个2017年12月截止日期
5	SN006	舒蔓巴 薰衣精油10ml	正常规格	40	20	800	60	3	2017年12月	7.50%	
6	D2405	贝伊特 深海之谜恒润新生精华水130ml	正常规格	8	59.4	475.2	375	0	2018年2月	0.00%	8瓶 2018年2月截止日期，2瓶 2018年3月截止日
7	C2501	绿草青青 灵芝赋活调护弹力面膜30g	正常规格	356	1.6407	584.0892	45	10	2018年3月	2.81%	
21	B2503	乐迪巧惠 电眼魔方单色眼影2g	16	4	6.8538	27.4152	6	0	2018年11月	0.00%	
44	D2107	贝伊特 柔丝水润修颜霜40G	正常规格	72	24.5573	1768.1256	74	21	2018年12月	29.17%	72只 2018年12月截止日期
45	B2206	乐迪巧惠 盈彩魅惑唇膏2g	04炫紫色	420	7.7966	3274.572	17	16	2018年12月	3.81%	
46	B3502	乐迪巧惠 晶钻立炫四色眼影6g	6#	459	7.8537	3604.8483	47	66	2018年12月	14.38%	
47	B2206	乐迪巧惠 盈彩魅惑唇膏2g	01芭比粉	535	7.7966	4178.9776	17	35	2018年12月	6.53%	1# 536只2018年12月截止日期
48	B1606	乐迪巧惠 水墨艺术眼线液1.2g	正常规格	723	7.9426	5782.2128	9	10	2018年12月	1.37%	
49	B1504	乐迪巧惠 净透保湿眼唇卸妆油50ml	正常规格	1032	8.85	9133.2	85	74	2018年12月	7.17%	
50	B2206	乐迪巧惠 盈彩魅惑唇膏2g	03肉粉色	1293	7.7966	10081.0038	17	41	2018年12月	3.17%	
51	B2206	乐迪巧惠 盈彩魅惑唇膏2g	02玫红色	1924	7.7966	15000.6584	17	187	2018年12月	9.72%	
52	说明：										
53		距离现在保质期1年内到期的，需紧急清仓的									
54		距离现在保质期1年-1年半之间，需加紧清仓的，距离到期时间半年内清不完的 数量较多									
55		标注粉色的是日期距离现在还有1年半到期的，但是走货很慢需要预警的一些产品									

图 2-2-3　录入产品数据

步骤 3：创建到期产品库存汇总。进入 Excel 工作簿，点击工作表标签 Sheet2，进入工作表 Sheet2，在 A1 到 G1 单元格内分别输入公式：= 到期产品汇总！A1、= 到期产品汇总！D1、= 到期产品汇总！E1、= 到期产品汇总！F1、= 到期产品汇总！G1、= 到期产品汇总！I1、= 到期产品汇总！K1，用鼠标拖动选择 A1:G1 区域，并用鼠标点击 G1 单元格右下角的填充柄不放，向下拖动至 I1 000 单元格进行公式复制。最后，用鼠标双击工作表标签，改名为“到期产品库存汇总”，如图 2-2-4 所示。

	A	B	C	D	E	F	G
1	货品编号	库存	成本价	库存成本	质量	到期时间	备注
2	sn0013	17	20	340	60	42856	
3	SN0035	97	12.8	1241.6	90	43040	
4	B3304	10	10.3822	103.822	52	43070	10个2017年12月截止日期
5	SN006	40	20	800	60	43070	
6	D2405	8	59.4	475.2	375	43132	8瓶 2018年2月截止日期，2瓶 2018年3月截止日期
7	C2501	356	1.6407	584.0892	45	43160	
8	B3303	1320	7.3463	9697.116	46	43191	3# 461个2018年4月截止日期,864个2018年10月截止日期
9	A3406	436	5.5327	2412.2572	81	43252	217个 2018年6月截止日期,240个2018年8月截止日期
10	E2602	38	21.8633	830.8054	36	43282	1# 31支2018年7月截止日期，7支2018年12月截止日期
11	D1306	43	4.4322	190.5846	50	43282	
12	A1104	679	10.8226	7348.5454	276	43313	96瓶 2018年8月截止日期，584瓶 2018年9月截止日期
13	E3301	3	66.8691	200.6073	45	43374	3# 3支2018年10月截止日期
14	E3102	11	33.7376	371.1136	55	43374	
32	B2206	668	7.7966	5208.1288	17	43405	11# 668只2018年11月截止日期
33	B2303	884	11.8441	10470.1844	56	43405	1# 884盒2018年11月截止日期
34	B2206	923	7.7966	7196.2618	17	43405	12# 923只2018年11月截止日期
35	B2303	1087	11.8441	12874.5367	56	43405	
36	B2303	1321	11.8441	15646.0561	56	43405	
37	B3205	1333	14.005	18668.665	30	43405	
38	B3205	1564	14.005	21903.82	30	43405	
39	A2403	1849	17.5124	32380.4276	164	43405	1849个 2018年11月截止日期
40	B3303	2232	7.3463	16396.9416	46	43405	
41	D1303	1	5.5208	5.5208	26	43435	
42	E2301	13	30.5481	397.1253	75	43435	
43	D2603	14	34.65	485.1	320	43435	

图 2-2-4　到期产品库存汇总表

步骤 4：创建到期产品 30 天销量。进入 Excel 工作簿，点击工作表标签 Sheet3，进入工作表 Sheet3，在 A1 到 C1 单元格内分别输入公式：= 到期产品汇总！A1、= 到期产品汇总！H1、= 到期产品汇总！J1，用鼠标拖动选择 A1:C1 区域，并用鼠标点击 C1 单元格右下角的填充柄不放，向下拖动至 I1 000 单元格进行公式复制。最后，用鼠标双击工作表标签，改名为“到期产品 30 天销量”，如图 2-2-5 所示。

B1　f_x　=到期产品汇总!H1

	A	B	C	D
1	货品编号	30天销量	已销比例	
2	sn0013	0	0.00%	
3	SN0035	1	1.03%	
4	B3304	1	10.00%	
5	SN006	3	7.50%	
6	D2405	0	0.00%	
7	C2501	10	2.81%	
8	B3303	55	4.17%	
9	A3406	80	18.35%	
10	E2602	3	7.89%	
11	D1306	2	4.65%	
12	A1104	4	0.59%	
13	E3301	0	0.00%	
14	E3102	3	27.27%	
32	B2206	147	22.01%	
33	B2303	151	17.08%	
34	B2206	171	18.53%	
35	B2303	82	7.54%	
36	B2303	108	8.18%	
37	B3205	44	3.30%	
38	B3205	77	4.92%	
39	A2403	486	26.28%	
40	B3303	90	4.03%	
41	D1303	0	0.00%	
42	E2301	0	0.00%	
43	D2603	1	7.14%	

到期产品汇总　到期产品30天销量　到期产品目录汇总

图 2-2-5　到期产品 30 天销量表

三、商务信息更新

1. 信息更新的定义

信息是一种资源，也是无形财富。信息资源管理专家霍顿指出：信息是有生命的，信息资源是一种有生命周期的资源。信息的更新维护是信息生命周期中的重要一环，没有好的信息更新，就没有好的信息使用。信息更新是指经常更新存储介质中的数据，使其保持正常状态，以确保信息处于适合使用的状态。信息更新的目的是要保证信息的准确和及时。

2. 商务信息更新的意义

电子商务企业在日积月累的运营过程中形成了海量数据，给商务企业带来了巨大的存储与性能压力，而且每年的数据量呈几何级数增长，如何对这些数据进行科学有效的管理是摆在运营商面前的一个迫切需要解决的课题。因此，运营人员应根据市场变化对所采集的商务信息进行快速、准确的更新，从而提高数据信息质量和使用效率，进而帮助企业以最低的成本获得最大的价值。

3. 更新商务信息

大型商务企业的数据一般存储在特定的数据库服务器上，通过设定具体算法实现数据的更新，中小企业则可以直接借助 Excel 办公软件实现数据更新。下面以“香水百合”网店店铺运营为例，说明采用 Excel 办公软件，依据日期更新数据的方法。

（1）依据日期，逐日更新店铺的“访客数”“浏览量”“支付金额”“支付转化率”等数据，如图 2-2-6 所示。

（2）依据日期，逐日更新店铺爆款产品的“访客数”“成交宝贝数”“交易笔数”“销售额”“转化率”等数据，如图 2-2-7 所示。

2017年香水百合店铺核心数据统计

统计日期	访客数	浏览量	支付金额	毛利	支付转化率	支付买家数	客单价	分析
4月10日	3947	12997	7334.4	2651.84	3.85%	152	48.25	
4月11日	3715	11007	7037.9	2710.89	3.52%	131	53.64	
4月12日	3691	11134	7711	2789.08	3.82%	141	54.68	
4月13日	3569	11832	8767.1	2682.14	4.70%	168	52.18	
4月14日	3443	11357	7824	2966.9	4.09%	141	55.48	
4月15日	3478	11071	7463.7	2730.56	3.82%	133	56.11	
4月16日	3564	11111	10241.5	2902.81	4.46%	159	64.41	
4月17日	3848	11408	8279.9	2807.4	3.53%	136	60.88	
4月18日	3477	10467	8754	3516.83	4.19%	146	59.95	
4月19日	3690	11260	7886.9	2624.56	3.76%	139	56.74	
4月20日	3458	10632	8477.9	3303.52	4.16%	144	58.87	
4月21日	3415	11405	10113.4	2947.3	4.89%	167	60.55	
4月22日	3927	12630	8431	2952.51	4.07%	160	52.69	
4月23日	4246	12895	9121.4	3392.5	3.60%	153	59.61	
4月24日	3567	11209	8881	3336.48	4.31%	155	57.66	

店铺核心数据 / 单品日登记表 / 新品周跟踪 / 产品月分析表 / 潜在款对比分析 / 问题商品

图 2-2-6　店铺核心数据更新

“香水百合”C店新品及爆品数据跟踪

宝贝名称	产品链接	项目	4月产品跟踪									
巧巧迪惠 眉笔	https://detail.tmall.com/item.htm?spm=a21ag.7634349.0.0.Z3AwM3&i	日期	4月10日	4月11日	4月12日	4月13日	4月14日	4月15日	4月16日	4月17日	4月18日	4月19
		访客数	669	579	595	611	531	629	611	527	467	480
		成交宝贝数	114	105	132	125	147	95	134	85	101	98
		交易笔数	58	53	62	62	61	48	60	47	50	49
		销售额	1285.8	1172.3	1458.9	1389.43	1574.83	1053.9	1437	993.2	1081.14	1,043.0
		转化率	8.67%	9.15%	10.42%	10.15%	11.49%	7.63%	9.82%	8.92%	10.71%	10.21%
		快车流量	68	54	51	38	54	69	63	57	65	93
立尚白 冰膜	https://detail.tmall.com/item.htm?spm=a21ag.7634349.0.0.Z3AwM3&i	日期	4月10日	4月11日	4月12日	4月13日	4月14日	4月15日	4月16日	4月17日	4月18日	4月19
		访客数	300	280	229	186	219	203	294	349	328	302
		成交宝贝数	10	6	10	8	14	12	17	14	17	6
		交易笔数	9	6	8	8	13	12	15	14	16	6
		销售额	1275	754.72	1290	1047	1761	1538	2168	1750.14	2138	779.00
		转化率	3.00%	2.14%	3.49%	4.30%	5.94%	5.91%	5.10%	4.01%	4.88%	1.99%
		快车流量	43	31	36	37	48	37	40	40	38	43
韩肤芦荟胶	https://detail.tmall.com/item.htm?spm=a21ag.7634349.0.0.	日期	4月10日	4月11日	4月12日	4月13日	4月14日	4月15日	4月16日	4月17日	4月18日	4月19
		访客数	68	57	82	75	63	88	85	109	127	145
		成交宝贝数	8	4	1	1	3	4	6	4	2	2
		交易笔数	7	4	1	1	3	4	6	4	2	2
		销售额	272	143.08	29	29	67	126	154	106	65.2	78.00
		转化率	10.27%	7.02%	1.22%	1.33%	4.76%	4.55%	7.06%	3.67%	1.57%	1.38%

店铺核心数据 / 单品日登记表 / 潜在款对比分析 / 新品周跟踪 / 产品月分析表 / 问题商品

图 2-2-7　店铺单品日登记表

（3）依据日期，逐周更新店铺新品的“PV”“UV”“跳失率”“成交件数”“转化率”等数据，如图 2-2-8 所示。

店铺新品周跟踪

日期	宝贝名	宝贝ID	PV	UV	跳失率	成交件数	转化率	当日收藏数	首页位置
第一周	韩肤CC霜	HaFu3034	70	51	73.33%	2	3.92%	2	
	立尚白达人面膜	LiBa1726	173	69	71.46%	13	18.82%	7	
第二周	韩肤CC霜								
	立尚白达人面膜								

【报告由数据中心整理】

【报告使用说明】
1、使用时间维度：以周或月为单位；
2、适用岗位：数据统计、店铺运营人员、商品部；
3、数据来源：生意参谋、手动页面查看

图 2-2-8　新品周跟踪表

学习单元 2　网络商务信息发布

近年来，随着互联网的迅速发展，人们对于信息发布的需求也越来越大，各种信息发布平台应运而生。一般来说，目前常用的信息发布平台有：第三方电子商务平台，这是一类商务信息非常集中的网络平台，非常适合于产品及服务信息的发布；电子邮件，这是一种直接给客户或潜在客户发送电子邮件信息的方式，多用来维护客户关系；社交网络（SNS）平台，这类平台是以人脉关系为基础建立的，比较适合发布“病毒式”商务信息。

一、利用网站发布信息

1. 网站发布信息流程

运营人员如果在企业自建网站发布信息，可直接登录网站后台，然后按照网站所设栏目进行发布即可。

运营人员如果在第三方平台发布商务信息，则需要先登录特定网站进行注册，然后根据平台提示进行信息发布。在第三方平台发布信息的流程如图 2-2-9 所示。

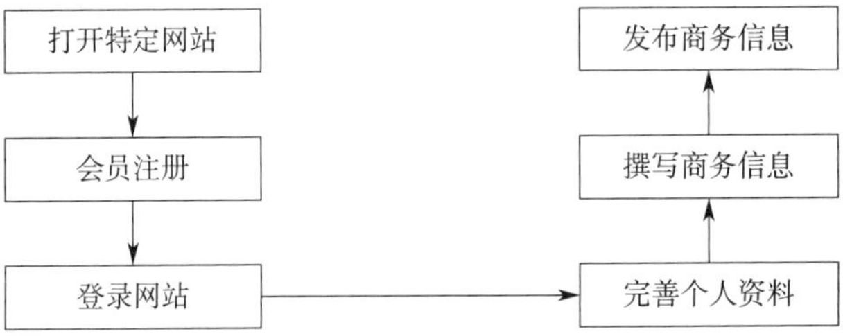

图 2-2-9　第三方平台发布信息流程

2. 专业网站发布信息

下面以阿里巴巴中文 B2B 网站为例，说明企业发布分销信息的过程。

步骤 1：启动 Internet Explorer 浏览器，在地址栏中输入阿里巴巴网站的 URL 地址 https://www.1688.com/，然后按 Enter 键，进入阿里巴巴采购批发网站主页，如图 2-2-10 所示。

图 2-2-10　登录阿里巴巴网站

点击“登录”按钮，在登录界面输入企业账号和密码，登录网站。

步骤 2：登录后台，发布分销信息，如图 2-2-11 所示。

图 2-2-11　分销信息发布界面

步骤 3：选择“招募分销商（淘货源）”，并撰写招商信息，如图 2-2-12 所示。

图 2-2-12　撰写分销信息

步骤4：选择“确认发布”，将所撰写的信息发布在1688平台，如图2-2-13所示。

图2-2-13　信息发布完成界面

二、利用电子邮件发布信息

1. 邮件列表概述

邮件列表（Mailing List）是互联网上最早的社区形式之一，主要用于各种群体之间的信息交流和信息发布。邮件列表有两种基本形式，公告型（邮件列表）和讨论型（讨论组）。公告型主要用于一个管理者向小组中的所有成员发送信息，如电子杂志、新闻邮件等；讨论型则是所有成员都可以向组内的其他成员发送信息，其操作过程简单来说就是发一个邮件到小组的公共电子邮件，通过系统处理后，将这封邮件分发给组内所有成员。

2. 电子邮件发布信息

下面以网易邮件列表为例说明企业商务信息发布过程。

步骤1：启动Internet Explorer浏览器，在地址栏中输入网易邮件列表网站的URL地址，然后按Enter键，进入网易邮件列表首页，如图2-2-14所示。

图 2-2-14　网易邮件列表首页

输入已有邮件地址和密码，实现邮件列表安全登录。

步骤 2：登录邮箱后，点击“通讯录”，选择进入“邮件列表”页面，点击“创建邮件列表”，如图 2-2-15 所示。

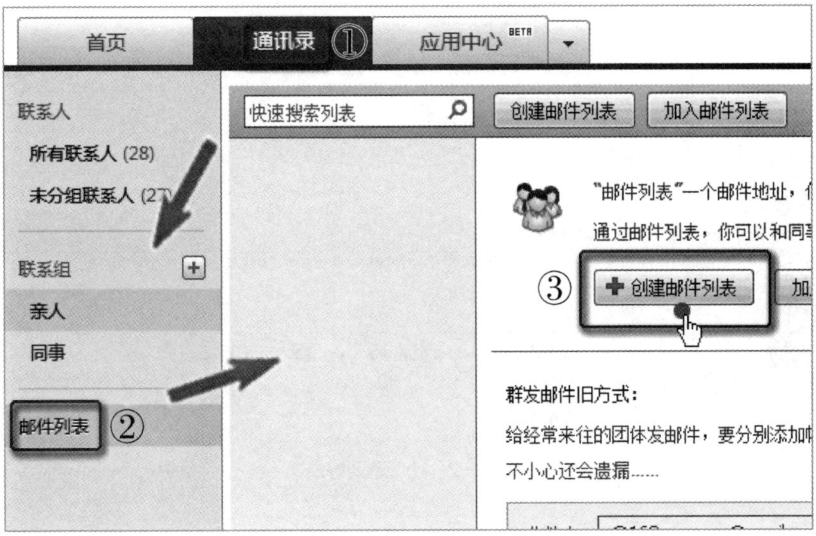

图 2-2-15　创建邮件列表

根据页面提示填写邮件列表的名称、类别、描述等相关信息，点击“创建邮件列表”即可创建成功。

步骤 3：邀请好友加入邮件列表，此处既可通过链接邀请好友加入，也可通过发送邮件邀请好友加入，如图 2-2-16 和图 2-2-17 所示。

图 2-2-16　登录通讯录

图 2-2-17　邀请好友

步骤 4：进入已创建邮件列表，选择“写信”，撰写供求商务信息，并发送邮件，如图 2-2-18 和图 2-2-19 所示。

图 2-2-18　选择“写信”

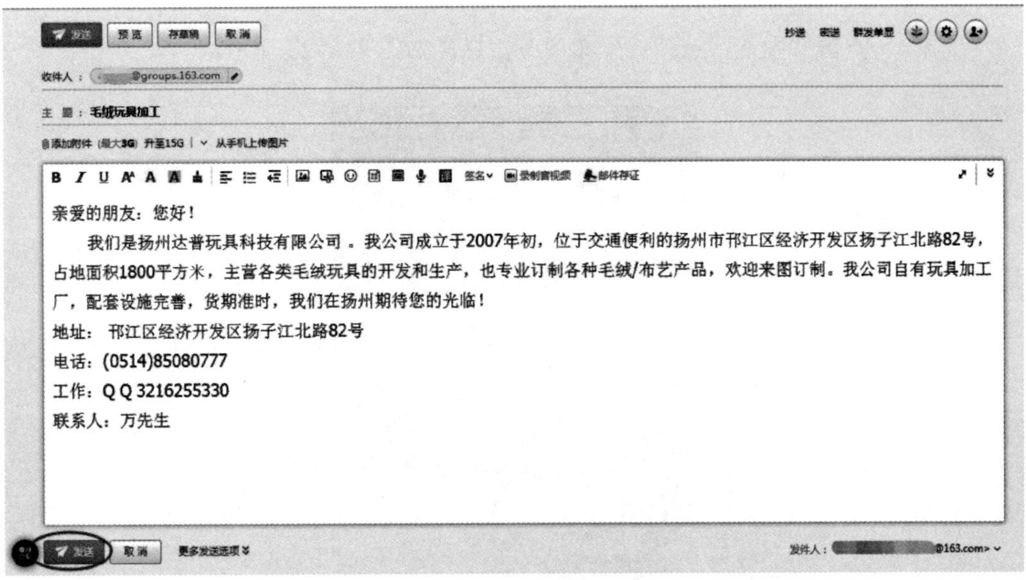

图 2-2-19　撰写信件并发送

三、利用社交平台发布信息

利用社交平台发布信息是指利用社交活动让更多的人和组织机构等了解、接受其发布的商务信息，从而达到宣传、普及的目的。

1. 社交平台发布信息流程

社交平台发布信息流程如图 2–2–20 所示。

图 2-2-20　社交平台发布信息流程

2. 社交平台发布信息

下面以社交软件 QQ 为例，说明企业商务信息发布过程。

步骤 1：登录 QQ。

步骤 2：确定接收商务信息的群或 QQ 好友，如图 2–2–21 所示。

步骤 3：撰写商务信息，如图 2–2–22 所示。

步骤 4：点击“发送”按钮，发布商务信息，如图 2–2–23 所示。

图 2-2-21　确定 QQ 发布群

图 2-2-22　撰写商务信息

图 2-2-23　供求信息发布

模块 3 网络营销

- 课程 3-1 电子邮件推广
- 课程 3-2 搜索引擎推广
- 课程 3-3 社会化媒体推广

课程设置

课程	学习单元	课堂学时
3-1　电子邮件推广	（1）编写电子邮件并进行许可营销	2
	（2）利用群发电子邮件进行许可营销	2
3-2　搜索引擎推广	搜索引擎推广	2
3-3　社会化媒体推广	（1）论坛推广	2
	（2）博客推广	2
	（3）微博推广	2
	（4）即时通信工具推广	2

课程 3-1　电子邮件推广

学习内容

学习单元	课程内容	培训建议	培训学时
（1）编写电子邮件并进行许可营销	1）注册电子邮件 2）许可营销电子邮件的格式 3）电子邮件许可营销步骤 4）许可营销电子邮件操作应注意的问题	（1）方法：讲授法、实训法 （2）重点与难点：许可营销电子邮件编写	2
（2）利用群发电子邮件进行许可营销	1）电子邮件群发工具选择 2）电子邮件资源的收集 3）群发电子邮件 ①电子邮件群发的步骤 ②电子邮件群发应注意的问题	（1）方法：讲授法、实训法 （2）重点与难点：电子邮件群发的步骤	2

学习单元 1　编写电子邮件并进行许可营销

电子邮件营销（E-mail Direct Marketing，EDM）通常也称为许可 E-mail 营销和邮件列表营销。许可 E-mail 营销是在用户事先知晓并许可的前提下，通过电子邮件的方式向目标用户传递价值信息的一种网络营销手段。

一、注册电子邮件

1. 在浏览器中输入邮箱注册网址。以 163 邮箱为例，如图 3-1-1 所示。

图 3-1-1　邮箱注册首页

2. 在页面中点击“去注册”，进入如图 3-1-2 所示界面。
3. 按要求输入准确信息，确认无误，点击“立即注册”，如图 3-1-3 所示。
4. 邮箱注册成功，如图 3-1-4 所示。

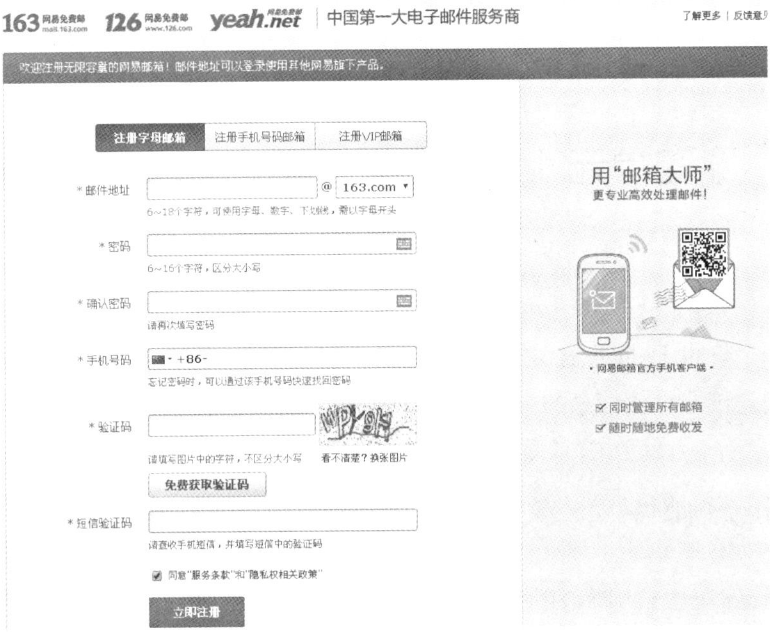

图 3-1-2　邮箱注册页

图 3-1-3　输入信息

图 3-1-4　邮箱注册成功

二、许可营销电子邮件的格式

电子邮件通常由收件人、抄送、主题、内容 4 部分内容构成。其中，收件人、主题、内容 3 部分是必填项，抄送项可根据情况而定，电子邮件书写格式具体要求如下。

1. 收件人

（1）确认传送信息的对象。

（2）核对传送对象是否正确，书写是否无误。

2. 抄送

（1）在必要情况下，抄送给需要的知情人。

（2）抄送人员要明确，确保抄送人员精准。

3. 主题

主题要明确，文字要精练并有吸引力，可以用简洁的语言来描述内容，让人一望即知。这有利于对方快速了解和记忆。

4. 内容

信件内容一般包括称呼、正文、结束语和落款签名 4 部分。

（1）称呼

可根据对方姓名、性别、职务等开头，如 ×× 先生、×× 女士、×× 总经理、×× 董事长。

（2）正文

正文要做到主题鲜明、语言通顺、简明扼要。

（3）结束语

最好要给对方一些好的选择和指导方向，如“请您考虑后，有问题向我咨询”。表示诚意也可放在结束部分，如“期待与您的合作”。

（4）落款签名

三、电子邮件许可营销步骤

1. 登录电子邮件

打开网页，输入账号和密码，按要求验证成功后，点击“登录”，进入电子邮件页面，如图 3-1-5 和图 3-1-6 所示。

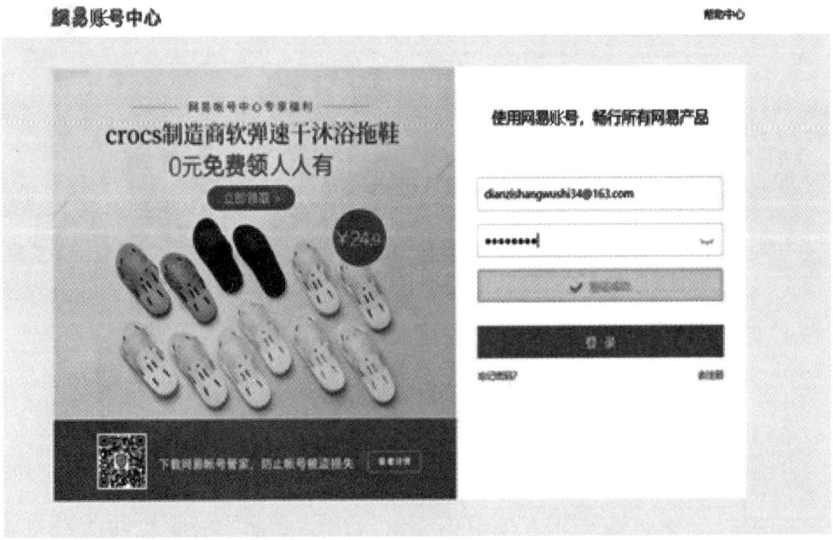

图 3-1-5　登录电子邮件

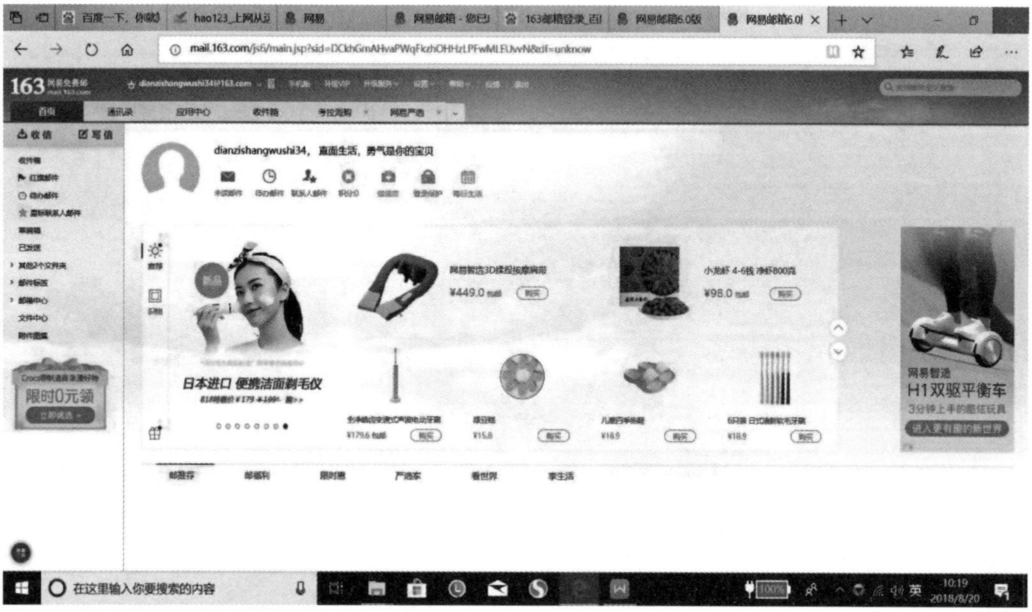

图 3-1-6　登录电子邮件首页

2. 建立电子邮件列表

（1）打开浏览器并登录已有的网易邮箱账户，然后点击菜单栏上的“通讯录”按钮，如图 3-1-7 所示。

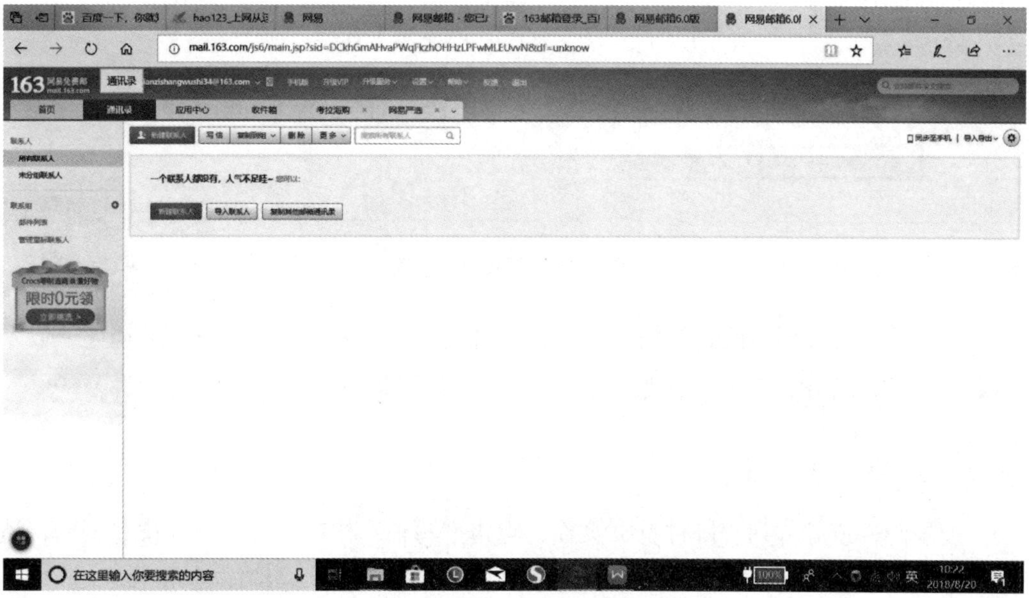

图 3-1-7　电子邮件通讯录

（2）点击左侧菜单栏中的“邮件列表”项，如图 3-1-8 所示。

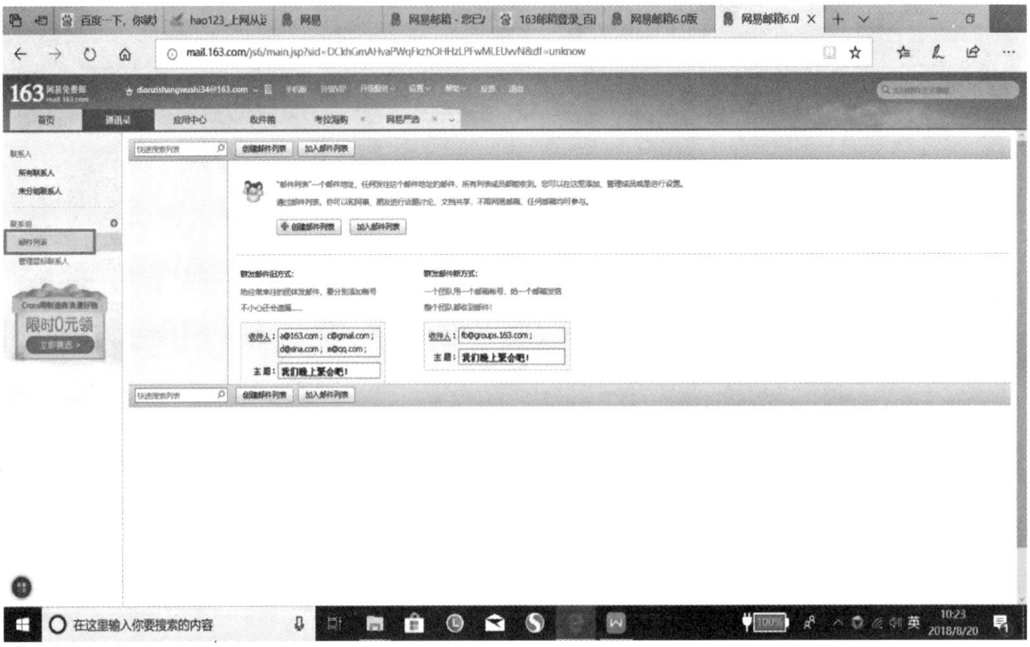

图 3-1-8　电子邮件列表

（3）点击右侧的“创建邮件列表”按钮，如图 3-1-9 所示。

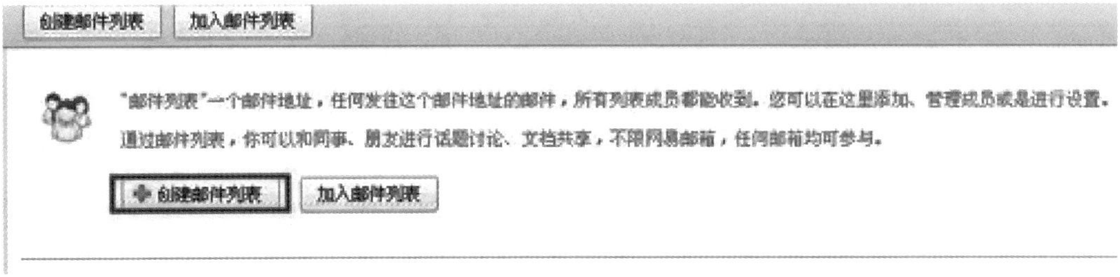

图 3-1-9　创建邮件列表

（4）输入邮件列表的详细情况，包括邮件列表的账号、名称、分类、描述，以及隐私设置等，点击下方的“创建邮件列表”按钮即可创建。

3. 编写许可营销电子邮件

登录邮件或邮件列表邮件首页页面，点击“写信”按钮，进入邮件撰写页面，填写收件人、主题及内容等相关信息，还可以上传附件，如图 3-1-10 所示。

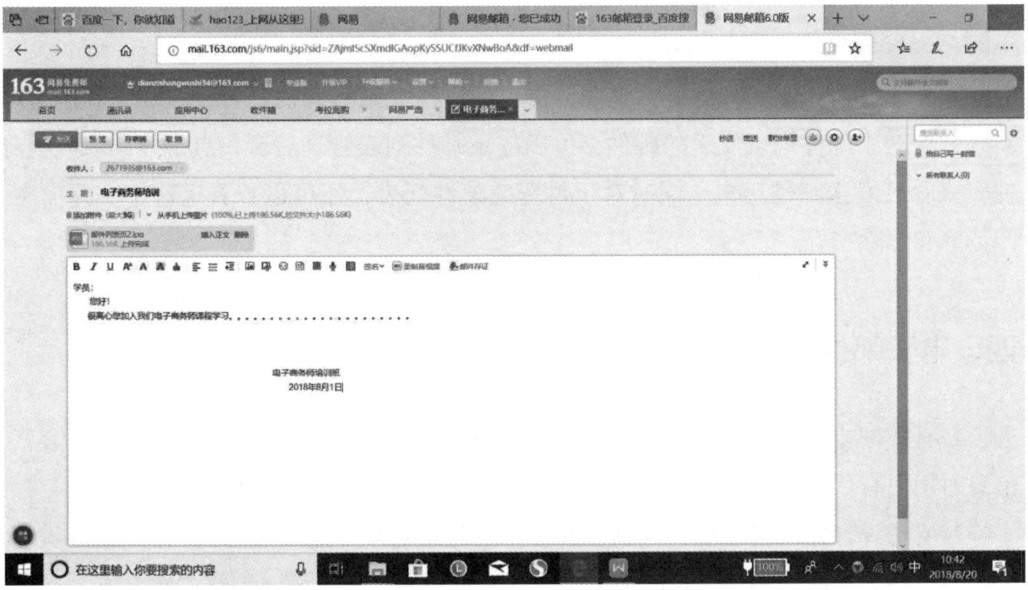

图 3-1-10　邮件写信页面

4. 收发电子邮件

完成以上信息内容的填写后，可以点击页面上方的“发送”按钮，显示如图 3-1-11 所示画面。

图 3-1-11　邮件发送

5. 查看反馈报告

发送邮件后，返回邮件首页页面，可以通过反馈报告确认是否发送成功和是否有新邮件。对于邮件列表发送的邮件，可以登录邮件列表管理后台，点击“读取归档邮件”查看已发送邮件历史。同时对于付费的邮件列表，还可以查看送达率、开信率、阅读率和删除率等。

四、电子邮件许可营销操作应注意的问题

1. 有效的电子邮件许可营销必须具备 3 个条件：用户许可、电子邮件传递信息、信息对用户有价值。3 个条件缺一不可。

2. 要想设计好邮件列表，网站注册和邮件地址获取一定要成为公司网站的核心部分内容，在公司网站的每个页面都可以设置获取添加邮件页面，需要注意以下 3 点。

（1）在公司网页设置用户在线注册填写的表格，建议用户仅填写姓名（或昵称）和邮件地址，申明注册可享受优惠或者奖励。

（2）设计确认注册表格信息。一旦用户提交注册表格，立即提示用户查收邮件进行确认，并在邮件中显示用户注册填写的信息。请用户在邮件中确认填写的注册表格信息。

（3）设计确认用户成功注册的邮件回复信息，表示感谢。

学习单元 2　群发电子邮件并进行许可营销

邮件群发是进行网络营销的重要手段，也是最直接有效的推广方式。由于邮件营销属于主动式的营销方式，相对其他营销方式更具有针对性、主动性。邮件群发可以启用“邮件群发”功能，也可以选择电子邮件群发工具来实现。

一、电子邮件群发工具选择

目前市面上的邮件群发工具有很多，有群发软件、邮件代发平台，还有邮件群发系统，价格差异也很大。

1. 群发软件

群发软件本质上就是一个客户端工具，往往需要用户注册或者利用软件注册多个发件箱来进行群发。群发软件需要使用运营商的 SMTP 投递服务，如果以网易的邮箱账号作为发件箱，就是网易提供的邮件服务器进行邮件投递；如果以腾讯 QQ 的邮箱账号作为发件箱，就是腾讯提供的邮件服务器进行邮件投递，以此类推。这些邮件群发软件本身是不具备邮件投递功能的，它们的功能是对邮件进行打包，请求对应的邮件服务器进行邮件投递，而发送日志以及是否发送成功的反馈也在发件服务器上，也就是说，这些邮件群发软件本身不能保证邮件成功发送。另外，群发软件是虚拟 IP，只要是正规的邮件提供商都能够屏蔽，正规的邮件发送平台不仅发送时的 IP 和邮件地址必须固定，而且对邮件内容也有要求。因此，这些软件虽然很便宜，但技术含量较低，对于真正有大量群发需求的用户并不推荐采用。

2. 邮件代发平台

邮件代发平台是指运营商建立服务器群组、网络宽带资源、网络 IP 地址等，给相应的客户提供邮件投递服务。其理论上与网易、腾讯这些服务商的级别类似，都是邮件通信服务商，只不过网易等提供免费的邮箱服务，功能上偏向于个人的应用，而不是群发，也因为如此，一般个人邮箱服务商都限制群发量，也不提供群发报表功能。而邮件群发服务商建立的邮件群发平台是针对群发的需求专门提供的邮件投递平台，拥有群发相关的功能，但这种群发的平台往往不具备个人邮箱常见的功能。当客户使用群发平台进行大规模群发的时候，往往会消耗服务商大量网络资源及 IP 资源，所以衡量一个代发平台的好与坏主要是看资源是否强大，是否可以支持海量的投递。

3. 邮件群发系统

邮件群发系统是指邮件投递系统，需要部署在服务器上，自成邮件服务器。这种模式往往需要用户自己具备服务器硬件、网络资源。选购这种邮件群发系统时，要看底层的稳定性、功能的全面性、操作的便易性，以及售后服务。这种大规模的电子邮件群发系统比较简单的要几万元，比较好的一般要几十万元甚至上百万元。

二、电子邮件资源的收集

用户来到某个网站，有可能是在寻找信息，有可能是想买东西，也有可能是闲逛。

用户第一次来网站就能产生销售的比例是很低的。必须多次看到某个网站，熟悉了，产生信任感，才容易从该网站消费。电子邮件营销重在经营和推广，因此电子邮件的资源是最重要的核心，在经营中必须获得尽可能多的客户资源。获取客户资源的途径有以下 7 种。

1. 充分利用网站的推广功能

网站本身就是很好的宣传阵地，利用自己的网站为邮件列表进行推广。除了在首页设置订阅框，并使之出现在显眼的位置，增加被读者看到的可能性之外，还有必要在网站主要页面都设置一个邮件列表订阅框，同时给出必要的订阅说明，这样可以增加用户对邮件列表的印象。如果可能，最好再设置一个专门的邮件列表页面，其中包含样刊或者已发送的内容链接、法律条款、服务承诺等，让用户不仅对于邮件感兴趣，并且有信心加入。

2. 用软件抓取特定用户的邮箱

网络上有一些免费且好用的抓取软件，操作也都比较简单，可以通过关键字采集网页中的邮箱。如一些 B2B 网站、黄页网站、同城分类网站上，有很多信息可以采集，采集起来都比较精准。可以找到目标受众所在的论坛社区，用工具去抓取邮箱地址。

3. 提供部分奖励措施

某些在线优惠券只通过邮件列表发送，某些研究报告或者重要资料也需要加入邮件列表才能获得。

4. 可以向朋友、同行推荐

如果对邮件列表内容有足够的信心，可以邀请朋友和同行订阅，获得业内人士的认可也是一份邮件列表发挥其价值的表现之一。

5. 通过拍拍店铺采集目标客户群 QQ 号、微信号等信息

通过某些软件，采集拍拍店铺客户的 QQ 号（不是采集店主的 QQ 号）。这个最精准，而且客户还有网购经历。

6. 通过活动收集

通过活动收集邮箱，这个途径比较精准，但成本也比较高。基本步骤是策划网络

活动、到相关网站投放活动广告，用户参加需要注册或填写邮箱。团购网站、新开的独立商城等经常使用这种方法来收集邮箱，如注册参加抽奖、0 元购宝马、1 元购 iPad。

7. 请求邮件列表服务商的推荐

如果采用第三方的专业发行平台，可以取得发行商的支持，在主要页面进行重点推广，因为在一个邮件列表发行平台上，通常有数以千计的各种邮件列表，网站的访问者不仅有各个邮件列表经营者，还有大量读者，这些资源都可以充分利用。

三、群发电子邮件

电子邮件群发主要有利用电子邮件群发功能群发、利用邮件列表群发和利用电子邮件软件群发 3 种方式。下面以电子邮件群发为例，进行介绍。

1. 电子邮件群发的步骤

（1）登录邮箱

打开网易邮箱网站：http://mail.163.com/，登录进入邮箱，点击“通讯录”，打开界面，如图 3-1-12 所示。

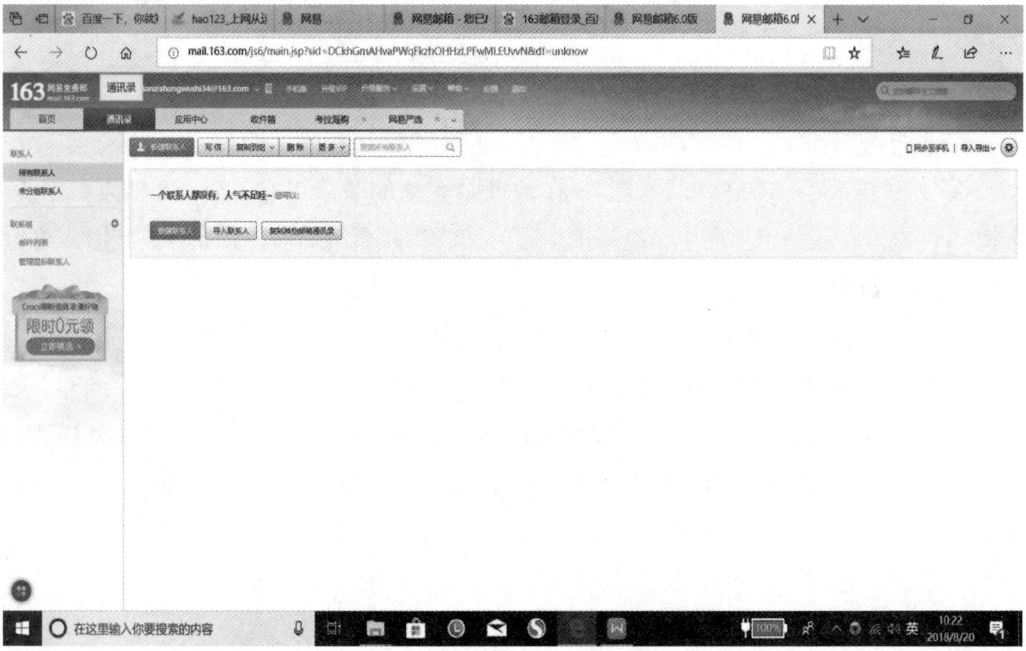

图 3-1-12　邮件登录

（2）添加联系人

在界面中点击“新建联系人”按钮，在弹出的界面中输入联系人姓名、邮箱地址，选择分组，然后点击“确定”，完成一个联系人的添加操作。按照上述添加过程添加其他联系人，如图 3–1–13 所示。

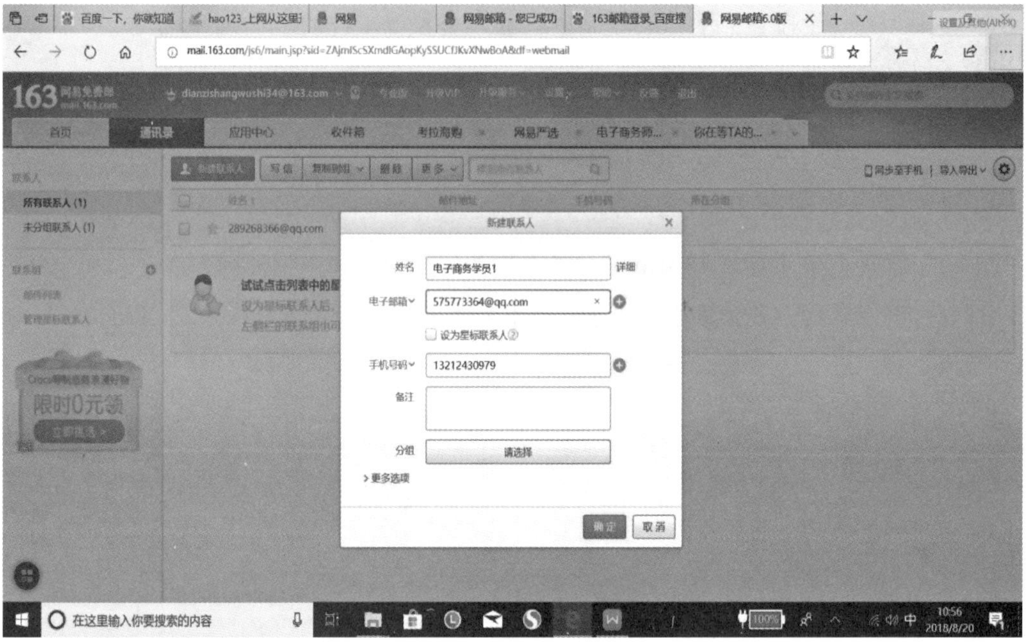

图 3–1–13　添加联系人

（3）分配分组

添加联系人后，点击“联系组”，在地址中默认的联系组有 4 个，即朋友、亲人、同事、网友，在联系组界面中可以添加新组，然后为联系组命名，并保存。如图 3–1–14 和图 3–1–15 所示。

（4）向目标人群群发

在收件人中输入多个群发邮件的对象的邮箱地址，系统会自动隔开。同时，也可以点击右上角的“群发单显”，邮件将一对一地发送；还可以在抄送中、密送中写多个地址，每个地址之间使用逗号隔开，群发单显、密送如图 3–1–16 和图 3–1–17 所示。

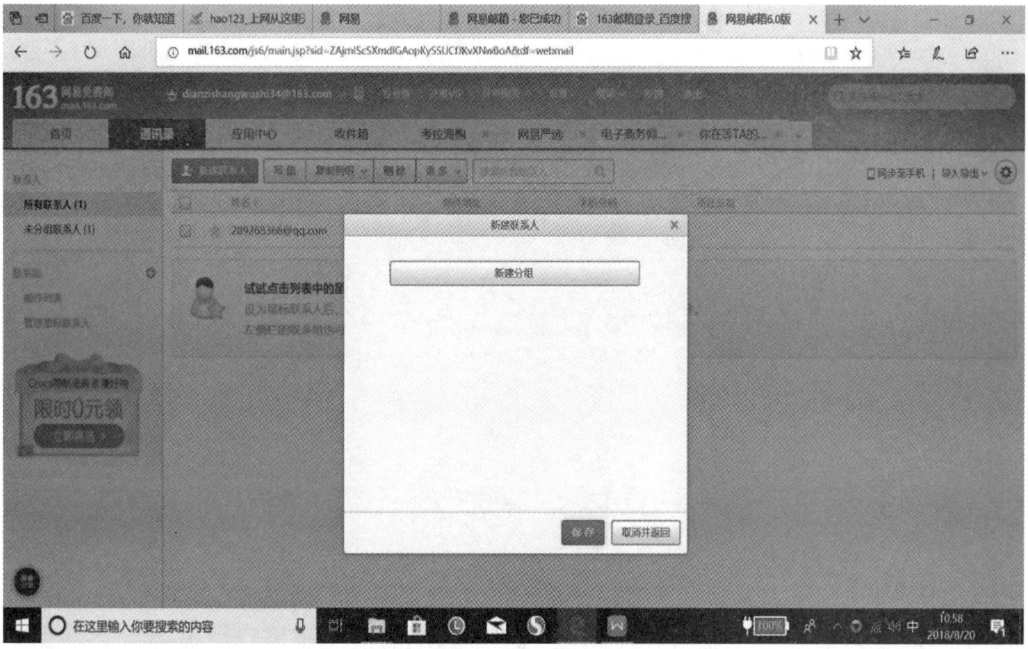

图 3-1-14　添加新组

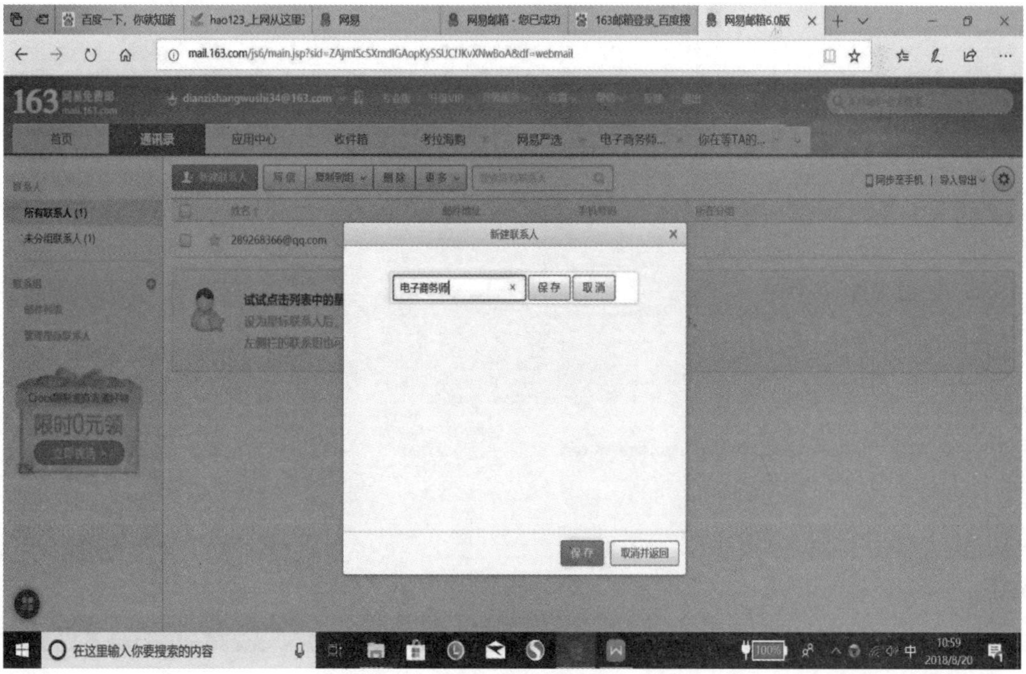

图 3-1-15　填写组名

图 3-1-16　群发单显

图 3-1-17　密送

2. 电子邮件群发应注意的问题

（1）一定不要使主题空白，这是最失礼的。

（2）标题要简短，不宜冗长，以便标题在页面上完整显示。

（3）最好写上来自 ×× 公司的邮件，以便对方一目了然又便于留存，时间可以不用注明，因为邮箱会自动生成时间，写了反而累赘。

（4）标题要能反映邮件的内容和重要性，切忌使用含义不清的标题，如“王先生收”。也不要使用无实际内容的主题，如“嘿！”或“收着！”

（5）一封邮件应尽可能只针对一个主题，不要在一封邮件中谈及多件事情，以便日后整理。

（6）可适当使用大写字母或特殊字符（如“*”“！”等）来突出标题，引起收件人注意，但应适度，特别是不要随便使用“紧急”之类的词汇。

（7）回复对方邮件时，应当根据回复内容更改标题。

（8）主题不可出现错别字或不通顺之处，切勿只顾检查正文而忘记检查主题。主题是给人的第一印象，一定要慎之又慎。

课程 3–2　搜索引擎推广

学习内容

学习单元	课程内容	培训建议	课堂学时
搜索引擎推广	1）搜索引擎登录 2）搜索引擎的工作原理 3）常用搜索引擎工具的选择 ①全文搜索引擎 ②分类目录搜索引擎 ③元搜索引擎	（1）方法：讲授法、实训法 （2）重点：搜索引擎登录	2

续表

学习单元	课程内容	培训建议	课堂学时
搜索引擎推广	4）搜索引擎营销目标和方式 ①搜索引擎营销目标 ②搜索引擎营销方式选择	（3）难点：搜索引擎营销方式选择	2

学习单元　搜索引擎推广

搜索引擎推广是一种新的营销方式，它是基于搜索引擎平台而开展的网络营销，利用人们对搜索引擎的依赖和使用习惯，在人们检索信息的时候将信息传递给目标用户。

一、搜索引擎的工作原理

1. 抓取网页

每个独立的搜索引擎都有自己的网页抓取程序爬虫（Spider）。爬虫顺着网页中的超链接，从一个网站到另一个网站，通过超链接分析连续访问抓取更多网页。被抓取的网页被称为网页快照。由于互联网中超链接的应用很普遍，理论上，从一定范围的网页出发，就能搜集到绝大多数的网页。

2. 处理网页

搜索引擎抓到网页后，还要做大量的预处理工作，才能提供检索服务。其中，最重要的就是提取关键词，建立索引库和索引。其他还包括去除重复网页、分词（中文）、判断网页类型、分析超链接、计算网页的重要度 / 丰富度等。

3. 提供检索服务

用户输入关键词进行检索，搜索引擎从索引数据库中找到匹配该关键词的网页。为了方便用户判断，除了网页标题和 URL 外，搜索引擎还会提供一段来自网页的摘要以及其他信息。

二、常用搜索引擎工具的介绍

1. 全文搜索引擎

全文搜索引擎是目前广泛应用的主流搜索引擎。它的工作原理是计算机索引程序通过扫描文章中的每一个词，对每一个词建立一个索引，指明该词在文章中出现的次数和位置。当用户查询时，检索程序就根据事先建立的索引进行查找，并将查找的结果反馈给用户。这个过程类似于通过字典中的检索字表查字的过程。

2. 分类目录搜索引擎

分类目录搜索引擎是以人工方式或半自动方式搜集信息，由编辑员查看信息之后，人工形成信息摘要，并将信息置于事先确定的分类框架中。信息大多面向网站，提供目录浏览服务和直接检索服务。

3. 元搜索引擎

元搜索引擎就是通过一个统一的用户界面帮助用户在多个搜索引擎中选择和利用合适的（甚至是同时利用若干个）搜索引擎来实现检索操作，是对分布于网络的多种检索工具的全局控制机制。

三、搜索引擎营销的目标和方式

搜索引擎营销是指利用搜索引擎来开展网络营销活动，通过搜索引擎将营销信息发布到目标可能浏览的网页上以实现营销目的。

1. 搜索引擎营销的目标

（1）被搜索引擎收录

包含营销信息的网站要有存在感，就是让网站中尽可能多的网页被搜索引擎收录，而不仅仅是网站首页，即要增加网页的搜索引擎可见性。

（2）在搜索结果中排名靠前

网站要在被搜索引擎收录的基础上尽可能获得好的排名，即在搜索结果中有良好的表现。因为用户关心的只是搜索结果中靠前的少量内容，如果利用主要的关键词检索时网站在搜索结果中的排名靠后，那么还有必要利用关键词广告、竞价广告等形式作为补充手段来实现这一目标。同样，如果在分类目录中的位置不理想，则需要同时考虑在分类目录中利用付费等方式获得排名靠前。

（3）增加用户的点击（点进）率

这一点，直接表现为网站访问量指标方面，也就是通过搜索结果点击率的增加来达到提高网站访问量的目的。从搜索引擎的实际情况来看，仅仅做到被搜索引擎收录并且在搜索结果中排名靠前是不够的，这样并不一定能增加用户的点击率，更不能保证将访问者转化为顾客。要通过搜索引擎营销实现访问量增加的目标，需要从整体上进行网站优化设计，并充分利用关键词广告等有价值的搜索引擎营销专业服务。

（4）将浏览者转化为顾客

将访问量的增加转化为企业最终实现收益的提高，是搜索引擎营销的最终目标，是前面三个目标的进一步提升，是各种搜索引擎实现效果的集中体现，但并不是搜索引擎营销的直接效果。从各种搜索引擎策略到产生收益，其间的中间效果表现为网站访问量的增加，网站的收益是由访问量转化所形成的，从访问量转化为收益则是由网站的功能、服务、产品等多种因素共同作用而决定的。因此，第四个目标在搜索引擎营销中属于战略目标。其他三个目标则属于策略范畴，具有可操作性和可控制性，实现这些基本目标是搜索引擎营销的主要任务。

搜索引擎推广追求最高的性价比，以最小的投入，获得最大的来自搜索引擎的访问量，并产生商业价值。用户在检索信息时所使用的关键字反映出用户对该问题（产品）的关注，这种关注是搜索引擎之所以被应用于网络营销的根本原因。

2. 搜索引擎营销的方式

搜索引擎营销的服务方式有搜索引擎登录、竞价排名、网盟推广、搜索引擎优化等。

（1）搜索引擎登录

在网站完成后，想要使用户搜索到相关网站结果，就要把所推广的网站提交到搜索引擎目录中，这称为搜索引擎登录，又称提交搜索引擎目录。搜索引擎登录包括免费登录、付费登录，目的是让网站中尽可能多的网页被搜索引擎收录，增加网页的搜索引擎可见性。

虽然搜索引擎中有一些允许用软件自动提交新的网站，但是多数情况下，手工提交才有可能保证提交成功，只是不能保证提交成功就会得到较好的排名。下面以百度免费为例，介绍提交搜索引擎的步骤。

1）注册百度账号

①在百度页面找到“注册”，点击右上方的“注册”链接进入注册页面，如图 3-2-1 所示。填写手机或邮箱号，输入密码和验证码，点击“注册”按钮，成功后在邮箱激活账号。

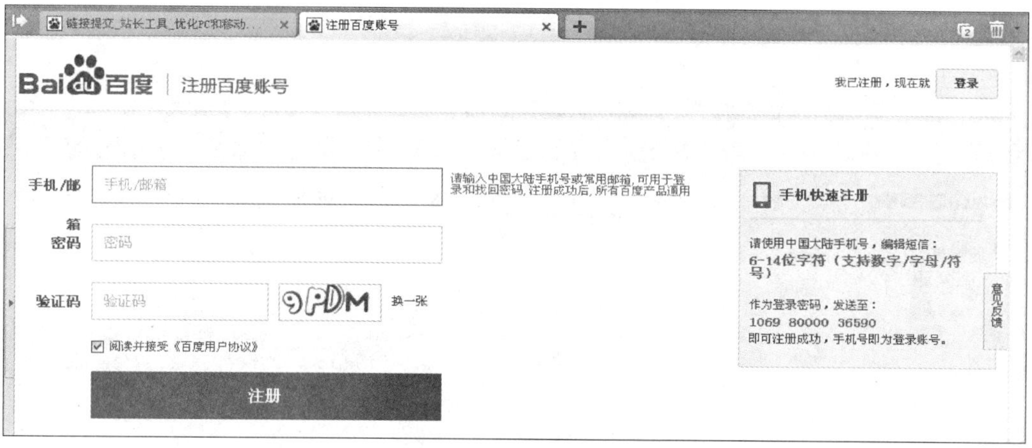

图 3-2-1　注册百度账号

②注册后进入邮箱，打开“baidu”发来的主题为“百度账号 - 账号激活”的邮件，点击邮件中的链接，激活账号，如图 3-2-2 所示。

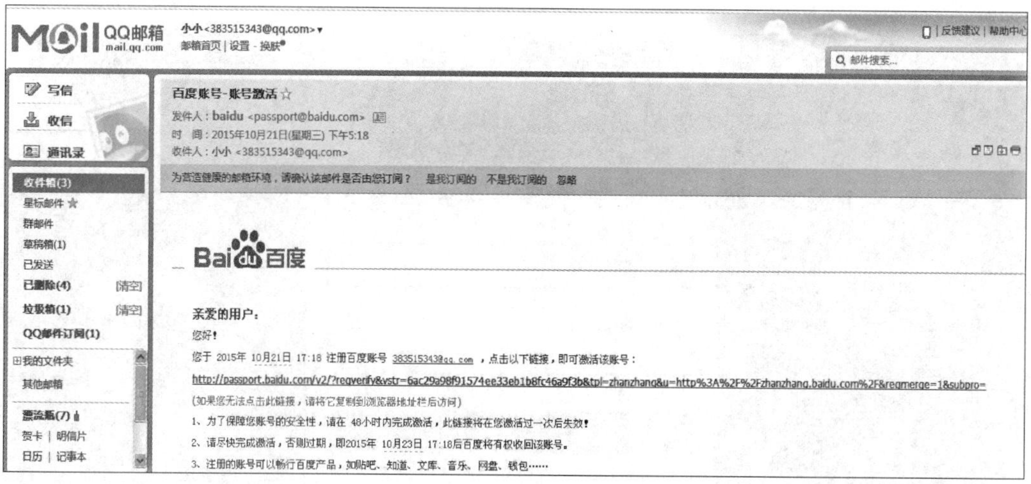

图 3-2-2　激活百度账号

③完成激活操作，进入成功注册百度账号提示页面，如图 3-2-3 所示。

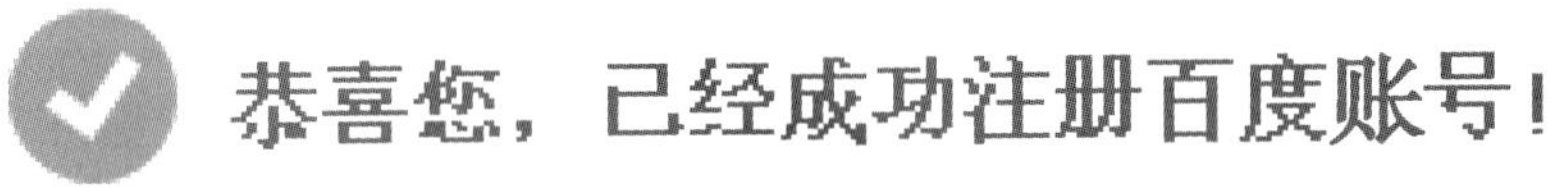

图 3-2-3　激活百度账号成功

2）登录百度账号。进入如图 3-2-4 所示百度站长平台中的登录链接，进入登录页面，输入账号、密码和验证码，如图 3-2-5 所示。然后点击“登录”按钮，完成登录操作。

图 3-2-4　登录账号首页

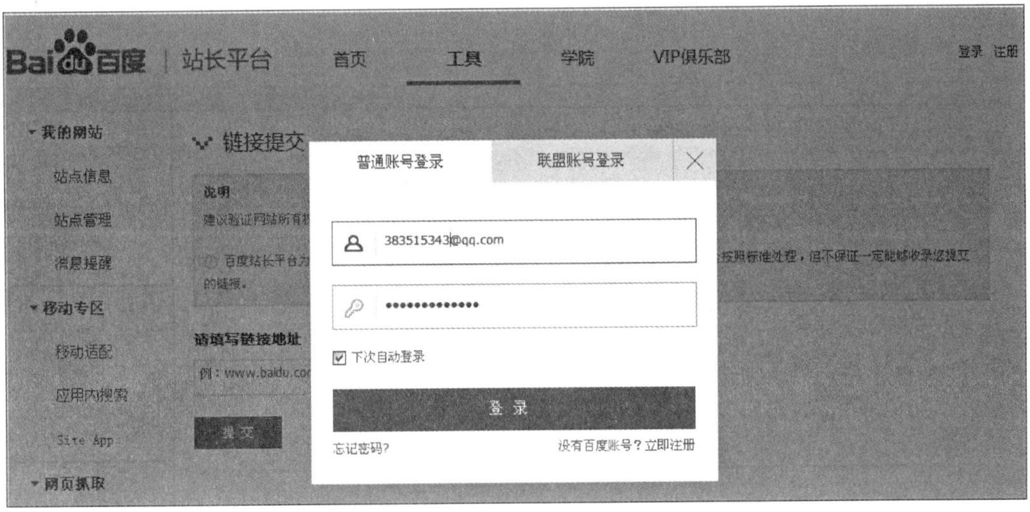

图 3-2-5　账号登录

3）提交网站网址

①登录成功后，在“请填写链接地址”文本框中输入要提交的网站网址，然后点击“提交”按钮，如图 3-2-6 所示。

图 3-2-6　提交网址

②完成如图 3-2-6 所示的操作后，会出现一个提示提交成功的页面，如图 3-2-7 所示。

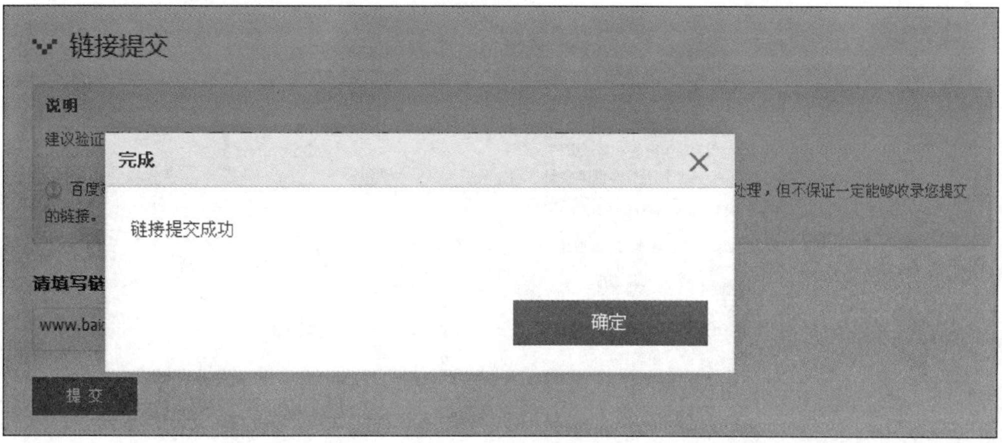

图 3-2-7　完成提交

4）查看提交的网站是否被收录。查看百度是否收录了已提交的网站，可在搜索文本框中输入“site：网址”，然后按 Enter 键即可。例如，想查看刚提交的网站和淘宝网是否被百度收录，可分别在搜索文本框中输入“site：www.baiqw.com”和“site：www.

taobao.com"，然后按 Enter 键，出现如图 3–2–8 和图 3–2–9 所示的页面。显示结果表示刚提交的网站未被收录，而淘宝网站有 155 个网页被百度收录。

图 3–2–8　提交结果查询（1）

图 3–2–9　提交结果查询（2）

（2）竞价排名

竞价排名，顾名思义，就是网站付费后才能被搜索引擎收录，付费越高者排名越靠前。竞价排名服务是客户为自己的网页购买关键字排名，按点击付费的一种服务。客户可以通过调整每次点击付费价格，控制自己在特定关键字搜索结果中的排名，并通过设定不同的关键字捕捉到不同类型的目标访问者，如图 3-2-10 所示即为竞价广告的展现形式。

图 3-2-10　竞价排名

（3）网盟推广

网盟推广是一种能够精准投放的联盟广告，收费模式分按点击收费和按展现量收费两种方式。通过分析受众的自然属性（如地域、性别）、长期兴趣爱好和短期特定行为，将企业推广的信息以固定、贴片、悬浮等丰富多样的创意形式展现给网友，帮助企业获取更多的订单和转化。常见的网盟有百度网盟、淘宝网盟、搜狗网盟等。

（4）搜索引擎优化

搜索引擎优化（SEO）通过对网站进行优化设计，使网站信息在自然搜索结果中靠前显示。SEO 作为一种免费推广方式，在搜索引擎推广中占有重要位置。SEO 涉及的内容很广，主要包括网站内容优化、关键词优化、外部链接优化、内部链接优化、代码优化、图片优化等。

课程 3-3　社会化媒体推广

学习内容

学习单元	课程内容	培训建议	课堂学时
（1）论坛推广	1）论坛注册与推广工作内容 ①筛选人气论坛 ②注册与登录论坛 ③论坛个性签名设计 ④编写推广内容 ⑤发帖 ⑥查看与回复 2）论坛推广技巧	（1）方法：讲授法、演示法 （2）重点：论坛注册与推广工作内容 （3）难点：论坛推广技巧	2
（2）博客推广	1）博客注册与推广工作内容 ①博客平台选择 ②博客注册与登录 ③博客定位 ④编写博客内容 ⑤博客更新与维护 2）博客推广技巧	（1）方法：讲授法、实训法 （2）重点：博客注册与推广工作内容 （3）难点：博客推广技巧	2
（3）微博推广	1）微博注册 2）微博推广工作内容 ①设置标签 ②主动关注别人 ③编写微博内容 ④转发与互动 ⑤申请认证 3）微博推广技巧	（1）方法：讲授法、实训法 （2）重点：微博注册与推广工作内容 （3）难点：微博推广技巧	2

续表

学习单元	课程内容	培训建议	课堂学时
（4）即时通信工具推广	1）即时通信工具注册与推广工作内容 ①即时通信工具选择与下载 ②即时通信工具注册与登录 ③即时通信工具设置 ④查找并加入客户群 ⑤发起话题互动	（1）方法：讲授法、实训法 （2）重点：即时通信工具注册与推广工作内容 （3）难点：即时通信工具推广技巧	2
	2）即时通信工具推广技巧		

学习单元 1　论坛推广

论坛推广是以论坛为媒介，通过文字、图片、视频等方式发布产品和服务的信息，建立自己的知名度和权威度的网络营销手段。论坛推广的优势集中表现为三个方面：第一，可以增加品牌曝光率，提升知名度；第二，投入少，见效快，针对性强，操作简单；第三，适用范围广，更容易形成利润的转化。

一、论坛注册及推广内容

论坛推广模式的不同在于它特有的互动方式。在营销模式中，人与人之间的交流十分重要，论坛营销可以使推广者根据自身产品的特性，选定目标客户以自身特色来加强互动，节约开支，形式新颖多样，避免了传统营销模式的老套单一。论坛推广的主要内容如下。

1. 筛选人气论坛

论坛人气是决定帖子能不能火起来的首要因素，文章写得精彩，如果放在一个网友很少的论坛上，就算是在最明显的位置也没有多少人去看。因此，筛选论坛尤为重要。可以通过朋友或网上一些渠道侧面了解哪些论坛比较有人气，或者通过搜索引擎进行了解，也可以去知名的行业网站看看，还可以用“站长之家”做个筛选表格，比较一下论坛的百度权重、综合排名、站链接、PR 值、建站时间、反链数等。如天涯和猫扑在“站长之家”里查询结果见表 3–3–1。

表 3–3–1 天涯和猫扑的人气比较

论坛名称	百度权重	综合排名	站链接	PR 值	建站时间	反链数
天涯	9	全球 64 中文 12	814	6	2003.3	2 432
猫扑	6	全球 5 414 中文 458	321	7	1999.9	6 673

由表 3–3–1 可见，天涯比猫扑人气更高一些。企业可以多做一些比较来选择几个人气高的论坛，但目标论坛并非越多越好，要量力而行。

2. 选择适合的论坛

论坛营销虽然不用花钱，但也不能因为其推广成本低而到处乱发帖子和促销信息，要慎重筛选推广的论坛。最关键的是用户群要精准，行业相关性的论坛，外链的质量会相对更高一些。如产品（服务）针对的是哪一类人群，这部分客户在哪些论坛比较集中。只有精准的论坛定位才能为营销的开展打下坚实的基础。不同的行业和产品有不同的论坛选择方法，主要可以归结为两类来介绍。

（1）工业品、生产资料

这类产品对应的客户是工厂、企事业单位。在进行营销推广时，要找这些客户聚集了解信息的网站。工业品可供选择的渠道比较少，主要有综合性 B2B 网站论坛，如阿里巴巴、慧聪、中国制造网；还有一种就是垂直行业门户网站论坛，如各行业都有自己专门的门户网站，建材的、化工的、服装的等，数量很多。关键是找人气比较旺、Alexa（网站的世界排名）排名相对比较靠前的网站论坛。

（2）消费品和服务

消费品和服务包含的范围很广，只要围绕衣食住行的都属此类，还有教育培训、旅游、娱乐、健康等。这些消费品和服务对应的客户是单个的消费者和家庭，在进行论坛营销时，要找准这些用户聚集了解信息的网站。

1）门户网站论坛。可以根据自己的产品和服务进行分析，找出对应的消费者和网站。例如，新浪、网易、搜狐、腾讯、TOM、雅虎、凤凰网等，这些门户网站论坛的分类非常庞杂，营销人员可以分析一下自己的产品适合哪些客户，这些客户经常去的论坛板块是哪些，然后在这些板块进行推广。门户网站版主管理比较严格，比较明显的广告帖很容易被删。

2）专业的时尚门户网站论坛。这类论坛如 Only Lady、精品网、瑞丽女性网等，这些网站的特点是人群时尚，特别是女性比较集中，是推广时尚健康、女性用品的好渠道。

3）专门的时尚消费社区。如篱笆网、55BBS 等是以消费娱乐信息、打折信息作为社区焦点的网站，婚庆、建材、装饰、汽车、数码等产品和服务可以在上面推广。

4）地方性的网站论坛。如杭州 19 楼论坛、上海热线、北京的回龙观社区网等地方性网站的论坛，人气很旺，忠诚度很高，如果针对城市进行重点推广，可以选择这些网站。

5）分类信息网站。如赶集网、58 同城等，很多城市都有当地的分类信息网站，在这些网站发布信息，有利于以城市为单位进行有针对性的推广。

3. 注册与登录论坛

现在很多论坛除原始的注册登录方法外，都采用 QQ、微信、微博一键登录的方法。企业在进行论坛推广之前，应多注册几个账号，这些账号可以为以后暖帖、顶帖做基础。下面以注册天涯论坛为例，介绍如何注册论坛账号。

（1）在百度中搜索“天涯论坛”，然后找到天涯论坛官网并点击进入，如图 3-3-1 所示。

图 3-3-1　搜索论坛

（2）在网站中可以看到“登录”和“注册”的按钮，点击“注册”，如图 3–3–2 所示。此外，还可以利用扫二维码、邮箱账号等方式登录。

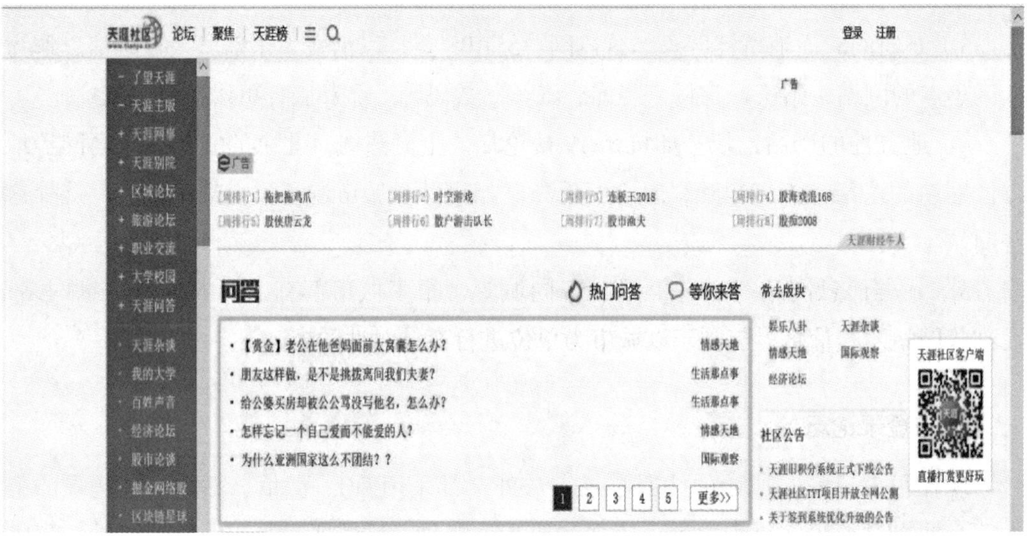

图 3–3–2　注册论坛

（3）输入手机号码，接收验证码。填写用户名、设置密码、输入验证码后点击“立即注册”，如图 3–3–3 所示。用户名一旦注册不能更改。另外，手机注册有一定局限性，要想多注册账号，可利用邮箱进行注册。

图 3–3–3　填写论坛注册信息

（4）注册成功后，还需要上传头像、完善资料等，如图 3-3-4 所示。

图 3-3-4　完善论坛信息

4. 编写论坛发帖内容

注册完账号可先到新人区发一个帖子报到一下。不同论坛对新人的发帖有不同的限制。有的一天内限发一篇，有的半个小时内不能发帖，有的积分不够需要赚取积分才能发帖，具体看该论坛操作提示，如图 3-3-5 所示。

图 3-3-5　论坛发帖

帖子是论坛推广的重中之重，写作时一定要兼顾搜索引擎和用户体验两个方面。不能为了发帖而发帖，信手转载，直接复制别人的文章，或者随手写一些可读性很差的文章，这体现了一种很消极的态度。应该从标题和内容两方面来设计论坛帖子，如图 3-3-6 所示。

图 3-3-6　论坛发帖内容设计

（1）帖子标题

标题的好坏决定了帖子是否吸引人眼球，可以说决定了帖子的成败，所以要在标题上做足功夫。标题起不好，就算帖子内容写得再好，也会石沉海底，无人问津。

（2）帖子内容

帖子的内容是整幅作品的灵魂所在，是所要表达的中心思想，在内容的写作上一定要从自己所熟悉的方面入手，这样才能有创作的灵感，让思路更加清晰，思维更加敏捷，文章才能滔滔不绝，引人入胜。

5. 发帖

一篇帖子能否被关注与发帖的时间有很大的关系。如果选择在午夜过后或者节假日来发表，则发帖推广的效果会大受影响。因为这些时段论坛的在线人数大量减少，帖子自然不会被关注。应根据各论坛用户的上网习惯，选择发帖的时间。

6. 查看与回复

在论坛上不要做“潜水员”，应该到各帖子里“冒泡”，在论坛上体现出活跃性和积极性。但也不能过多地发帖、回帖，这会使人反感。一味单方面地推广自己的网站而不形成互动互助的局面很容易让人感觉这是广告帖。而适时并且适当地把握度，持之以恒的话则会有较好的营销效果。

二、论坛推广的技巧

论坛推广内容和流程看似简单，但是要做好、做出效果却有难度，并不是写篇文章就是推广，论坛推广也有一定技巧和方法。

1. 原创加精

加精是网络论坛术语，在网络论坛里，论坛管理员会将一些内容较好的帖子或受关注的帖子设置为精华帖，这个操作就称为加精。一般来说，加精帖子更容易被搜索引擎收录，比普通的帖子更容易受到网友的关注。原创的文章更容易被管理员注意，管理员一般不会以自己的水平作为标尺来看帖子，而是会尽量用大众的眼光和尺度去判断和衡量帖子，只要帖子超过了大部分人的水平，那加精就是必然的事。

加精帖在论坛推广中扮演着重要的角色，有了加精的醒目标志，就容易让网友在茫茫帖海中找到该加精帖，进而促进网络营销目的的达成。

需要原创加精，就要主动出击，向管理员申请给自己文章加精。只要文章写得好，对网友有帮助和启发，并且是原创帖，内容新颖，视角独特，一般都会被管理员看好并加精。如果实在写不出加精帖，也不必气馁，可以多看看别人的加精帖，并回复跟帖，这样既学到了知识，又给自己增加了经验值，可谓两全其美。

2. 人际关系

人际关系是生活中不可或缺的部分。任何营销活动都是以人为中心开展的，用论坛平台开展网络营销也一样，做好人际关系建设，互粉的人多了，论坛推广的效率就提高了。

人际关系是论坛推广的基础，是网络营销的组成部分，论坛热帖的建设是网络人际关系建立的基础，在论坛中想要吸引网友的注意力，就要重视访客体验，多发布一些思维严谨、逻辑严密同时又风趣幽默的帖子。

可以利用自己的人际关系来进行有力的推广，只要善于开发，每一位网友都会成为金矿。如果有很多好友在同时关注，帖子就会火起来。这需要平时在论坛站内添加一些好友，或加入俱乐部等。平时多与网友交流，在关键时刻会有网友顶帖、暖帖。

论坛是一个信息互动平台，品牌的号召力建立在网友口口相传的基础上，用户的口碑互动是论坛人际关系的延伸。人与人之间的共鸣来自互动，有了互动，才有可能引发认知上的共鸣，有了共鸣才能与网友成为朋友，形成论坛人际关系。论坛人际关系是随着时间而不断扩大的，它需要维护。论坛是一个开放平台，不去维护，很可能就会流失掉忠实的粉丝群。维护其实就是营销工作的有规律的更新，长期有规律性地更新信息内容，论坛发帖传播效率会极高，所以要随时更新和维护。

3. 空间日志

现在很多论坛都给用户开通了空间日志。用户可以把空间日志放到帖子里，也可以把其他文章复制到空间存档，并且可留下外链指向自己的站点。论坛空间日志里的外链比论坛签名更具有生命力和长久性。

4. 奖章晋级

可以根据自己的积分申请原创先锋、论坛达人、SEO 水平认证等奖章，如果有能力的话也可以申请版主。这些奖章头衔虽然不一定代表作者的真正写作水平，但有些头衔、徽章无形之中给人一种感觉，奖章越多就越有说服力，也区分了新手与元老的级别，积分等级很高，各类奖章很多，会使新手在无形之中产生一种敬重之情。

5. 广告灌水

在一些大型的论坛中会设立一个广告灌水区，它是除了原创、精华区之外，允许带链接文章的区域，可以通过这个区域来做论坛推广。但需注意的是，广告灌水区帖子存在的时间比较有限，一般只有两周，两周之后，发布的信息可能会被删除。

6. 每日签到

现在几乎每个论坛都设置了每日签到，用户每日签到可以增加积分，这不仅是论坛绑住用户的办法，也是用户便捷养号的方法。

三、论坛推广注意事项

1. 如果要在同一篇帖子下回答，注意变换“马甲”，避免使用同一个 IP 进行发帖、回帖，以免被封号。

2. 不要在论坛群发软件或手动发广告。

3. 注意文明，不要对他人进行人身攻击，这是一种不道德的行为。

4. 严禁发表反党反人民的言论。

5. 严禁对非法内容进行推广宣传，如色情、暴力、博彩。

学习单元 2　博客推广

博客推广即使用博客这种交互性应用方式发布产品和服务信息，即时与客户沟通交流，开展市场活动的新型营销推广模式。

一、博客注册与推广内容

1. 博客定位

博客（Blog）是以网络作为载体，简易、迅速、便捷地发布自己的心得，及时、有效、轻松地与他人进行交流，集丰富多彩的个性化展示于一体的综合性平台。不同的博客可能使用不同的编码，所以相互之间不一定兼容。很多博客都提供丰富多彩的模板等功能，这使得不同的博客各具特色。以超级链接为工具的博客代表着新的生活方式和新的工作方式，更代表着新的学习方式。

博客定位主要是根据博客推广的产品内容和推广需要来选择博客的类型。企业可以选择独立博客平台，或者在企业网站中设立博客板块。个人一般选择个人博客来推广。

（1）按博客的功能划分，博客可分为基本博客和微型博客

基本博客是博客中最简单的形式，单个的作者对于特定的话题提供相关的资源，

发表简短的评论。这些话题几乎可以涉及人类活动的所有领域。

微型博客简称微博，是一个基于用户关系的信息分享、传播，以及获取平台，用户可以通过 Web、WAP（无线应用协议），以及各种客户端组建个人社区，以较短的文字实现即时分享。

（2）按博客的拥有者划分，博客可分为个人博客和企业博客

个人博客又可按博客主人的知名度、博客文章受欢迎的程度分为名人博客、一般博客、热门博客等；按博客内容的来源、知识产权还可以将博客分为原创博客、非商业用途的转载性质的博客，以及二者兼而有之的博客。

企业博客又可分为 CEO 博客、企业高管博客、企业产品博客、“领袖”博客等。以公关和营销传播为核心的博客应用已经被证明将是商业博客应用的主流。

（3）按博客的存在方式划分，博客可分为托管博客、自建独立网站的博客和附属博客

托管博客无须自己注册域名、租用空间和编制网页，只要去免费注册申请即可拥有自己的博客空间，是最“多快好省”的方式。

自建独立网站的博客要有自己的域名、空间和页面风格，拥有者需具备一定的条件，如会网页制作，懂得网络知识。自建独立网站、拥有自己域名的博客与其他博客相比更加自由，有最大限度的管理权限。

附属博客是指将自己的博客作为某一个网站的一部分，如一个栏目、一个频道或一个地址等，这三类之间可以演变，甚至可以兼得，一人拥有多种博客网站。

2. 博客平台选择

博客平台很多，各门户网站和行业网站上都有博客功能。新浪、网易、搜狐、百度、51com、天涯、豆瓣、开心网、人人网、凤凰网、21 频道等，都是质量相对较高的博客平台，使用的人很多。

3. 注册个人博客（以新浪为例）

（1）在搜索引擎中搜索“新浪博客”，如图 3–3–7 所示。

（2）进入博客网站，注册博客

进入新浪博客注册页面。新浪提供两种注册方法，分别为手机注册和邮箱注册。以邮箱注册为例，填写邮箱地址和设置密码，勾选兴趣标签，相关内容会在博客首页显示，点击“立即注册”，如图 3–3–8 和图 3–3–9 所示。

图 3-3-7　搜索博客

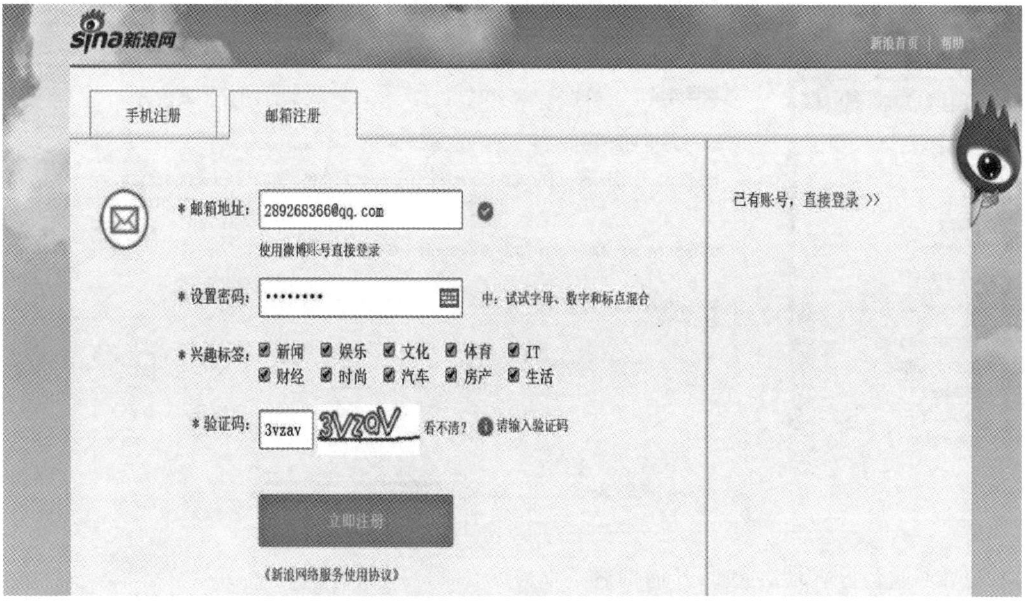

图 3-3-8　注册个人博客

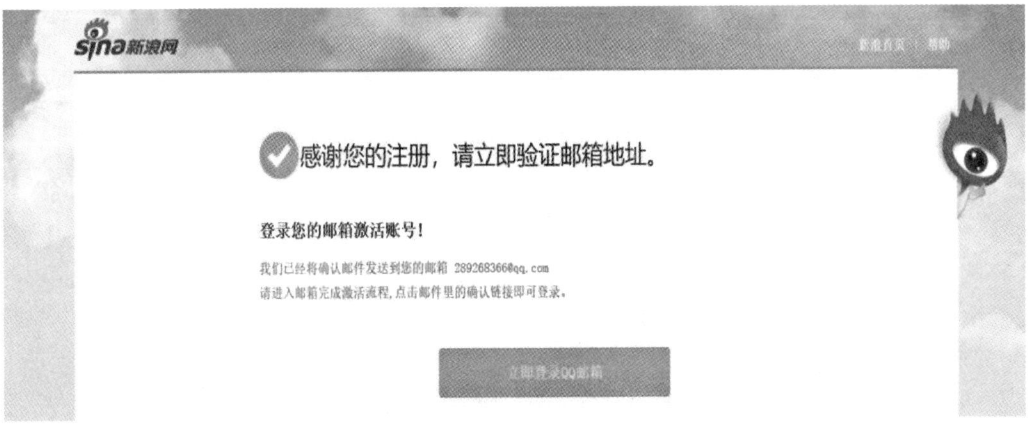

图 3-3-9　注册成功

（3）验证邮箱地址并激活注册账户

注册博客需登录邮箱进行验证，点击如图 3-3-10 所示邮件中的链接，激活博客账户，完成注册。需要特别注意的是，验证要在 30 min 内完成，30 min 后链接失效，此时需要重新填写注册信息。

图 3-3-10　激活个人博客

（4）通行证注册，立即开通博客

打开邮件点击链接，成功激活通行证注册账号页面，显示通行证的账号。点击“我的博客”，按对话框要求操作，点击“完成开通”按钮，完成开通，如图 3-3-11 所示。

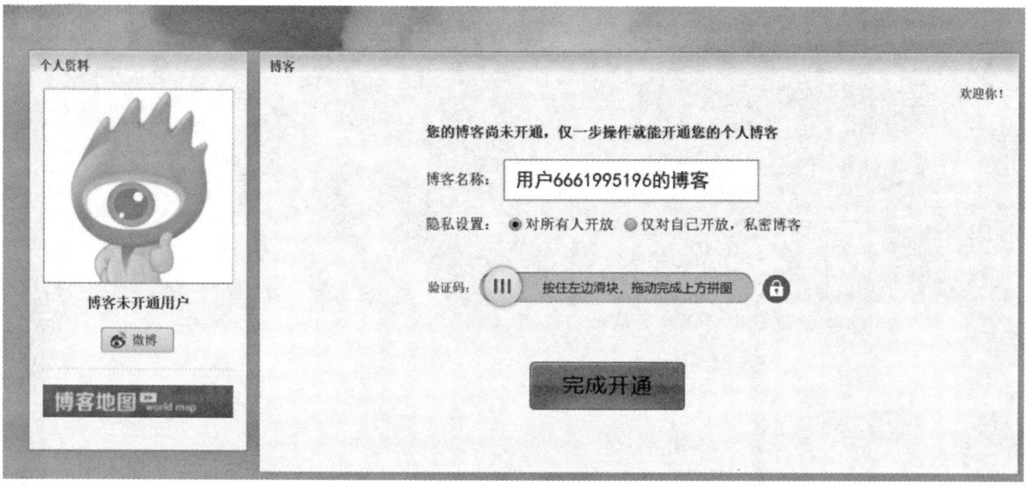

图 3-3-11　开通个人博客

（5）博客设置

完成开通后，可添加关注设置。点击“完成”按钮，进入提示页面。点击“马上修改”按钮，进入修改个人资料页面，或者点击账号链接进入“我的博客”页面。在这个页面可以快速设置博客，包括博客装扮、加关注。如果有其他平台的博客也可以设置搬家，需进入博客后再设置，如图 3-3-12 和图 3-3-13 所示。

（6）设置完成，立即进入博客

可以在“个人中心”和“设置”中修改完善更多信息，如个人信息、头像、昵称、登录密码、博客地址，如图 3-3-14 所示。

图 3-3-12　个人博客装修

图 3-3-13　个人博客设置效果

图 3-3-14　完善个人博客信息

4. 编写博客推广内容

企业网络营销有游记、图片、长微博、日志等内容类型。编写内容时要注意定位，根据内容，挑选合适的类型，如图 3-3-15 所示。

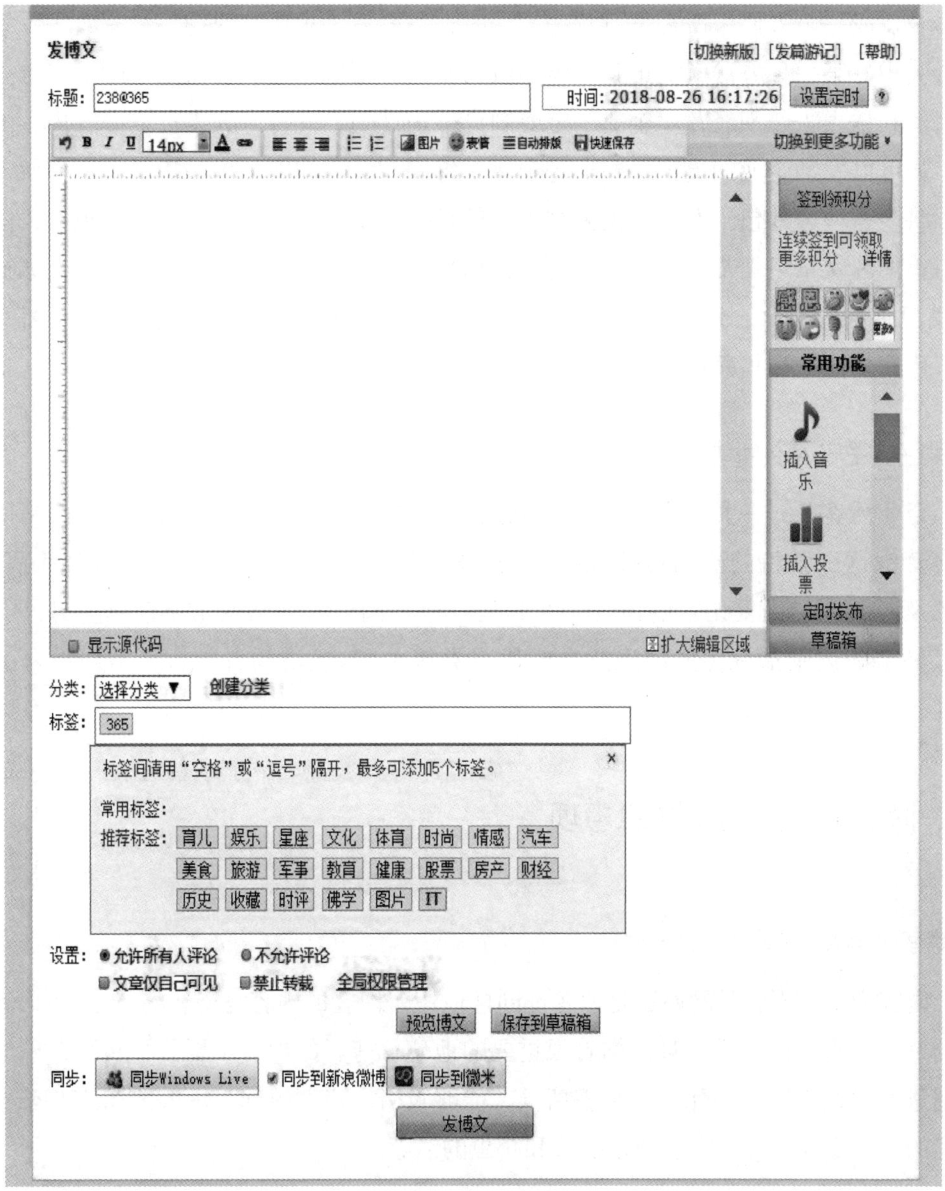

图 3-3-15　编写博客内容

网络营销的内容不求多，一定要注意质量，尽量要原创，如经常发布一些本企业的市场活动、新产品信息等。有条件的企业，可以招聘专门的记者采集新闻信息；没有条件的企业，可以改编网络上的热点行业新闻。

5. 博客更新与维护

企业或是个人使用博客进行营销推广时，不要急于求成，或抱怨没有效果。只要用心去用好某一种方法就能达到宣传的效果。博客营销作为一种低成本的推广方式需要时间和精力去长期经营。企业一定要制订维护计划，安排专人来负责博客内容的更新。如可以发动企业的员工，要求每个员工每周在企业博客上发一篇文章。当然，也可以将企业博客外包给专业人士来维护。但是一定要保持博客内容的不断更新，同时每一篇博客文章后面都要带上企业的直传信息（关键词或更多精彩文章推荐，如推荐10篇更多精彩文章，列出文章标题和链接地址），链接到企业页面上。另外，每一篇文章后面都要说明文章的来源和地址。

6. 保持与客户沟通互动

企业博客经过一段时间的维护更新后，可能会有访客给企业留言。如何利用好博客营销这一独特的双向传播性特点是博客营销效果转换的关键。在这个环节中，必须及时关注和回复访客的留言，尤其是一些咨询产品价格的重要信息。另外，要采取一定的激励措施（如赠送礼品或优惠券等），刺激访问者留言，增加平台的互动性。

二、博客推广技巧及注意事项

1. 博客内容要“精”

内容为王，不管是网站还是博客都同样适用。博客的内容是博客的“心脏”，和博客的好坏有直接的关系，且占据着很重要的地位。博客的内容不要只是转载，还应该有适量的原创内容。确保内容足够新颖，能够吸引用户的眼球。内容要图文并茂，有适当的视频更佳，更易吸引搜索引擎和爬虫的注意。

2. 博客内容要有规律更新

网络营销是一场持久战，文章的更新更是需要每天的坚持，只有这样才能让博客获得较好的排名和更多地被收录。另外，博客的培养不仅仅要更新内容，友情链接也是必要的，尤其是单向链接。企业和个人可以设立若干博客，并区分主次，主博客要重点培养，次博客则为主博客服务，次博客可以为主博客提供单向链接，进而提高主博客的权重。

3. 博客信息要完善

博客的官方信息包括博客名、博客首页标题、个人信息或者企业信息、相册等。信息越完善、越真实可靠，博客的用户体验度就越高，搜索引擎就越会收录。

4. 博客管理和维护要细心

博客管理要细心，千万不能发布违法违规的内容。博客的内容还应该坚持“专一”的原则，不要一会儿发布医疗类的内容，一会儿发布美容类的内容。只有这样才能维护好博客，才能确保博客不会因为内容的问题被封。

5. 博客加链接要自然

维护博客的目的就是做网站的外链，所以放链接是必然的，那么链接要怎么放才最为合适，最为自然呢？一般一篇文章中只发一个关键词的锚文本链接最为自然，而且关键词不是胡乱插进去的，要让整个句子读起来通顺，避免生硬感。

学习单元 3　微博推广

微博即微博客的简称，是一个基于用户关系的信息分享、传播，以及获取平台，用户可以通过 WEB、WAP 以及各种客户端组建个人社区，以较少的文字更新信息，并实现即时分享。目前微博平台有：新浪、腾讯、搜狐、网易、天涯等，如图 3–3–16 所示。

微博特点具有形式立体化，信息高速化、便捷性、广泛化，其中最大的特点就是发布信息快速，信息传播的速度快。

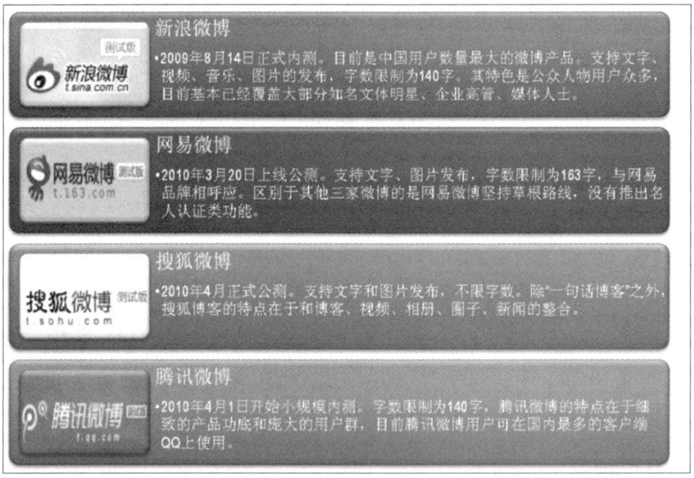

图 3-3-16　各种微博简介

一、微博注册及推广内容

1. 微博注册

以新浪微博为例，微博注册分为个人注册和官方注册，官方注册是服务于企业的，如图 3-3-17 和图 3-3-18 所示。

图 3-3-17　个人微博注册

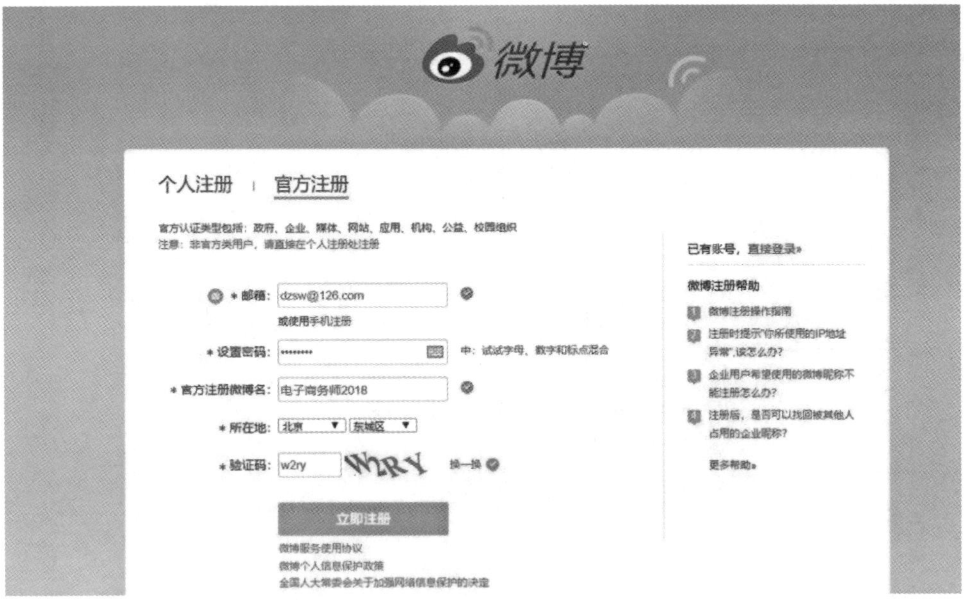

图 3-3-18　官方微博注册

微博注册按照提示步骤即可完成，注册完登录的微博首页如图 3-3-19 所示。

图 3-3-19　个人微博页面

2. 微博推广内容

（1）微博账号相关设置

登录新注册的账号，可以进行一系列设置，如点击头像，在打开的个人主页的头像上点击更换头像，还可以对绑定手机、账号安全、信息屏蔽、偏好设置等进行设置。在设置中要尽可能与推广的产品和服务相关联，如图 3-3-20 所示。

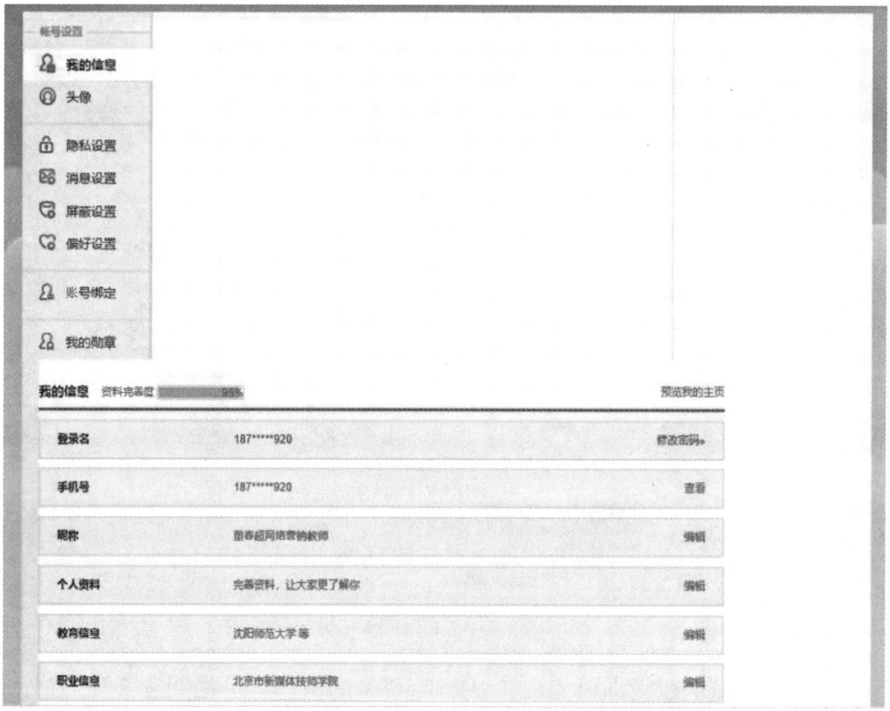

图 3-3-20　个人微博信息设置

（2）主动关注别人

善用关注，在微博推广的前期，关注能够迅速聚集粉丝。新浪微博每天最多关注 500 人，关注的上限人数为 2 000 人。微博关注如图 3-3-21 所示。

图 3-3-21　微博关注

（3）编写微博优质内容

在更新微博前，要先搜索一下人们感兴趣的热门话题，然后将其策划进营销内容，这样可以增加被用户搜索到的概率，从而达到营销的目的。最好内容有连载，这有助于提高粉丝的活跃度。微博可以发广播也可以发头条文章。一般发广播时，在热门关键词上加“#”，如图 3-3-22 所示。

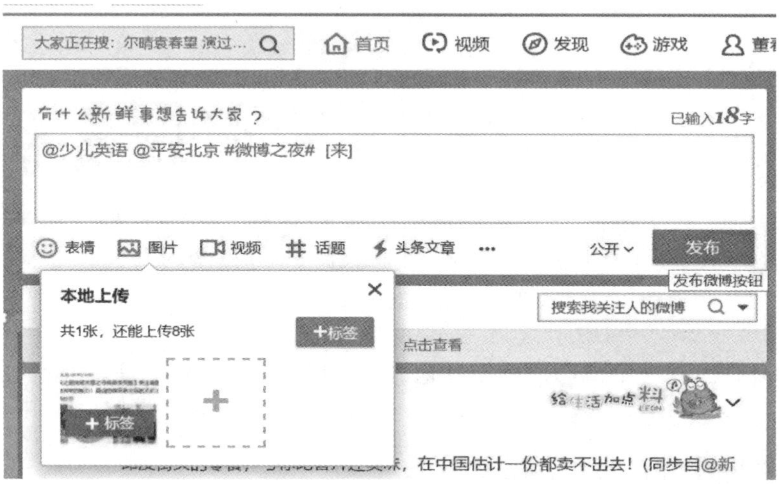

图 3-3-22　微博编写

除了微博发广播外，还可以发布头条文章。

1）在微博首页点击“头条文章”，如图 3-3-23 所示。

图 3-3-23　微博头条

2）进入编辑页面，按要求进行编写，完成后点击“下一步”，如图 3–3–24 所示。

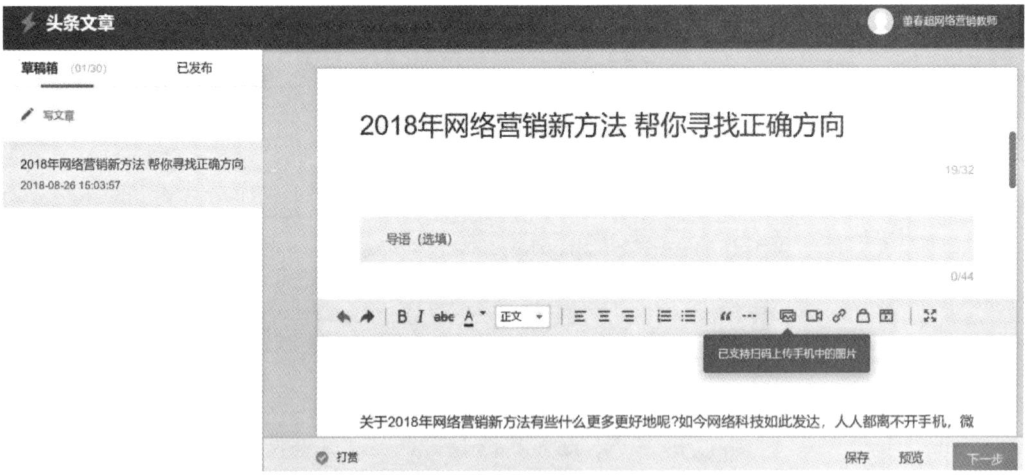

图 3–3–24　微博头条文章编写

3）点击后出现一个窗口，可修订题目，并可使用 @ 功能引起关注。完成后点击“发布”，如图 3–3–25 所示。

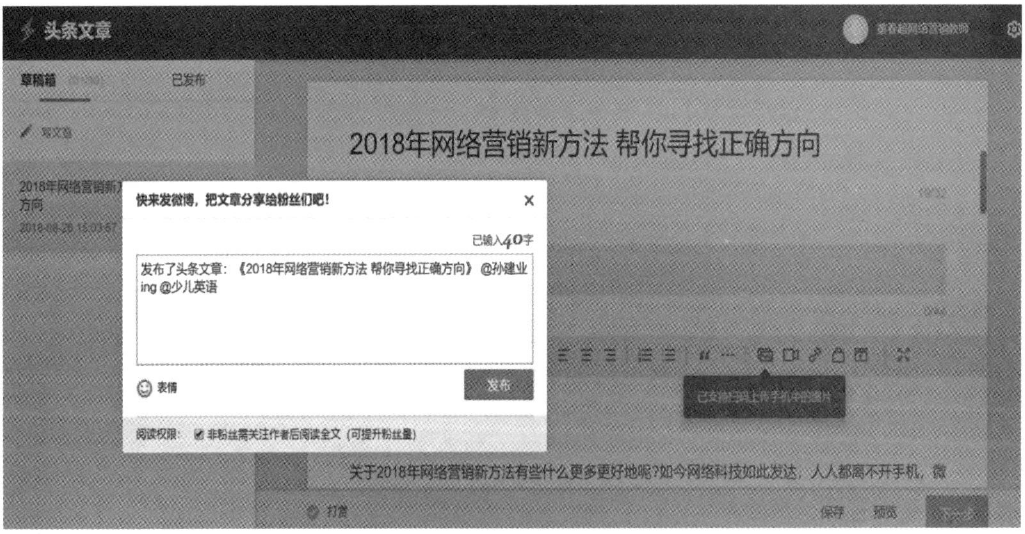

图 3–3–25　微博头条发布

（4）转发与互动

在微博推广中可利用转发功能提升人气。另外，当别人点评了微博，博主可以和他们进行对话。博主还可以创办一些活动让别人参与，这样可以吸引客户和潜在客户进行交流，分享微博内容。微博转发如图 3–3–26 所示。

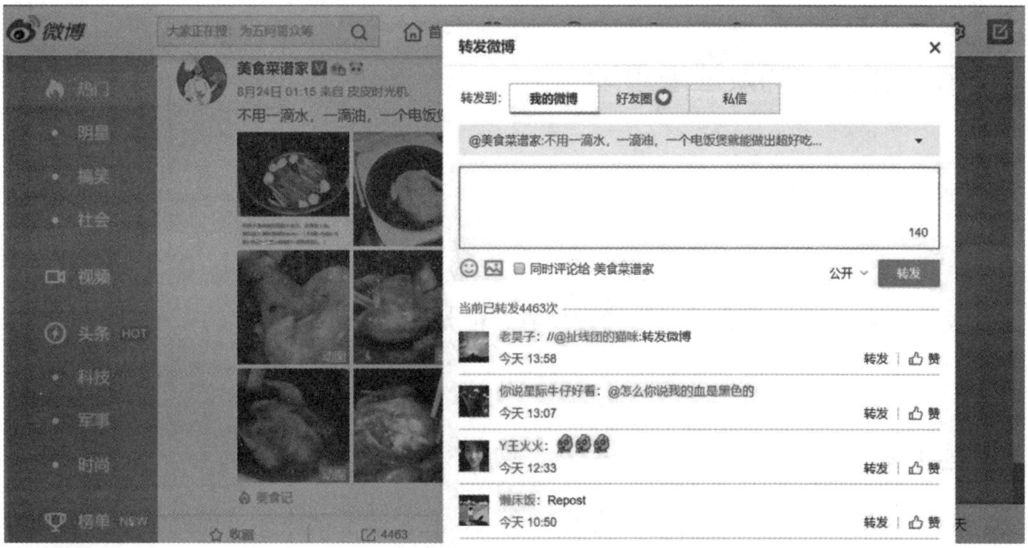

图 3-3-26　微博转发

（5）申请认证

为了保障名人的权益，新浪微博推出名人认证系统。名人认证的标志是在认证用户的名字后有一个的“V”的标志。其中名人认证包括节目微博（如中国红歌会微博）、媒体微博（如浙江卫视微博）、明星微博（如姚晨）、企业微博（如福村梅记）和记者微博等，如图 3-3-27 所示。

图 3-3-27　微博认证

二、微博推广技巧及注意事项

1. 重点突出

企业和个人要想丰富表达内容，可加入相应的网页链接、视频、图片、音乐，图文并茂，声画一体，可以很好地接近读者，但是要使用尽可能少的字数突出重点和主题。

2. 内容准确

在实名制的基础上，无论是企业还是个人，开设微博都应尽可能提供最准确的资料类信息，服务于网友，也能让微博获得信任。

3. 信息有趣

企业微博发布的信息如果太企业化，很容易被看作是广告，会被选择性无视。从原则上来说，发布企业微博就是单向地把企业的内容（如企业新品发布、企业新闻等）告知网友，以达到扩大宣传范围、提高知名度的效果。要保证这些信息有阅读价值，应多发一些有趣、有特色的信息，才会得到转载，提高微博的关注度。

4. 有图有转发

在微博上，每分钟都会有数以万计的内容发布出来，如果企业发一篇纯文字的微博，看的人可能很少。企业应该附上和文字相关的图片，让微博变成图片新闻，有图的微博转发率更高一些。但图片也不能滥用，图片在大多数情况下是起画龙点睛的作用，因此图片一定要和文字契合。

5. 抓住热点

微博上网友讨论最多的就是热门话题，企业可以在软文中加入“# 热门话题 #”，积极参与这些话题讨论。因为这些热门话题有成百上千的微博用户订阅，参与之后，自己的言论就会展现在订阅用户面前，他们有可能关注或转发微博，传播效率就比只面对自己的粉丝要高许多。

6. 巧用 @ 赢得热推

企业可以在微博中巧用 @，但不要滥用，如果企业在某个领域有一定的知名度，则可以在发微博时 @ 知名媒体、@ 知名明星。这些媒体或名人会在考虑到企业影响力的前提下回复微博，企业就可借助他们的粉丝扩大自己的影响力。但大多数微博用户是不具备这个条件的，普通微博用户可以选择 @ 以下对象：互粉的网友、平时经常转发自己微博的朋友和粉丝中被关注人数最多的几位。

学习单元 4　即时通信工具推广

即时通信（Instant Messaging，IM）推广就是以各种 IM 工具为平台，通过文字、图片等形式进行宣传推广的活动，又称为 IM 推广。它的优势是成本低廉，反馈及时，针对性强，互动性强。目前国内常见的 IM 工具包括腾讯 QQ、淘宝旺旺、飞信、新浪 UC、YY、呱呱、雅虎通、咚咚等。每个即时通信工具都可以在官方网站下载，并根据需要下载 PC 端、移动端等，并按照提示信息完成下载任务。

在各种即时通信工具中，腾讯 QQ 的市场占有率最高，以下主要以 QQ 为例讲解即时通信推广，同时也简单介绍微信推广相关内容。

一、腾讯 QQ

1. 腾讯 QQ 注册与登录

（1）腾讯 QQ 注册

在腾讯 QQ 官方网站找到“注册”，点击进入，然后根据提示填写信息，点击“立即注册”即可完成，如图 3-3-28 所示。

（2）腾讯 QQ 登录

找到已经下载好的即时通信软件，输入账号和密码，点击“登录”，如图 3-3-29 所示。

图 3-3-28　即时通信注册

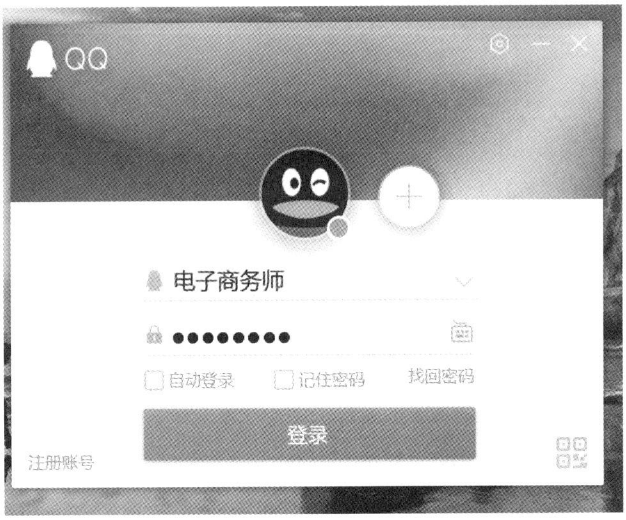

图 3-3-29　即时通信登录

2. 腾讯 QQ 设置

（1）个人资料设置

基本资料的设置包括昵称、头像、个性签名、地区等设置。

1）昵称。如果是为工作注册的 QQ，昵称可以修改为某某公司张三、某某公司李四，既可以亲近关系，又避免了客户没有改备注而不知道该昵称是谁。

2）头像。可以将头像设为自己公司的 Logo，或自己修改的某张图片，目的是让人记住自己的企业，要求是字迹要清楚，让人一目了然。

3）个性签名。签名中可以添加网站的链接、公司的简单介绍等。可以经常更新，这样会在空间以及动态里体现出来，增加自己的曝光率。

4）地区、年龄等。地区可设置为公司所在地。关于年龄设置，如果不想透露自己的年龄，可设置生日为 1900 年等，用玩笑的方式避免这种问题，如图 3-3-30 所示。

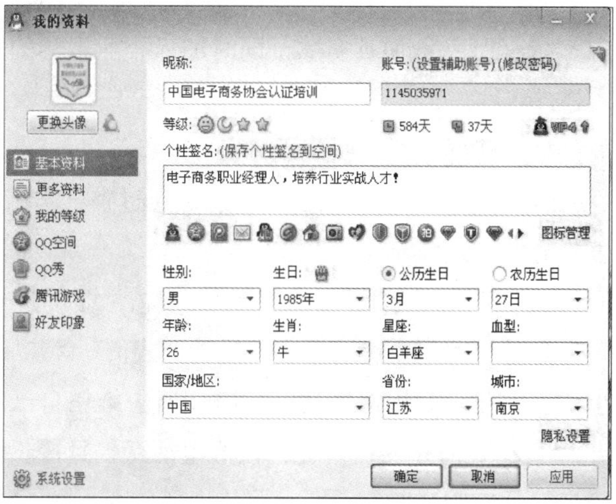

图 3-3-30　即时通信设置

（2）更多资料设置

更多资料的设置包括语言、职业、个人主页、个人说明等，如图 3-3-31 所示。内容的真实有助于建立有效联系。

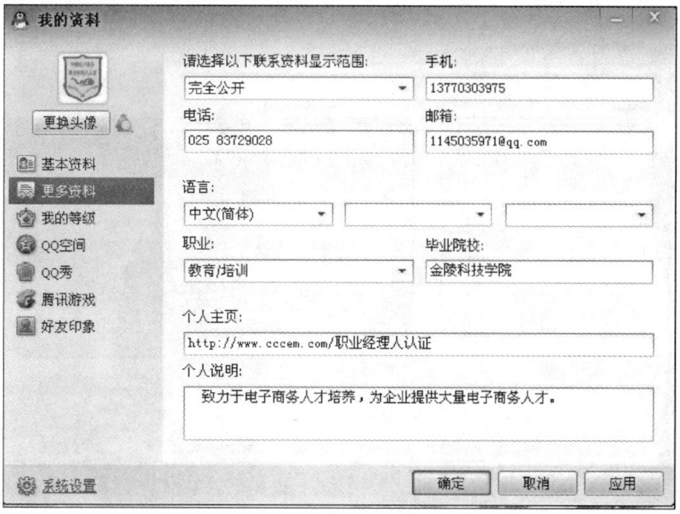

图 3-3-31　即时通信更多设置

（3）QQ 空间设置

完善的 QQ 资源会给人留下良好的第一印象。因此 QQ 空间设置也是推广的关键。空间名称可与企业名称相同。空间说明可以留下企业的主营项目及自己的联系方式。可以利用日志推广企业或产品。日志可填写自己的心路历程、工作环境、公司主营项目。写日志贵在坚持，刚开始的时候，不可能每天都有原创产生，多去看别人的营销文章，进行转发，转发时要加入自己产品的元素。另外，相册也是推广的重要设置。可以在相册中放几张个人照片，增加真实感，同时加入企业聚会的照片，以及企业产品的图片。

（4）查找客户并加群与建群

1）查找方式。一是通过空间可能认识的人；二是通过查日志相关关键词而引出的人；三是加群，在群里寻找。

2）加群与建群方式。点击“加群”，输入验证信息，即可进群。可以通过“创建”“创建群”“选择群类别”“填写群信息”和“邀请群成员”等步骤完成自建群操作。

在 QQ 推广过程中，要充分利用好群动态与群相册去推销自己的产品或品牌；群名要有针对性，便于搜索；要请专业、负责、在群里活跃，且擅长沟通和聊天的成员担任管理员，增加群的关注度和活跃度。即时通信加群如图 3–3–32 所示。

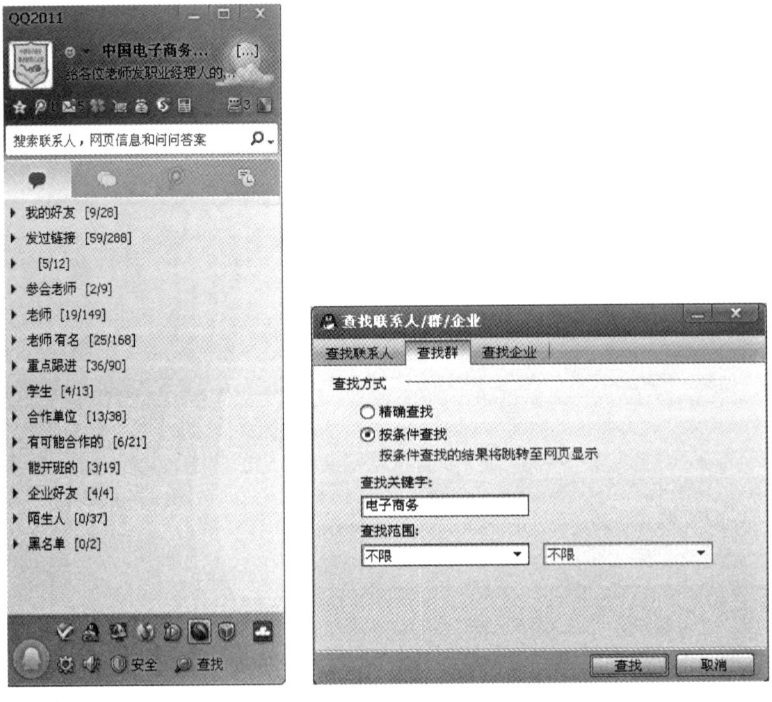

图 3–3–32　即时通信加群

（5）发起话题互动

在 QQ 推广中不能一直沉默，也不能直接推广产品，应在熟悉以后再进行渗透。首先，可选择与产品相关的话题，展开讨论，慢慢地将话题引导到产品中去。其次，要定期发一些企业的最新动态，引起关注，保持联系。最后，要注意交流的方式方法，切勿给客户造成困扰，注意称呼与礼貌用语的使用。

（6）客户管理与维护

1）修改备注名称。修改备注名称可防止遗忘客户姓名，避免尴尬。备注容纳的字数有限，不过可将客户简单介绍和电话号码加到这里，一目了然。

2）客户分组。当客户积累到一定程度时，要记得把客户分类，方便沟通。如可分为“合作单位”“可能会合作”“聊过没有兴趣”等，点击某一个分组就可以跳出这个页面，方便快速找到客户。

二、微信

1. 微信推广工具介绍

微信（WeChat）是腾讯公司于 2011 年 1 月 21 日推出的一个为智能终端提供即时通信服务的免费应用程序。微信有手机版和网页版，微信手机版和网页版打通之后就可以直接在网页浏览器里收发信息，甚至是在 PC 端和手机端之间传输文件、图片。

微信公众平台是运营者通过公众号为微信用户提供资讯和服务的平台。它致力于为用户提供绿色、健康的生态环境，努力打造一个企业、机构与个人用户之间交流和服务的优质平台，给予用户更多的选择和便利，进一步降低沟通和交易成本并创造更多的社会价值。

企业可利用微信公众平台进行自媒体活动，如商家申请公众微信服务号通过二次开发，展示商家微官网、微会员、微推送、微支付、微活动、微报名、微分享、微名片等，已经形成了一种主流的线上线下微信互动营销方式。当前的微信公众平台主要分为服务号、订阅号、企业号 3 种。微信公众平台如图 3–3–33 所示。

（1）订阅号

订阅号主要偏重于为用户传达资讯（类似报纸、杂志），认证前后都是每天只可以群发一条消息。

（2）服务号

服务号主要偏重于服务交互，提供服务查询，认证前后都是每个月可群发 4 条消息。

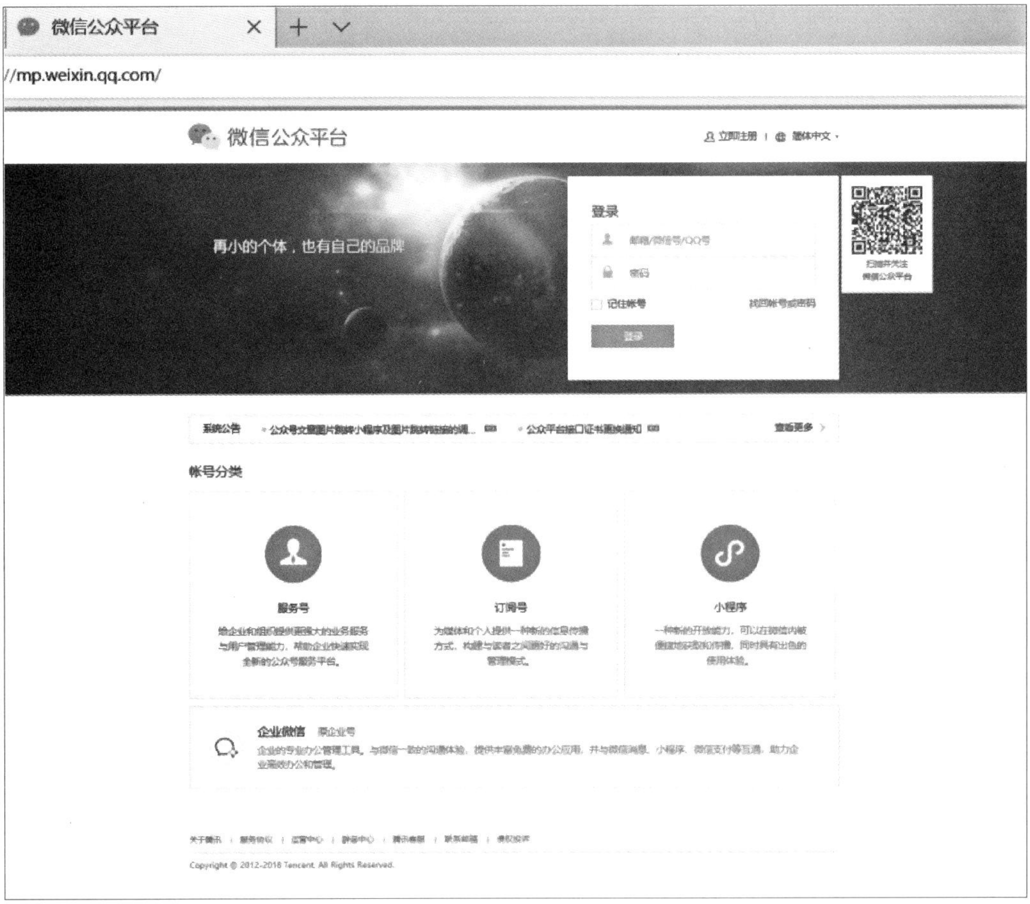

图 3-3-33　微信公众平台

（3）企业号

企业号主要用于公司内部通信使用，需要先有成员的通信信息验证才可以关注成功企业号。

企业在选择订阅号和服务号时应考虑企业的商业模式和客户数量。如果企业公众号专业性强，如房地产、金融证券企业，需要处理很多咨询服务，则可以选择服务号。如果需要通过信息资讯引导消费者，则可选择订阅号。

2. 微信推广内容

（1）个人微信推广内容与技巧

1）微信推广与 QQ 一样，要从个人设置开始就进行营销包装。头像、昵称、个性签名、朋友圈封面等都要以树立品牌形象，避免传递浓厚的商业信息，同时要以表达个人魅力的方式来设置。

2）添加粉丝的方法。当前主要添加粉丝的办法有附近的人、漂流瓶、雷达添加、QQ 好友、手机联系人、微信群、微博、行业论坛、知乎、线下扫二维码等。

3）通过互动建立信任感。建立信任是让朋友知道、熟悉并喜欢。正确使用个人微信以沟通为主，提供有价值的内容给朋友。这里包括个人形象设计、私聊朋友圈、用户分组管理等内容。软营销主要通过广告植入内容来吸引粉丝，内容包括文章、话题、活动等。

（2）企业微信营销（微信公众平台）推广内容及技巧

1）微信公众账号定位。企业要通过微信公众账号定位来确立品牌形象、目标人群。例如，小米公司微信公众账号定位为做发烧友喜爱的手机，专注手机玩家。为公众号取名、描述功能、选择公众号类型、设计二维码、设置头像，以及完善认证等环节都围绕此定位进行。

2）微信平台内部建设。微信平台内部建设主要分为内容建设、功能建设和用户分类 3 个方面。内容建设主要是每周向粉丝推送的内容，要考虑用户关注微信账号的目的与需求。一般情况下，用户关注微信公众账号的目的主要分为获取优惠信息、了解热点话题、娱乐、社交休闲等。功能建设如企业简介、企业商城和企业提供的服务。用户分类按照用户特征和企业需求进行分类管理。

3）微信公众平台内容撰写。在公众号左侧点击“素材管理”，点击新建图文，按要求编写图文，如图 3-3-34 和图 3-3-35 所示。

4）公众号内容是公众号推广的核心，在编辑内容时应主要围绕着一切从用户的角度出发，以满足用户的需求为目标。图文编辑的技巧如下。

图 3-3-34　微信素材管理

图 3-3-35　微信图文撰写

①图片与标题相衬托。通常推送的文章图片和标题是相互衬托的，用户看标题时，也会关注图片，图片美观度高，用户关注度就高。但要做到图片内容与标题传达的意思相符。

②摘要抓取好奇心。用户被标题吸引，点击进来看文章，运营者就成功了第一步。接下来就是摘要，很多微信运营者都不太重视摘要，直接将一大篇文章展现在用户面前，而用户在不知文章内容时，不一定有耐心将其读完。因此，编写摘要很重要。摘要应简洁明了，能概括文章大意，激发用户的兴趣。这样才能吸引用户将文章阅读完。

③内容相关价值高。用户关注公众号主要是觉得内容与自己相关，也可能是与自己不相关，但是有价值。就微信营销而言，最有价值的内容就是与用户相关性高的内容。

④文章排版有新意。文章排版很重要，它直接关系到用户是否愿意阅读下去。现在越来越多的文章在排版上已无明显的差异，只是缺少一些新意。

三、即时通信（QQ 为例）推广技巧

1. 先建立感情再推广

推广者要先与客户建立感情，再做推广，等和大家熟悉了，再慢慢植入广告，才能取得一定的成效。例如，陌生人在群里发链接一般都会被踢出群。在群里要与群主、管理员搞好关系，如能成为一个管理员，则被踢出群的概率就小了。例如，一个商家

为了推广其网店，就把链接发到他所有的 QQ 群里，结果刚发完，马上就被群主踢出去了。原因是那个群是关于旅游的群，他并未在群里发表过与旅游有关的内容，而直接发网店，被踢出也是理所当然的。如果他以前经常在这个群里聊一些旅游话题，再发网站链接，结果肯定就不一样了。

2. 长期奋战，积极活跃

推广者要本着具体到人的原则，与客户和群里成员保持一段时间的互动，建立良好的信任感，不乱发广告，长期坚持，保证信息传递到每个人，影响每个人。

3. 在聊天中植入广告

聊天时是植入广告的最佳时机，利用语言把聊天内容与要推广的内容融合在一起，这样不会显得广告意图很明显，让大家自然而然地接受信息。例如，推广者要推广一款纸尿裤，就可以在育儿群中探讨抚养宝宝的问题，当聊到纸尿裤选择的时候，就可以马上加入讨论，以自身实践来跟大家分享。例如，推广者说："现在天气干燥，宝宝屁股上容易起红疹。我用了好多种纸尿裤，都会出现这种情况。一个月前用了某某牌纸尿裤，情况就好多了，大家可以去试一下。这个纯属个人意见，还是要根据宝宝的体质来决定。"像这样自然地把推广植入进去，大家不会觉得这是在打广告而排斥。还可以在群里加入两个号，自问自答，从而吸引大家一起交流。

4. 广告少而精

在做推广的时候，不要每时每刻都在发布广告信息，那样会使群员厌烦。每天最多发一次广告，而且广告要做得精致，不能太生硬，这样才会容易让人接受。

5. 利用 QQ 群邮件

QQ 群邮件功能很强大，它可以把邮件发到每一个客户的邮箱中，并且只要发过去新的邮件，就会及时提醒，这样每个客户都能及时看到邮件信息。不过这个功能需要管理员开启群邮件功能。

6. 利用公告平台和分享功能

公告平台可以发文字和图片，是较好的广告位置。也可以利用分享功能将产品信息制作成幻灯片、图片、文档、表格等方式发给目标客户或者目标群。

模块4 网上交易操作

- 课程 4-1　购买商品
- 课程 4-2　网店期初设置

课程设置

课程	学习单元	课堂学时
4-1　购买商品	（1）买家注册和购买商品	4
	（2）网上银行和第三方支付平台的使用	2
4-2　网店期初设置	（1）注册网店	3
	（2）商品管理	3

课程 4-1　购买商品

学习内容

学习单元	课程内容	培训建议	课堂学时
（1）买家注册和购买商品	1）登录 B2B、B2C、C2C 网上购物网站主页进行买家注册与登录	（1）方法：实训法、角色扮演法、演示法 （2）重点：正确填写注册信息 （3）难点：正确下订单	4
	2）利用搜索功能在 B2B、B2C、C2C 网站上查找需要的商品		
	3）选择购买店家		
	4）比较并选定所需商品		
	5）下订单		
	6）查看、查询订单		
（2）网上银行和第三方支付平台的使用	1）网上银行和第三方支付平台的注册	（1）方法：实训法、角色扮演法、演示法 （2）重点与难点：使用网上银行和第三方支付平台进行支付	2
	2）网上银行和第三方支付平台的登录及查看		
	3）使用网上银行和第三方支付平台进行支付		

学习单元 1　买家注册网站和购买商品

就买家的注册和下订单而言，B2B、B2C、C2C 各个网站（平台类网站、公司网站）操作流程基本一致，下面以“淘宝网”为例进行买家注册的介绍。

一、买家注册与登录

1. 打开淘宝网，点击“免费注册”，如图 4–1–1 所示。

图 4–1–1　淘宝网注册

2. 在弹出的“注册协议”页面，浏览并点击“同意协议”，如图 4–1–2 所示。

3. 在弹出的“设置用户名”标签中，输入买家的手机号码。按提示，用鼠标拖住下面的“验证”滑块不放，到最右边松开。然后就点击“下一步”，如图 4–1–3 所示。

图 4-1-2　注册协议

图 4-1-3　输入手机号

4. 在弹出的“验证手机”对话框中，填入手机接收到的验证码，点击“确认”按钮，如图 4-1-4 所示。

5. 根据要求填写账号信息，然后点击“提交”按钮，即完成注册，如图 4–1–5 所示。此后，买家就可以在淘宝首页登录了。

图 4–1–4　输入手机验证码

图 4–1–5　提交账号信息

二、查找商品

1. 如需要在淘宝网中搜索单品，可在“搜索”栏中选择“宝贝”，输入商品名称，然后利用搜索功能查找所需商品，如图 4–1–6 所示。

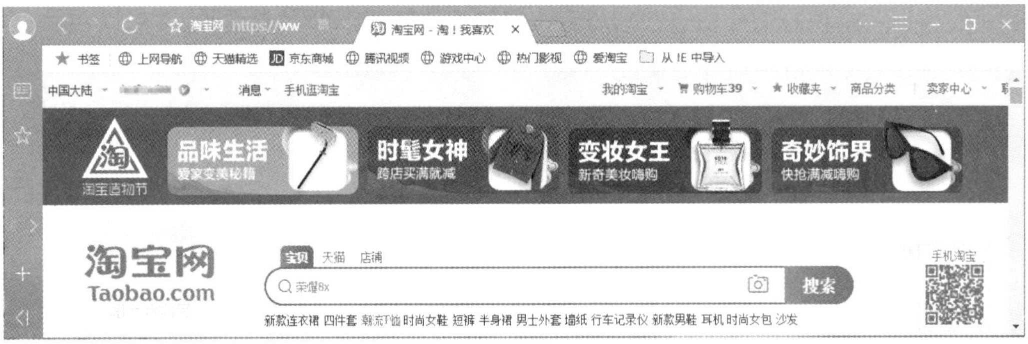

图 4–1–6　搜索所需商品

2. 如需在“天猫”中搜索商品或旗舰店，可在“搜索”栏处选择“天猫”，然后利用搜索功能进行查找，如图 4–1–7 所示。

图 4–1–7　在“天猫”中搜索所需商品或旗舰店

3. 如需直接搜索店铺名称，可在“搜索”栏处选择“店铺”，查找关键字即可，如图 4–1–8 所示。

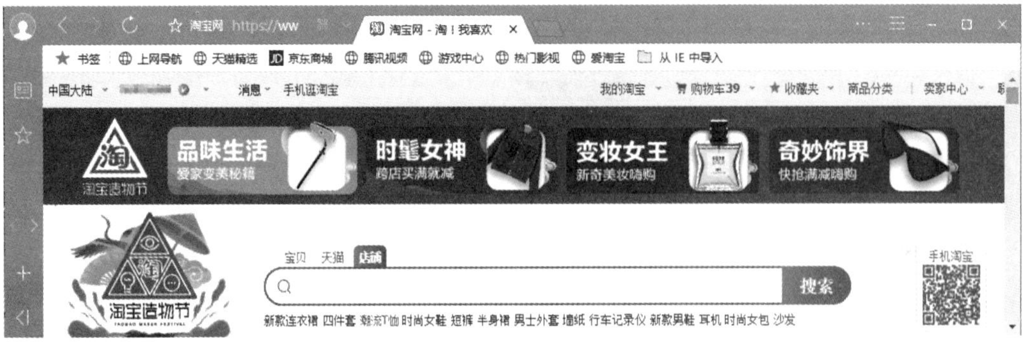

图 4–1–8　搜索店铺

三、购买商品

1. 搜索与比较商品

登录账号，然后进入主页，在搜索框里输入要买的商品。以买裤子为例，在“宝贝”中输入“裤子”，然后点击“搜索”，如图 4–1–9 所示。

图 4–1–9　搜索“裤子”

如果感觉这个范围太大，还可以进行更具体的限定，如“男生　牛仔裤”，这时候搜索的内容更具体，更适合找到想要的商品，如图 4–1–10 所示。

然后点击“搜索”，进入页面。可以根据需求选择牛仔裤的品牌、裤长、使用季节等具体选项，如图 4–1–11 所示。

在按上述条件筛选出的牛仔裤中，可以进一步进行排序选择，如价格排序从高到低还是从低到高，是否包邮，是在淘宝上买还是在天猫上买，以及销量等，如图 4–1–12 所示。

图 4-1-10　具体搜索“男生　牛仔裤”

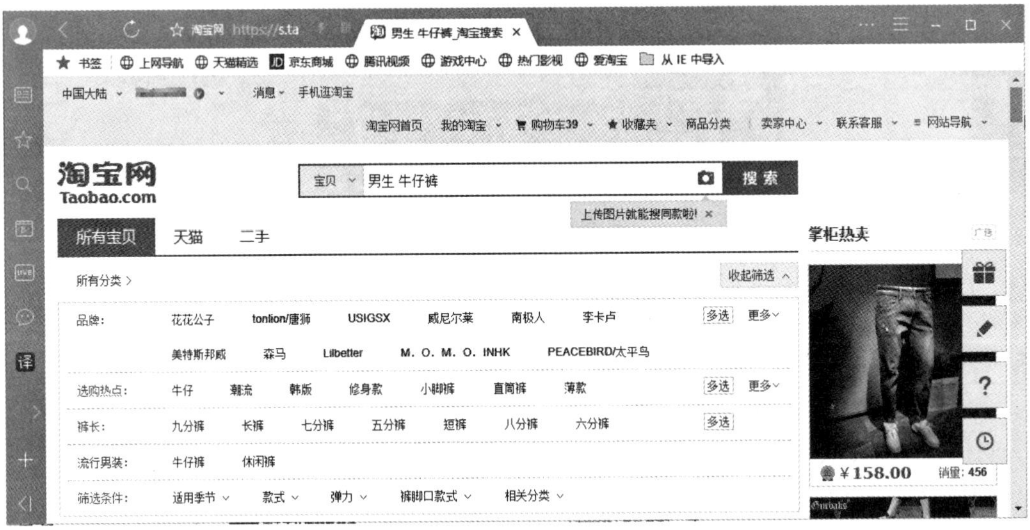

图 4-1-11　根据需要筛选所需商品

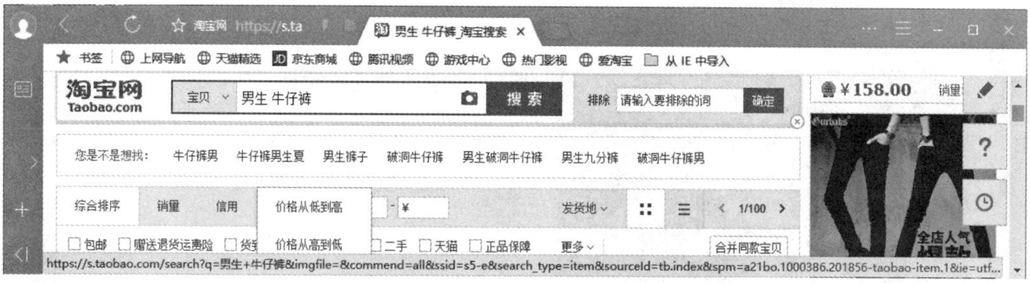

图 4-1-12　根据需要排列商品顺序

在排序好的商品中进行选择，每件商品下方都会显示相关信息及成交量，如图 4-1-13 所示。

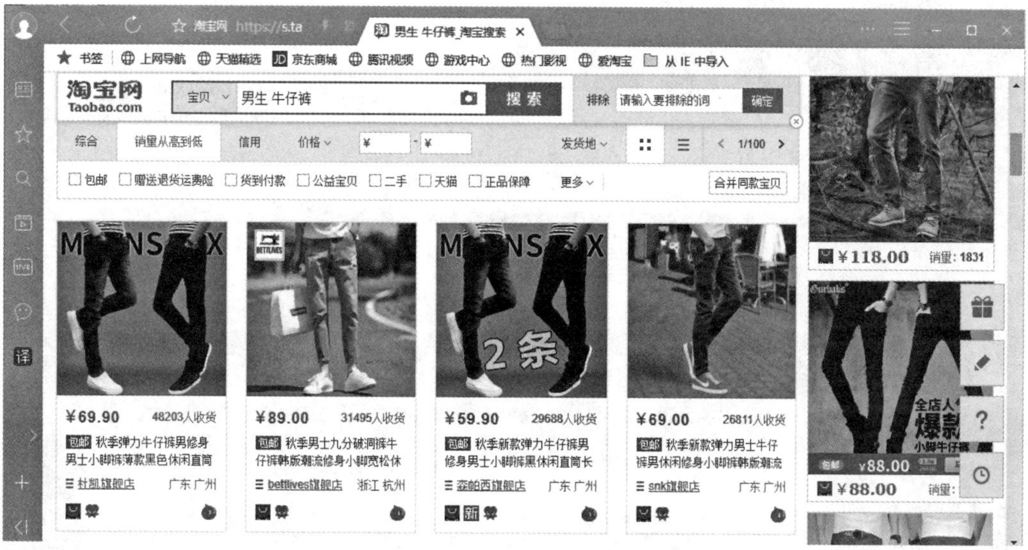

图 4-1-13　选择喜欢的商品

2. 评估与确定商品

选定目标商品后可以选择尺码、颜色等各种信息，然后再点击“立即购买”。如果暂时不想买，可以先点击“加入购物车”，方便日后购买，如图 4-1-14 所示。

在购买时，如需要与店家进行联系，如用什么快递，能不能砍价，以及想问的一些情况，点击客服店家界面上的旺旺图标即可，如图 4-1-15 所示。

图 4-1-14　选择需要的尺寸、颜色等

图 4-1-15　使用“旺旺”工具咨询卖家

另外，要了解这个商品买家的评价如何，是不是有太多不好的评价等，根据别人的评价再决定自己是否要买，查看累计评价如图 4–1–16 所示。

买家可以看一下别的买家对这个商品的评价以及总体得分，对自己购买有一定的参考价值，如图 4–1–17 所示。

图 4-1-16　查看累计评价

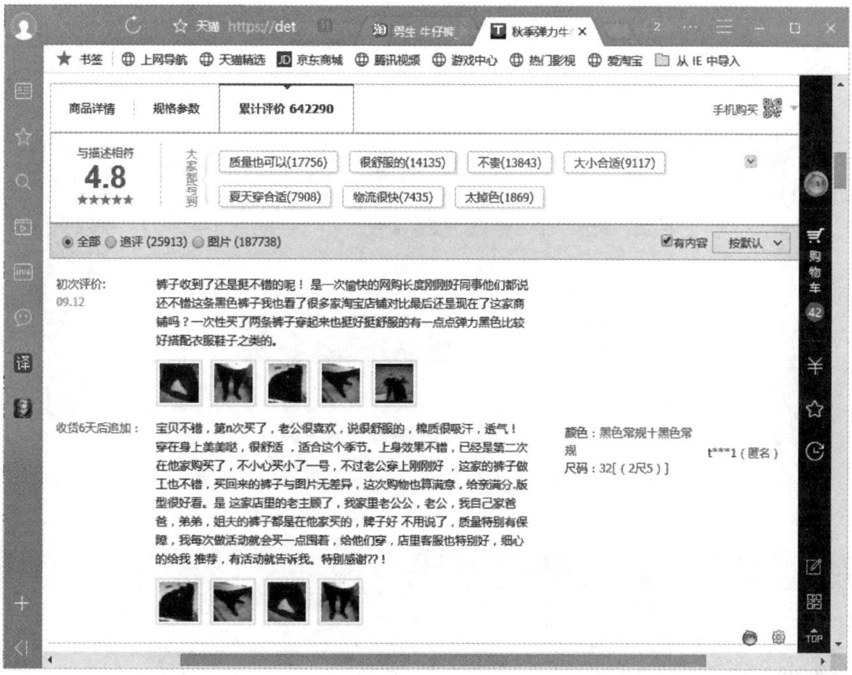

图 4-1-17　具体查看其他买家评价

买家还可以进入卖家页面，具体查看卖家近半年动态评分和 30 天内服务情况，如图 4-1-18 所示。

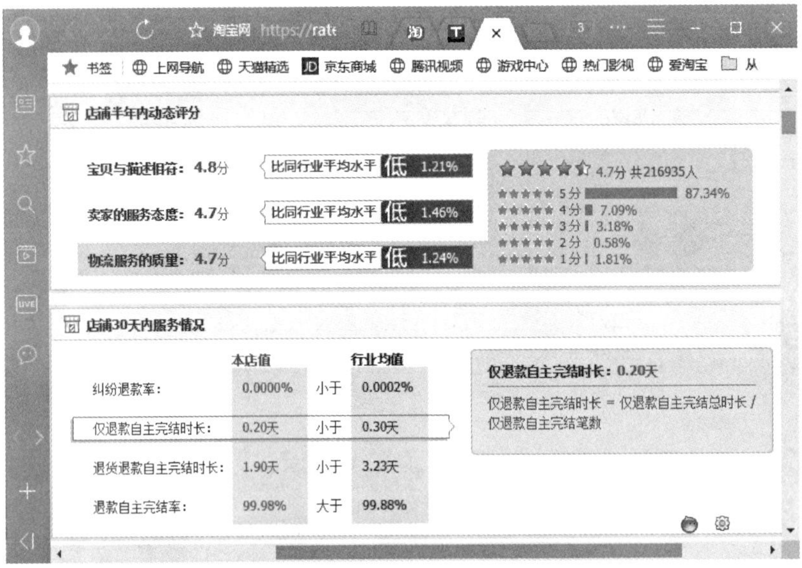

图 4-1-18　查看店铺的动态评分

3. 购买与结算

（1）决定购买后，点击“立即购买”按钮或在购物车中选择所需购买商品，点击“结算”按钮，如图 4-1-19 和图 4-1-20 所示。

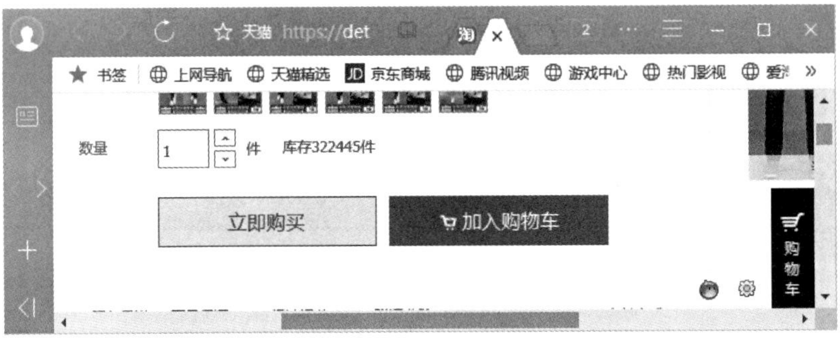

图 4-1-19　确定购买后，点击“立即购买”按钮

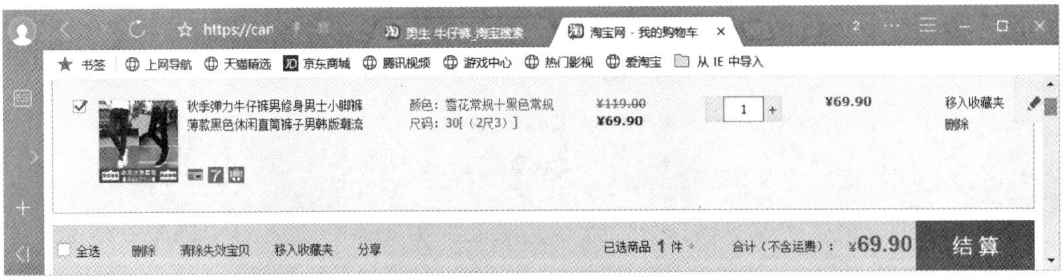

图 4-1-20　在购物车中选定购买商品，点击“结算”按钮

选择收件人的姓名及地址，如果需要添加，就点击右下角“管理收货地址”按钮，然后重新添加即可，如图 4–1–21 所示。

图 4–1–21　选择收货地址

核对购买物品的信息，确定是否选择运费险（如购买运费险，当购买的商品不符合自己的要求，退货时淘宝可以负担一定的邮费）。然后点击“提交订单”按钮，如图 4–1–22 所示。

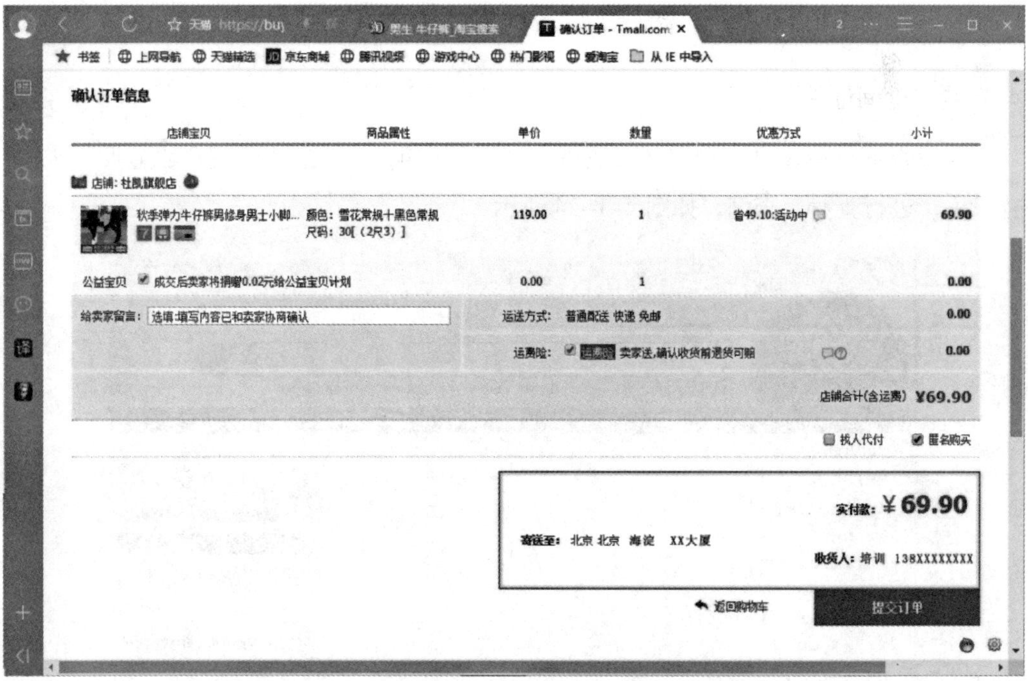

图 4–1–22　确认购买信息，点击“提交订单”按钮

（2）提交订单以后，就进入付款状态。此时需输入买家的支付密码，如果自己的支付宝上没有足够的钱，可以选择快捷支付及网上银行支付，如图 4–1–23 所示。

图 4–1–23　完成支付，等待收货

4. 查看、查询订单

若想查询订单，可在淘宝网首页进入“我的淘宝”，点击“已买到的宝贝”按钮，登录后，进行查看、查询，如图 4–1–24 所示。

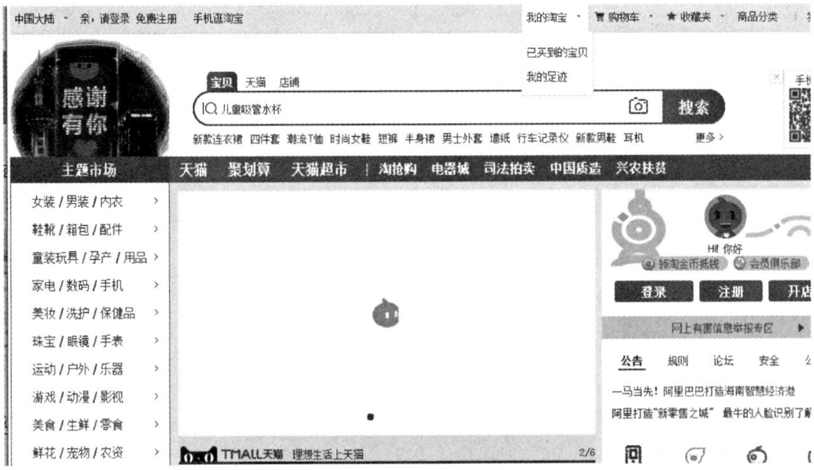

图 4–1–24　查看、查询订单

学习单元 2　网上银行和第三方支付的使用

一、网上银行电子支付

一般网上银行支付分为几种形式：U 盾、电子银行口令卡、静态密码、动态密码。其中，动态密码就是在支付时往注册账号的手机上发送一条短信，上面有 6 字符动态密码，只要输入便可以完成支付。这是比较简单和常用的一种方式，但安全性较低。下面以中国工商银行为例进行介绍。

1. 常见网上银行支付形式

表 4-1-1 是几种常见的网上银行支付形式。

表 4-1-1　网上银行支付形式

类型	适用客户	特点	安全机制
U 盾	所有网银客户	● 安全级别最高 ● 资金交易没有额度限制 ● 可以获得全部网上银行服务	● 基于硬件的数字签名 ● 1 024 位非对称密钥加密 ● 证书密码保护 ● 网银登录密码保护
电子银行口令卡	没有申请 U 盾的网银客户	● 安全级别较高 ● 对外汇款、网上缴费、网上购物有额度限制 ● 不能获得个人理财服务	● 动态密码，随机产生 ● 网银登录密码保护
静态密码	网上自助注册或没有申请 U 盾、电子银行口令卡的客户	● 安全级别一般 ● 服务功能和交易额度都有限制 ● 客户需要有较高安全意识，能确保密码等敏感信息不被窃取	● 登录密码、支付密码双重密码保护

（1）U 盾支付操作过程

中国工商银行 U 盾支付操作过程如图 4–1–25 所示。

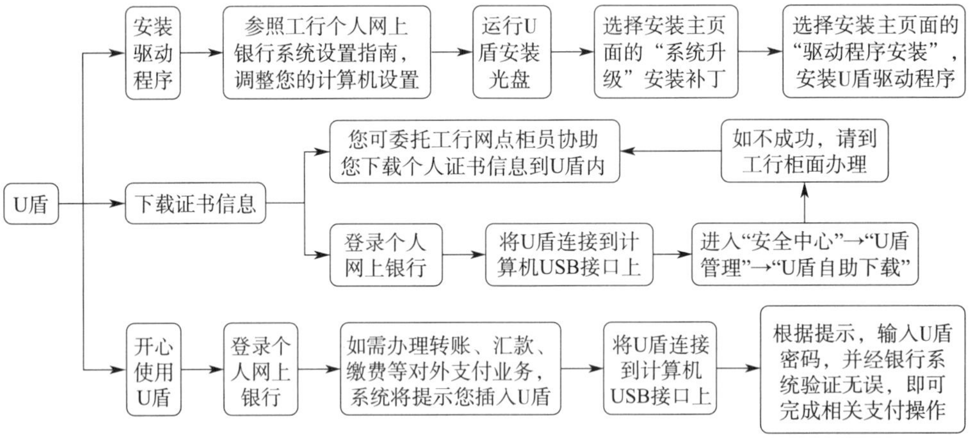

图 4–1–25　中国工商银行 U 盾支付操作过程

（2）电子银行口令卡

电子银行口令卡是中国工商银行推出的电子银行安全工具，它可以有效地防止不法分子通过虚假网站、木马病毒、黑客攻击等手段窃取密码，从而让客户更加安全地使用电子银行。电子银行口令卡如图 4–1–26 所示。

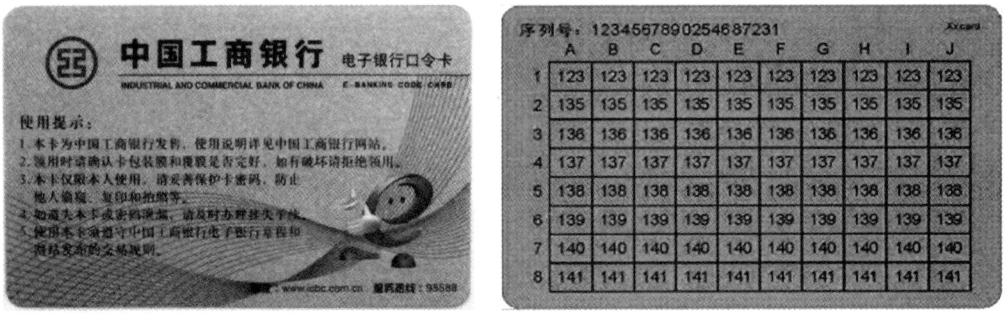

图 4–1–26　电子银行口令卡（正反面）

电子银行口令卡的使用步骤如图 4–1–27 ~ 图 4–1–29 所示。

（3）使用网银的注意事项

1）使用完应立即退出网银。

2）不要在网上银行卡账户中存入太多钱，存入的钱够用即可。

3）不要在网吧等公共场所使用网银。

4）不要用键盘输入密码，要使用软键盘，以防止键盘记录。

5）建议去银行申请一个密码口令卡或者 U 盾，使用完网银后应立即退出。

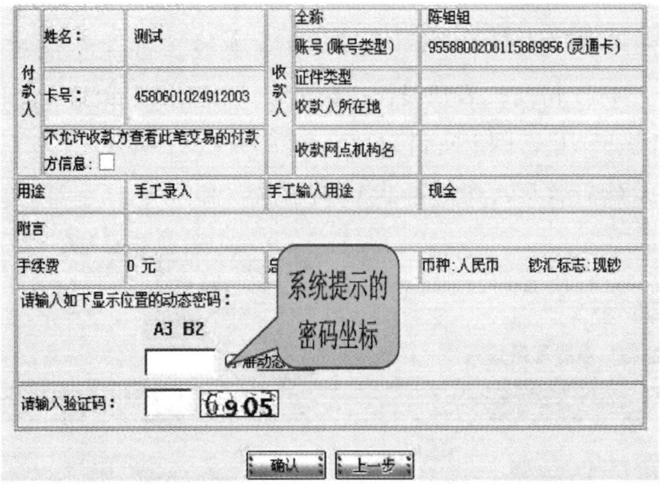

图 4-1-27　电子口令卡的使用（1）

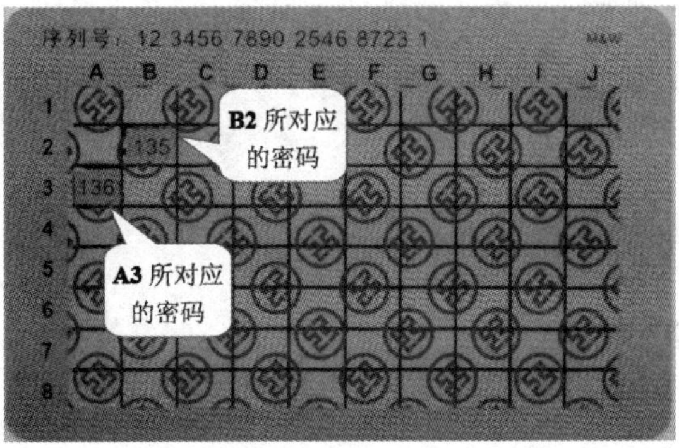

图 4-1-28　电子口令卡的使用（2）

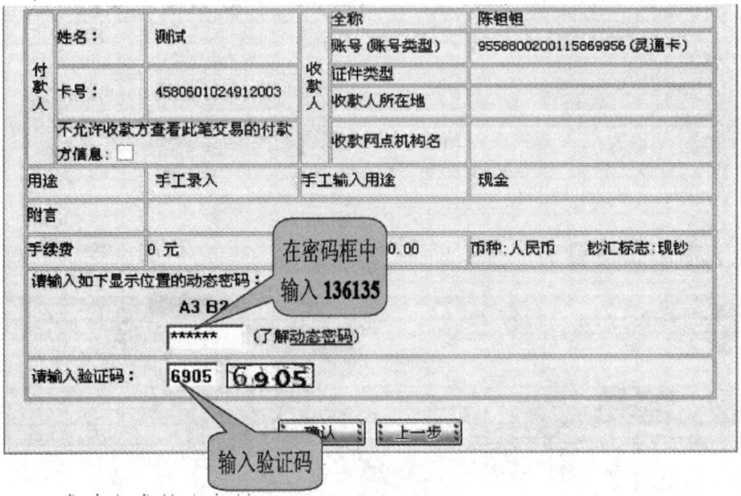

图 4-1-29　电子口令卡的使用（3）

2. 网上银行的注册及登录

在使用网上银行支付前，需到银行柜台进行“开通网上银行”操作。开通后，便可以正常地使用银行卡进行网上支付。

（1）进入工商银行首页，如图 4–1–30 所示。

图 4–1–30　进入银行首页

（2）点击页面上的“个人网上银行登录”按钮，如图 4–1–31 所示。

（3）输入相关信息登录网上银行。登录后可查看账户相关信息及账户余额等，如图 4–1–32 所示。

图 4–1–31　个人网上银行登录（1）

图 4-1-32　个人网上银行登录（2）

3. 网上银行支付操作流程

（1）确认购买信息无误，点击“提交订单”，进入支付界面，如图 4-1-33 和图 4-1-34 所示。

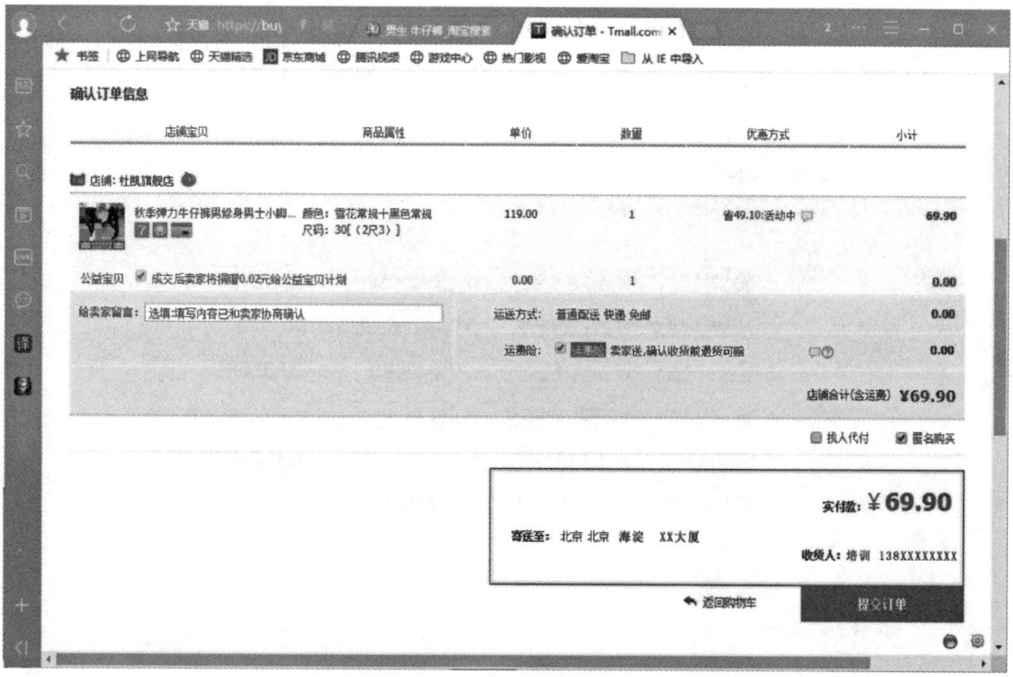

图 4-1-33　提交订单

图 4-1-34　进入支付界面

（2）选择支付方式为网上银行支付后，出现如图 4-1-35 所示界面。

（3）选择需要支付的银行名称，点击“下一步”，如图 4-1-36 所示。

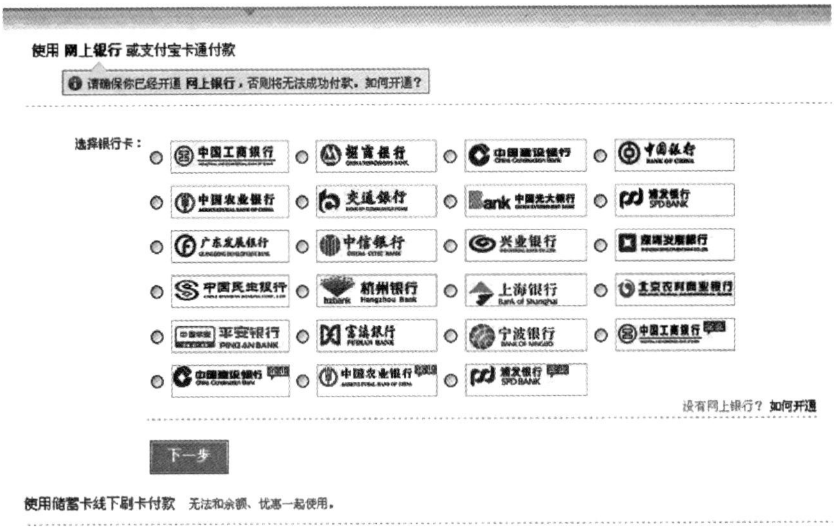

图 4-1-35　选择使用的银行卡

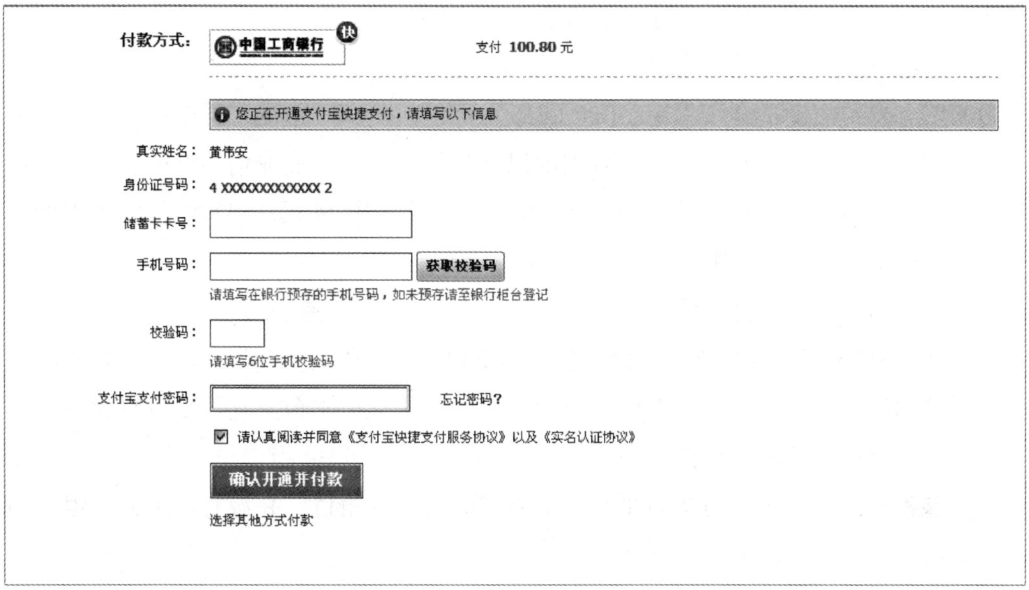

图 4-1-36　填写相关支付信息

若银行卡未绑定，输入相关银行卡信息进行绑定。若银行卡已绑定 U 盾，则按照 U 盾提示过程进行支付。

二、第三方支付

第三方支付平台是指一些和国内外各大银行签约并具备一定实力和信誉保障的第三方独立机构提供的交易支持平台。第三方指收款人和付款人不直接交易，平台指交易支持平台。

1. 第三方支付平台概述

第三方支付平台是指在电子商务企业与银行之间建立的支付平台，以支付公司为信用中介，以互联网为基础，通过整合多种银行卡等支付工具，或者借助第三方支付工具，为买卖双方进行交易资金的代管、支付指令的转换，并提供增值服务的网络支付中介渠道，实现从消费者到金融机构、商家之间的在线货币支付、现金流转、资金清算、查询统计等业务流程。第三方支付系统的主体是消费者、商家、第三方支付平台、认证机构和银行。

（1）第三方支付平台的优点

第三方支付平台能消除人们对网络购物和交易的顾虑，可以为商家提供更多的增值服务，打破银行卡壁垒，降低电子商务运作成本。

（2）第三方支付的适用范围

第三方支付主要适合于 C2C、B2C 的部分领域。在 B2C 市场，将会以银行和第三方支付共存，商业信用高的、金额较大的以银行结算为主，商业信用低的、金额较小的以第三方支付为主。在 C2C 市场，因为没有可靠的诚信体系，银行结算几乎无能为力，应该以第三方支付为主。

（3）第三方支付平台的种类

1）网关型第三方支付平台。网关型是指支付平台只作为支付通道将客户发出的支付指令传递给银行，银行完成转账后再将信息传递给支付平台，支付平台将此信息通知商户并与商户进行账户结算。

在这种模式下，第三方支付平台扮演着“通道”的角色，并没有实际涉及银行的支付和清算，只是传递了支付指令。

支付网关模式的代表是首信易支付。

①特点。不必与银行一一签约，银行也可以直接利用第三方的服务系统。

②优点。节省成本，通过第三方支付平台分享支付手续费，银行可专注其他核心业务。

③缺点。消费者不是其客户，网站商家和银行才是它的客户，最终还是要使用各网上银行进行付款。该类型第三方支付平台不被看好。

2）信用担保型第三方支付平台

①工作流程。这类支付平台的工作流程如图 4–1–37 所示。

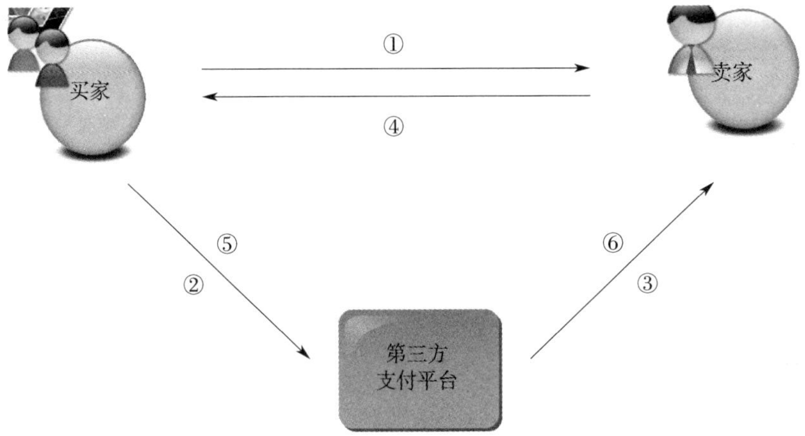

图 4–1–37　第三方支付平台工作流程

①选购满意的商品　②付款到第三方支付平台　③通知卖家发货　④卖家发货
⑤收货后通知平台付款　⑥付款给卖家

②产生。为建立网上交易信任，保证资金流和货物流，实行“代收代付”和“信用担保”。

③作用。保证交易和保障货物安全。

④发展。2004 年后，随着阿里巴巴支付宝的发展，整个网上支付产业开始发展起来。

（4）第三方支付系统主流产品

目前第三方支付系统的主流产品如下。

1）免费的。PayPal（易趣公司产品）、支付宝（阿里巴巴旗下）、微信（腾讯旗下）、安付通（易趣）、财付通（腾讯公司，腾讯拍拍）、百付宝（百度 C2C）。

2）收费的。网银在线、快钱、首信易支付、云网、易宝支付。

3）政府的。银联支付。

（5）支付宝的服务

1）个人服务。支付宝的个人服务如图 4–1–38 所示。

图 4–1–38　支付宝的个人服务

2）商家服务。支付宝的商家服务如图 4–1–39 所示。

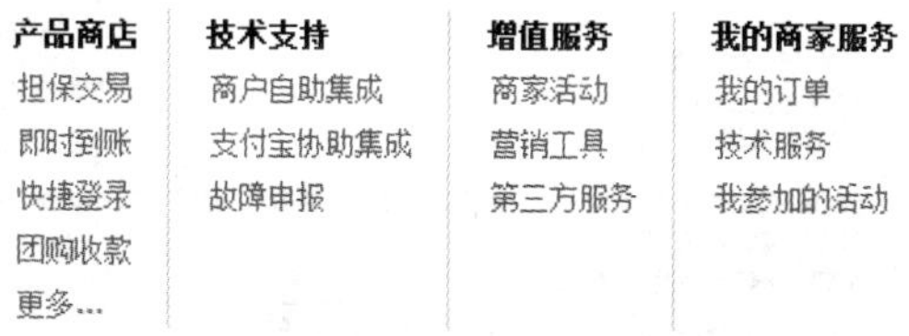

图 4–1–39　支付宝的商家服务

（6）我国第三方支付行业的发展

我国第三方支付行业的发展如图 4–1–40 所示。

2. 第三方支付的交易流程

（1）消费者选购商品，买卖双方达成交易意向。

（2）消费者选择第三方支付平台，将货款划到第三方账户，并设定发货期限。完成第三方支付如图 4–1–41 所示。

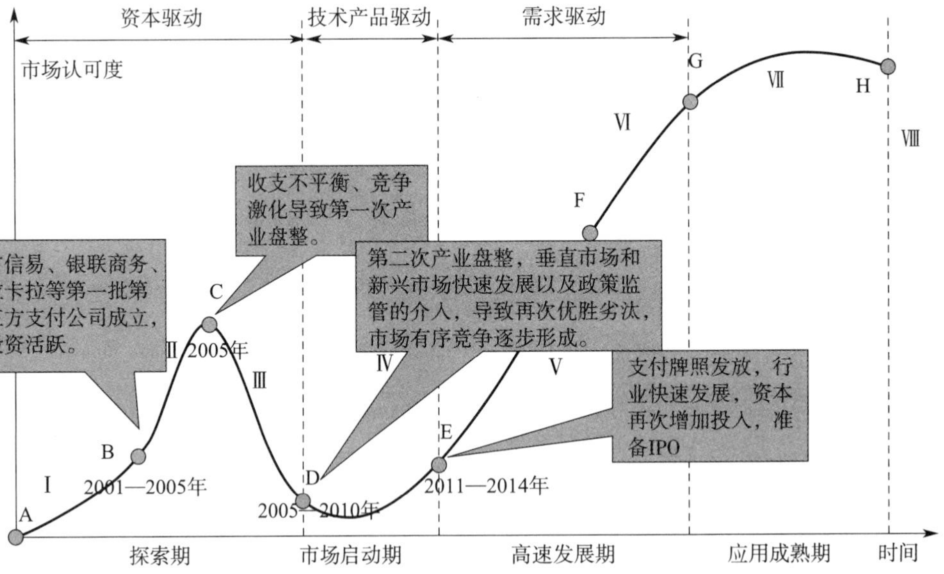

图 4-1-40　中国第三方支付行业的发展

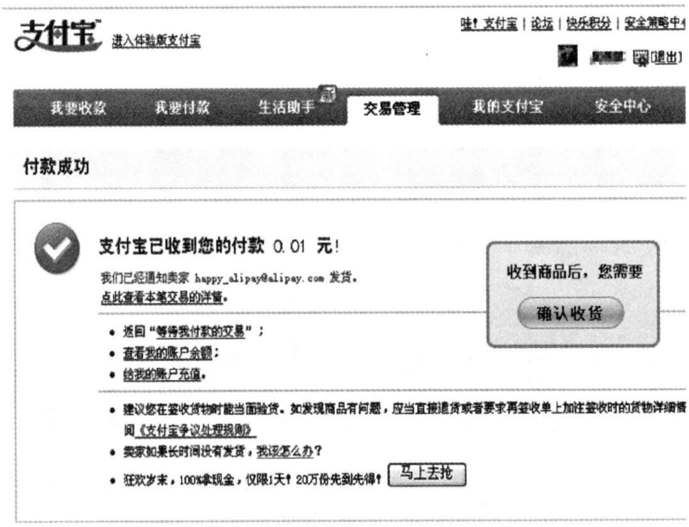

图 4-1-41　完成第三方支付

（3）第三方支付平台通知商家，消费者的货款已到账，要求商家在规定时间内发货。

（4）商家收到消费者已付款的通知后按订单发货，并在网站上做相应记录。

（5）消费者收到货物并确认满意后通知第三方支付平台，平台将货款付给卖家。以淘宝网为例，当收到货品后，买家需要到订单页面进行确认收货操作，只有买家确认收货后，钱款才能从“支付宝”中打到卖家账户，如图 4-1-42 所示。

图 4-1-42　买家确认收货

（6）消费者满意，第三方支付平台将货款划入商家账户，交易完成；消费者对货物不满意，第三方支付平台确认商家收到退货后，将货款划回消费者账户或暂存在第三方账户中等待消费者下一次交易的支付。

课程 4-2　网店期初设置

学习内容

学习单元	课程内容	培训建议	课堂学时
（1）注册网店	1）卖家注册 2）准确选择网店模板 3）上传店铺标志 4）铺放轮播图	（1）方法：演示法、实训法 （2）重点与难点：网上店铺的注册	3

续表

学习单元	课程内容	培训建议	课堂学时
（2）商品管理	1）添加商品标题 ①标题的重要性 ②标题的组成 ③不能出现在标题中的词语	（1）方法：演示法、实训法 （2）重点与难点：商品的上传	3
	2）上传商品主图		
	3）上传商品详情信息		
	4）完成商品上传		

学习单元 1　注册网店

一、卖家店铺的注册

1. 登录淘宝账号，进入如图 4–2–1 所示淘宝网页的“卖家中心”，点击“免费开店”。

图 4–2–1　在“卖家中心”中点击“免费开店”

2. 可根据情况选择开设个人店铺和企业店铺，这里以个人店铺为例介绍开店流程，如图 4–2–2 所示。

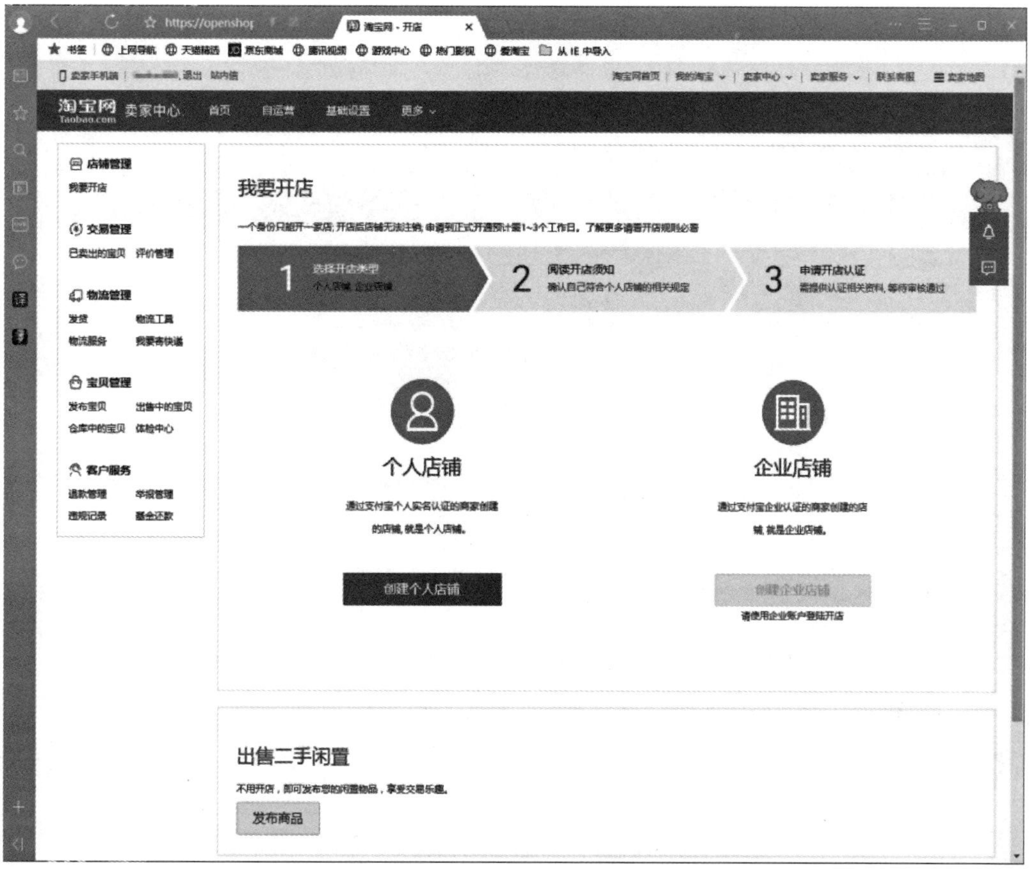

图 4–2–2　创建个人店铺

3. 阅读开店须知，同意淘宝开店规则后，点击“我已了解，继续开店”按钮，如图 4–2–3 所示。

4. 申请开店认证包括两部分，一个是支付宝认证，另一个是淘宝开店认证，如图 4–2–4 所示。

支付宝认证主要是密码和银行卡的绑定，如图 4–2–5 所示。

支付宝认证后才能进行开店认证。在如图 4–2–6 所示页面点击“立即认证”按钮可进行开店认证。开店认证需要个人手持身份证照片和身份证正反面照片，要求清晰度高，手持身份证的照片要能清晰看到身份证上的字，如图 4–2–7 所示。

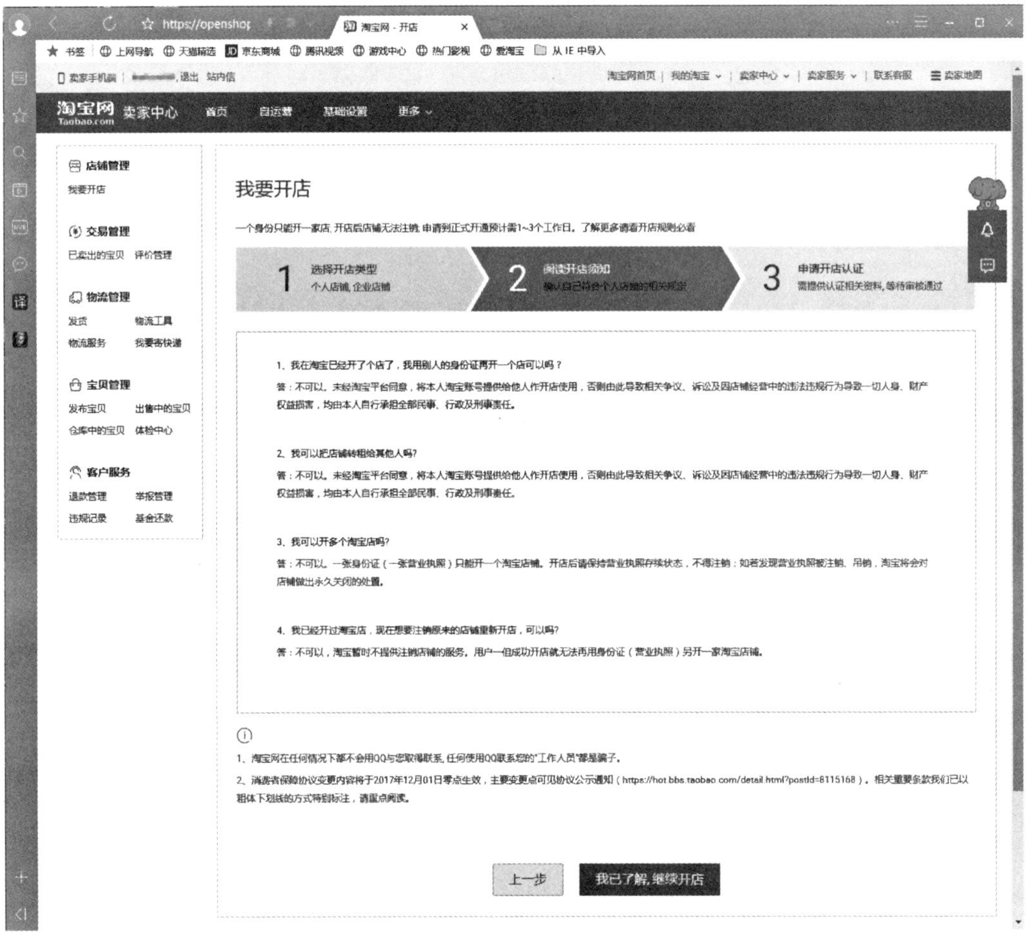

图 4-2-3　同意淘宝开店规则

图 4-2-4　申请开店认证

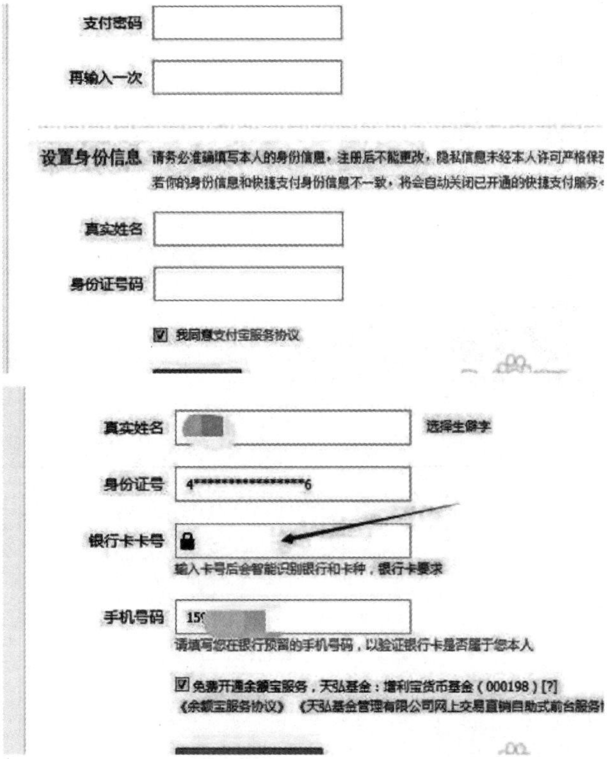

图 4-2-5　绑定支付宝账号

淘宝网 - 开店
淘宝网 - 身份认
淘宝网
书签
上网导航
天猫精选
京东商城
腾讯视频
游戏中心
热门影视
爱淘宝
从 IE 中导入
手机逛淘宝
淘宝网首页
卖家中心
联系客服
网站导航
淘宝网
身份认证
我的认证信息
淘宝认证帮助
尚未进行认证
您可以：
立即认证
当前权益：
身份认证状态是否通过，将会直接影响您的以下权益
淘宝开店
极速维权
更多权益
敬请期待
常见问题
认证方式：
更多认证 敬请期待
身份认证
视频认证
声纹认证
指纹认证
实地认证

图 4-2-6　淘宝开店认证

图 4-2-7　淘宝开店认证—身份证上传

等待 2 个工作日后，完成开店认证，如图 4-2-8 所示。

图 4-2-8　完成淘宝开店步骤

5. 回到申请开店认证页面，可见之前未认证的都已通过了，点击“创建店铺”就可以开店了，如图 4-2-9 所示。

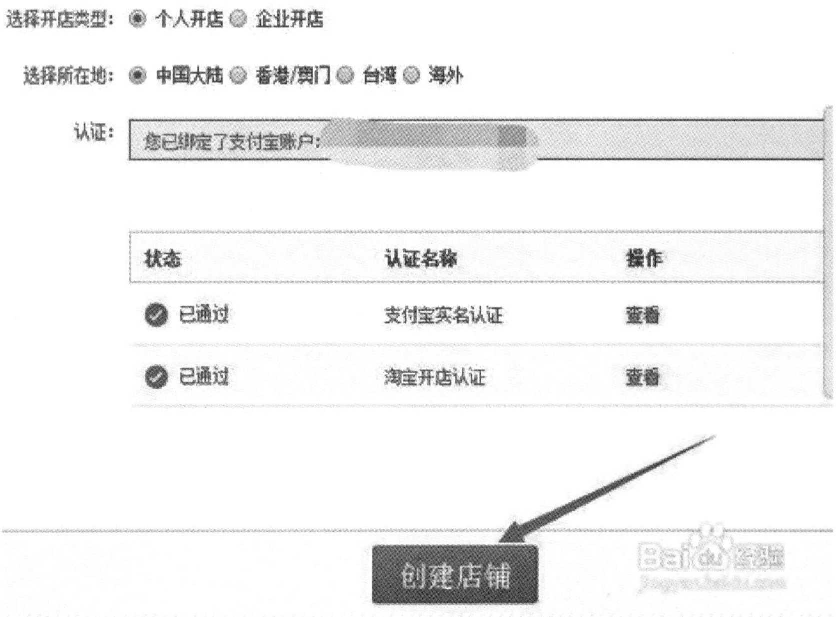

图 4-2-9　创建店铺

二、卖家店铺期初设置

1. 选择网店模板

（1）进入淘宝网“卖家中心”，在左边分类中的“店铺管理”项下，进入“店铺装修”，如图 4–2–10 所示。

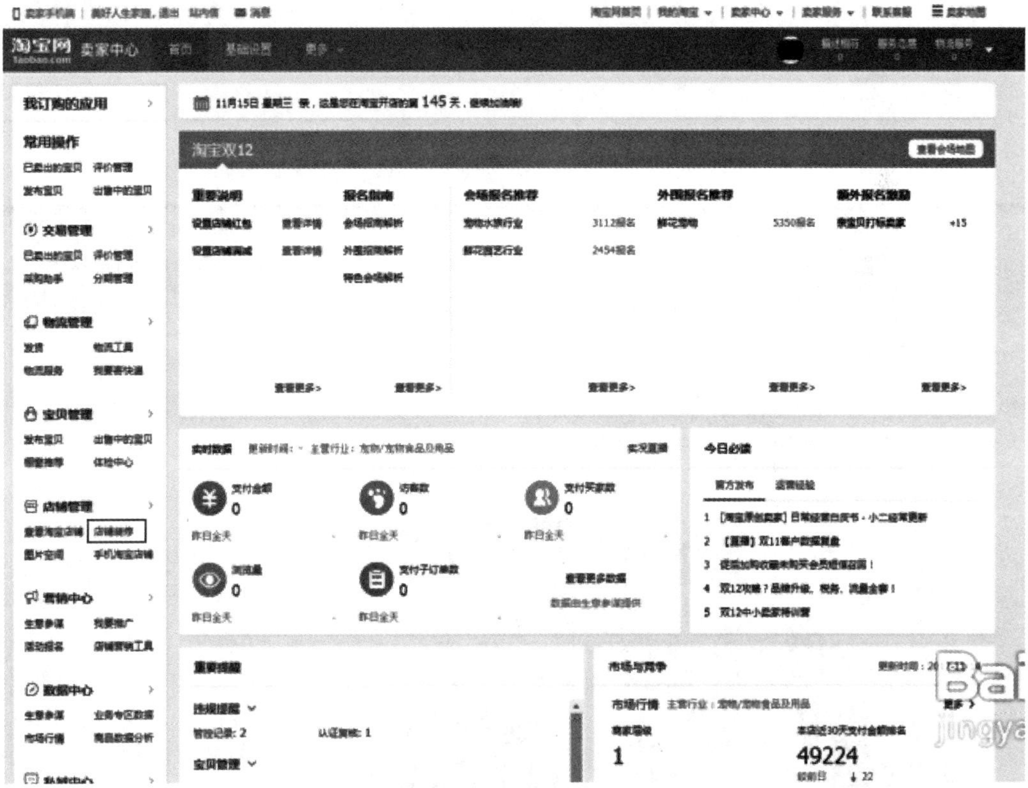

图 4–2–10　进入“店铺装修”

（2）选择模板，在“淘宝旺铺”页面的“店铺装修”子页面下，在左边选择“模板”，如图 4–2–11 所示。

1）可用的模板。系统模板是可以永久免费使用的。如需要选择更多模板，在页面左下角选择前往装修市场，如图 4–2–12 所示。

2）在装修市场中，“PC 店铺模板”适用电脑版，“无线店铺模板”适用手机版。排序可按销量、时间、价格筛选，筛选模板的属性、行业分类、风格、色系，选中一个进去先点击试用，选好了再购买，如图 4–2–13 所示。

3）装修时也可以去同行业排行靠前的店铺首页，在页面最下面可以看到店铺的旺铺类型、设计者。想用这个模板，可以点击设计者的名字进入购买页面，进行试用购买，如图 4–2–14 所示。

图 4–2–11　选择“模板”

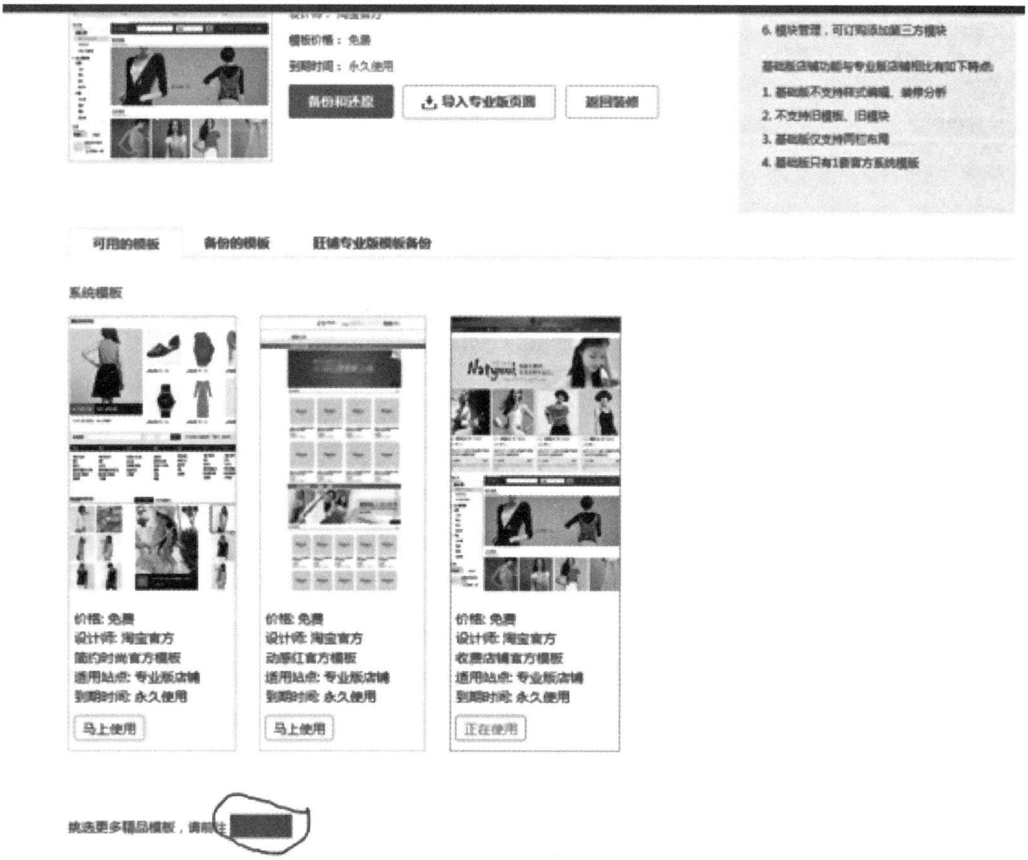

图 4–2–12　前往装修市场

图 4-2-13　选择模板

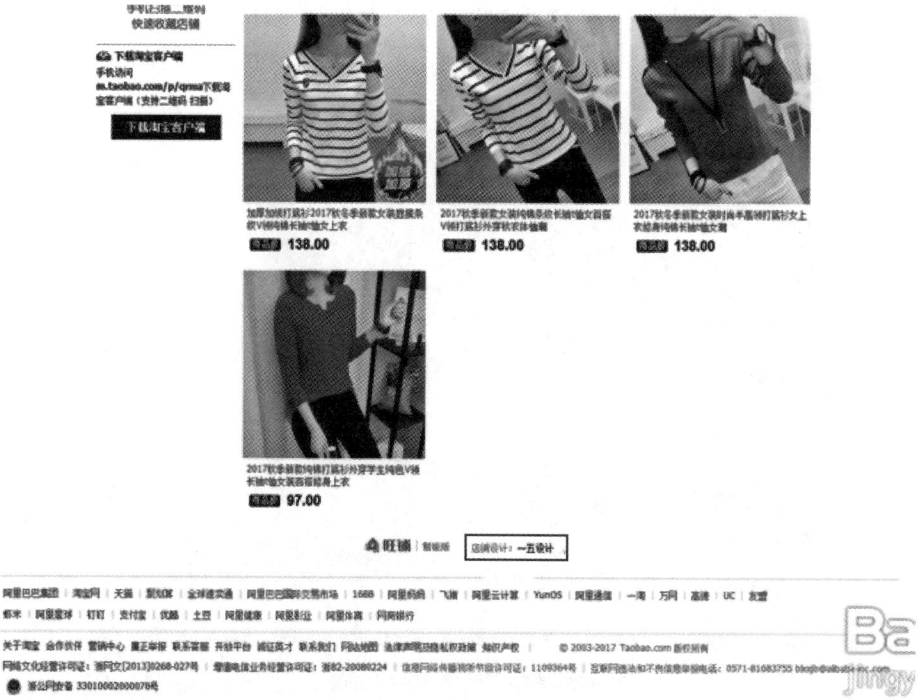

图 4-2-14　根据设计者姓名购买模板

2. 上传店铺标志

在淘宝网的“卖家中心”中，进入如图 4–2–15 所示页面，点击“上传图标”。

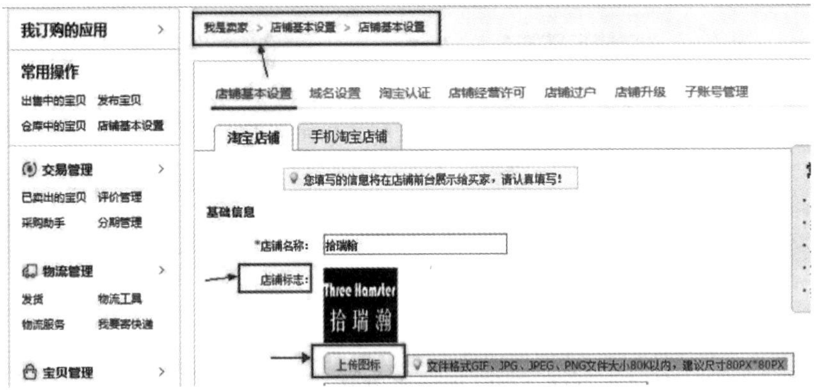

图 4–2–15　上传店铺标志

3. 铺放轮播图

（1）进入“卖家中心”，在左侧点击“店铺装修”按钮，如图 4–2–16 所示。

（2）在店铺装修页面，找到左侧基础模块中的“图片轮播”，点击鼠标左键不放，将它拖动到右侧需要添加图片轮播的空白位置，如图 4–2–17 所示。

（3）在空白处松开鼠标，如图 4–2–18 所示。

（4）此时可以看到添加的图片轮播模块，默认图片是白雪松树画面，如图 4–2–19 所示。

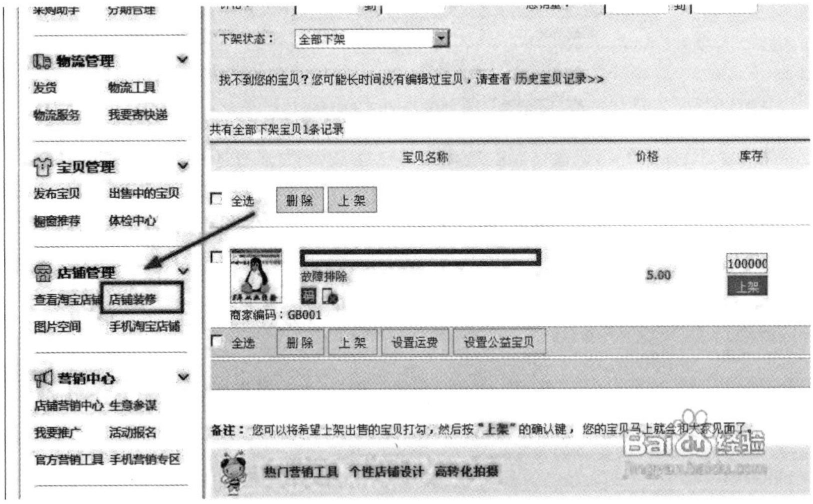

图 4–2–16　点击“店铺装修”按钮

图 4-2-17　点击“图片轮播”按钮

图 4-2-18　铺放轮播图

图 4–2–19　查看铺放好的轮播图

（5）点击右上角的“编辑”按钮，如图 4–2–20 所示。

图 4–2–20　编辑轮播图

（6）在“内容设置”里找到“图片地址”，把图片轮播的图片素材放到店铺的图片空间里，如图 4–2–21 所示。

（7）回到“卖家中心”，点击左边“店铺管理”里的“图片空间”按钮，如图 4–2–22 所示。

（8）找到图片轮播素材图片，点击其中一个图片，右击选择“属性”，如图 4–2–23 和图 4–2–24 所示。

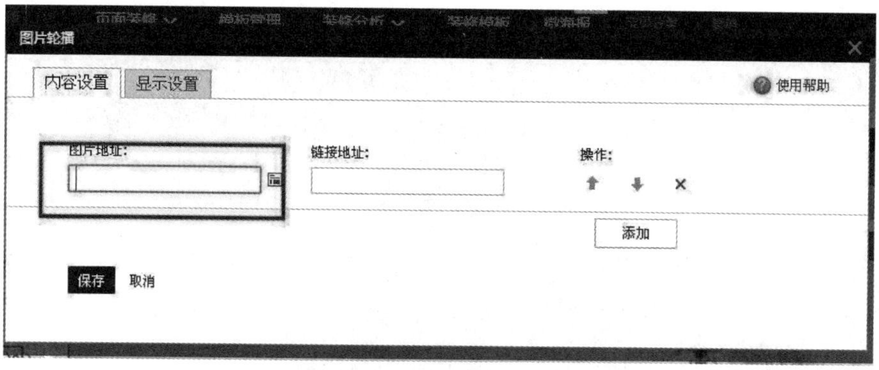

图 4-2-21　将图片素材放入店铺图片空间

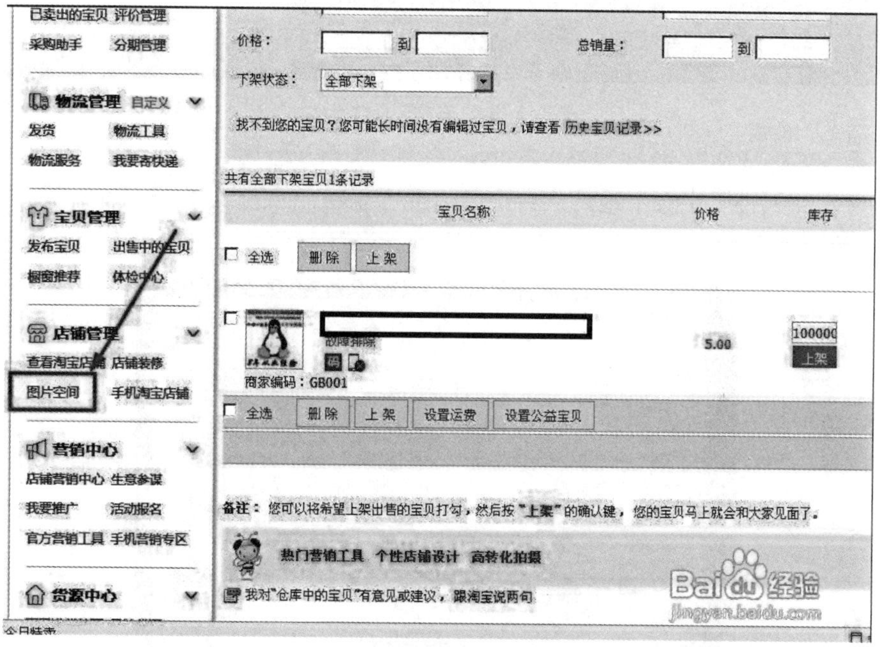

图 4-2-22　点击“图片空间”按钮

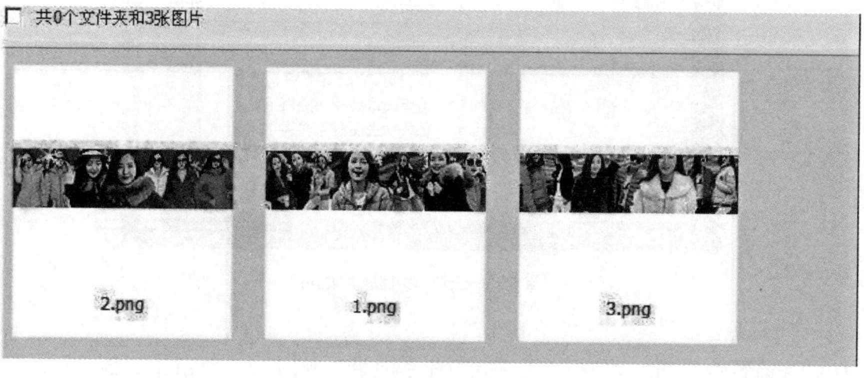

图 4-2-23　找到图片素材

图 4-2-24　右击选择“属性”

（9）在“属性”中选中地址，右击鼠标进行复制，如图 4-2-25 所示。

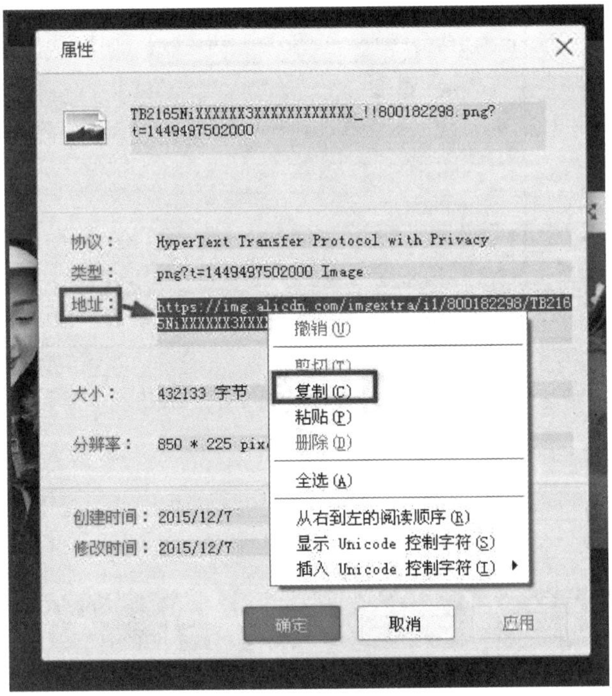

图 4-2-25　复制图片地址

（10）回到装修页面，将刚才复制的图片地址粘贴上去，如图 4-2-26 所示。

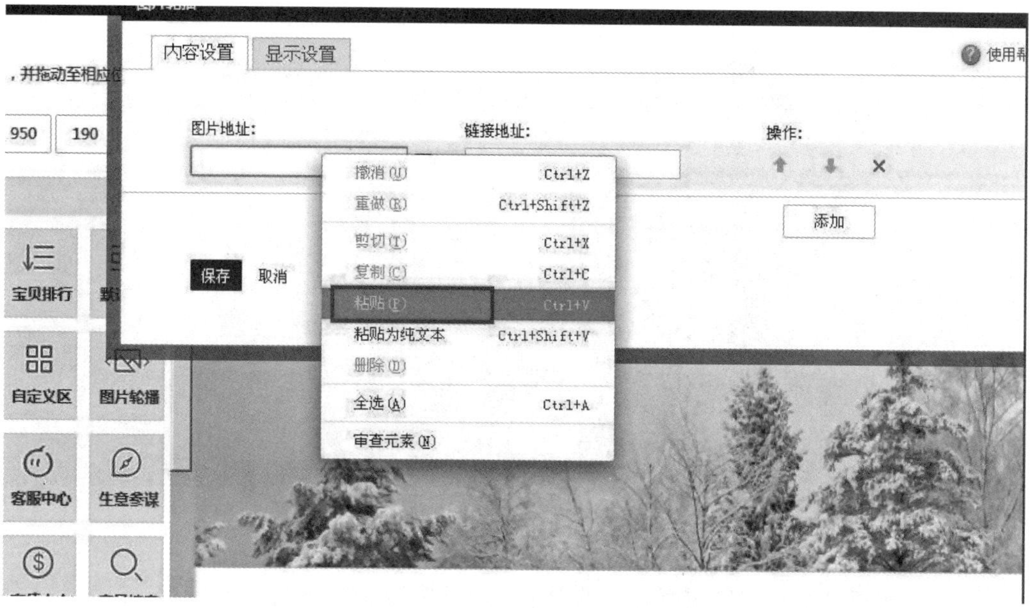

图 4-2-26　粘贴图片地址

（11）点击“保存”按钮，如图 4-2-27 所示。

图 4-2-27　保存图片地址

（12）此时查看效果，可以看到图片已出现在轮播图片中，如图 4–2–28 所示。

图 4–2–28　查看效果图

（13）想要继续添加轮播图片，可点击“编辑”按钮，如图 4–2–29 所示。

图 4–2–29　继续添加轮播图，点击“编辑”按钮

（14）然后找到“添加”，接下来重复之前的操作即可，如图 4–2–30 所示。

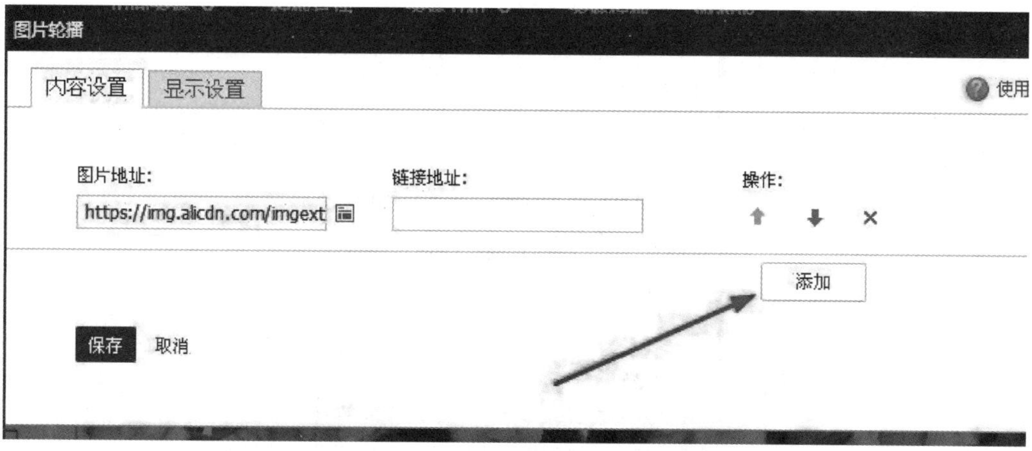

图 4-2-30　添加轮播图

学习单元 2　商品管理

一、添加商品标题

1. 进入“卖家中心”

登录淘宝网，点击右上角的“卖家中心”按钮，如图 4-2-31 所示。

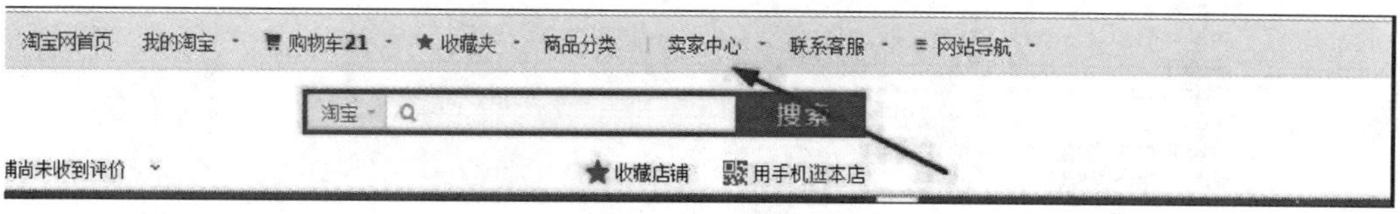

图 4-2-31　打开“卖家中心”

2. 点击“发布宝贝”

可以看到页面左边有一系列的功能，发布宝贝时主要用到的是“发布宝贝”和“图片空间”这两个功能。此时点击“发布宝贝”按钮，如图 4-2-32 所示。

图 4-2-32　发布宝贝

3. 搜索类目

如果不清楚自己要发布的宝贝具体属于哪个类目，可以在“类目搜索”栏里输入宝贝名称，能够快速找到宝贝所属的类目，如图 4-2-33 所示。

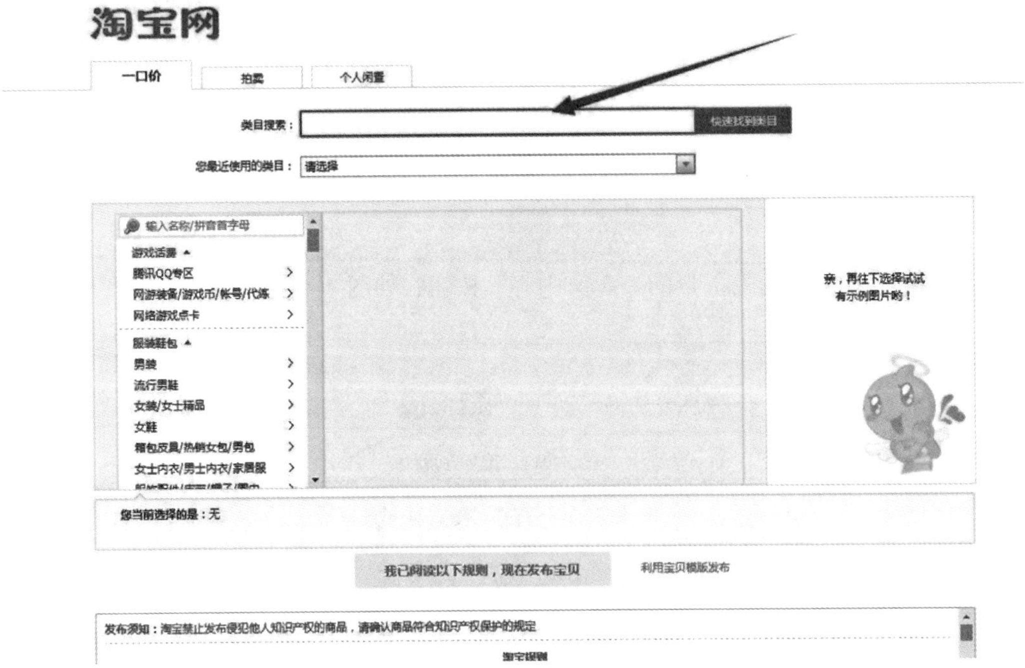

图 4-2-33　快速找到类目

（1）输入想要搜索的类目，如图 4-2-34 所示。

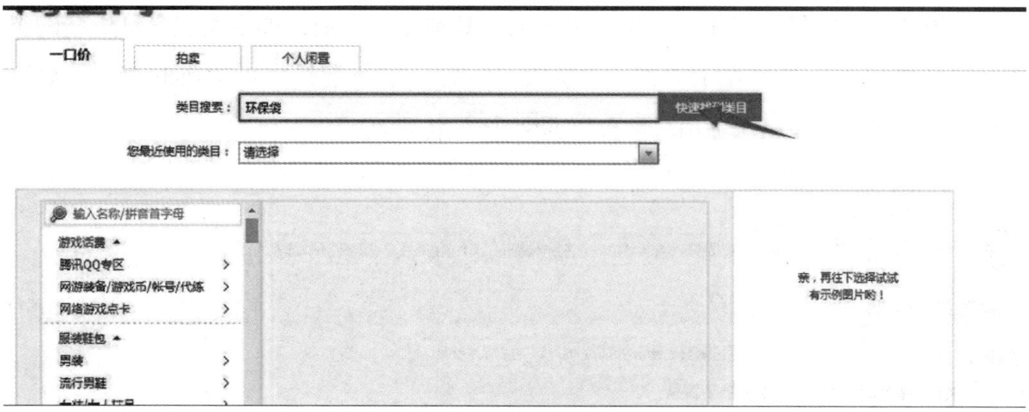

图 4-2-34　输入想要搜索的类目

（2）输入要发布的宝贝名称后，会弹出宝贝类目选择框，选择宝贝具体所属的类目，然后点击“我已阅读以下规则，现在发布宝贝”按钮，如图 4-2-35 所示。

图 4-2-35　选好类目后发布宝贝

4. 编辑类目

点击“发布宝贝”按钮后，进入填写宝贝基本信息页面，如果发现宝贝所属的类别有误，可以点击页面左上方的“编辑类目”处，重新选择宝贝所属的类别，填写“宝贝标题”“宝贝卖点”等信息即可，如图 4–2–36 所示。

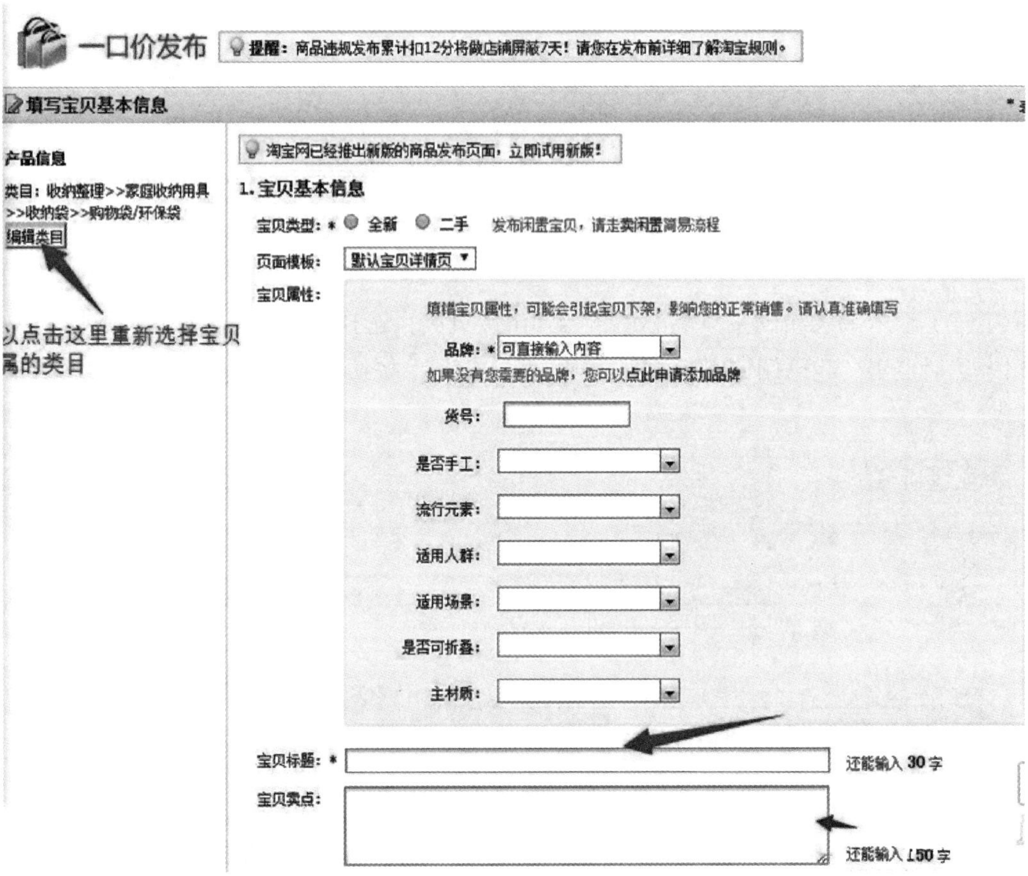

图 4–2–36　编辑类目

5. 设置商品的标题

（1）添加商品标题

1）标题的重要性

①标题承载着被搜索到的重要任务。店铺的主要流量来自淘宝站内搜索，用户会通过输入自己想要的产品的关键词来进行搜索，而淘宝进行匹配的时候，就是

通过宝贝标题来匹配的。因此宝贝标题中必须包含高搜索量又和宝贝本身贴切的关键词。

②标题可以激发买家的点击欲。当买家搜索后，众多匹配的宝贝会展现在买家的面前，这个时候主要通过宝贝主图和宝贝标题来激发买家的点击欲，说出买家最关心的问题或激发他的好奇。

合格的标题，关键词必须有搜索量，关键词不和宝贝本身冲突，标题要通畅合理，具有吸引力。

2）标题的组成。标题由营销关键词、意向性关键词、属性卖点词、类目关键词、长尾关键词组成。

①营销关键词，如包邮、特价、卖疯了、皇冠信誉、正品等。

②意向性关键词，如雪纺连衣裙、小码女装、李宁跑步鞋等。

③属性卖点词，如休闲、修身、束腰等。

④类目关键词，如苹果 iPhone 属于手机，羊绒衫属于女装，公仔属于玩具等。

⑤长尾关键词，如特色等。

宝贝标题的组成如图 4-2-37 所示。

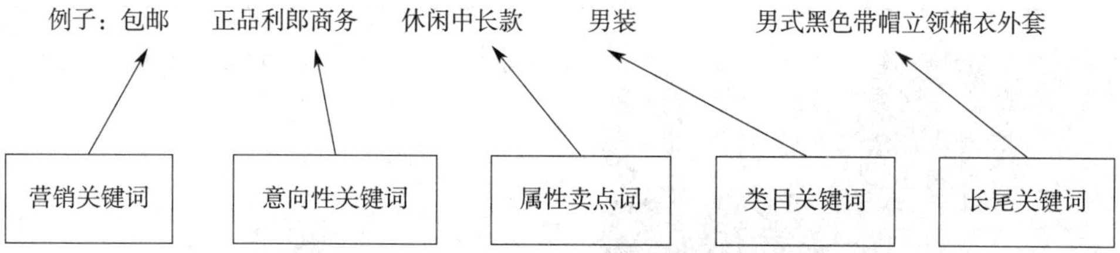

图 4-2-37　宝贝标题的组成

3）不能出现在标题中的词语

①不允许在标题中加入无关本商品的描述，如鞋子的标题中就不能有女装、食品、家电等字样。长袖的衣服不能说是短袖，平底鞋不能说是高跟鞋等。

②不允许乱用与商品无关的淘宝热推关键字。有的卖家看到热门词，就算与宝贝属性无关，也要放到标题中，以期增加访问量。这是不允许的，是对消费者的一种欺骗。

③不允许使用非该商品制造或生产公司使用的特定商标。冒用他人商标会构成侵权。构成犯罪的，会被依法追究刑事责任。

④不允许错放类目和属性。

⑤不允许在标题中使用最高级陈述，如“最高”“最好”“最便宜”“淘宝质量最好”“淘宝最热销”等。

⑥不允许在标题中添加对赠品、奖品的描述，但是相应产品的促销内容是可以添加的，如打折、包邮、满就送等。

⑦不允许以任何理由在同一件商品中使用多种属性关键词。

⑧不允许在标题中添加未获得的授权及未加入的服务，如淘宝专卖、特约经销商等。

⑨自动发货状态下的商品不能使用“闪电发货”“在线卡密”。卡密商品属于自动发货的属性。

⑩不允许在标题中使用并非用于介绍本商品的字眼，如“MISSHA 杏子去角质面膜瘦身健美用品热销中”等。

⑪不允许在标题中出现与其他商品和品牌相比较的情况，如“可媲美 LV 的真皮手袋”等。

（2）填写宝贝基本信息

宝贝基本信息展示的位置如图 4-2-38 所示。

图 4-2-38　填写宝贝基本信息

二、上传商品主图

宝贝主图可以从本地上传，也可以先上传到图片空间（分为图片空间和视频中心），然后从图片空间里选择主图。主图的大小一般是正方形（如 800 px × 800 px、400 px × 400 px 等）。如需上传视频，可直接将视频素材上传至“视频中心”，如图 4-2-39 所示。

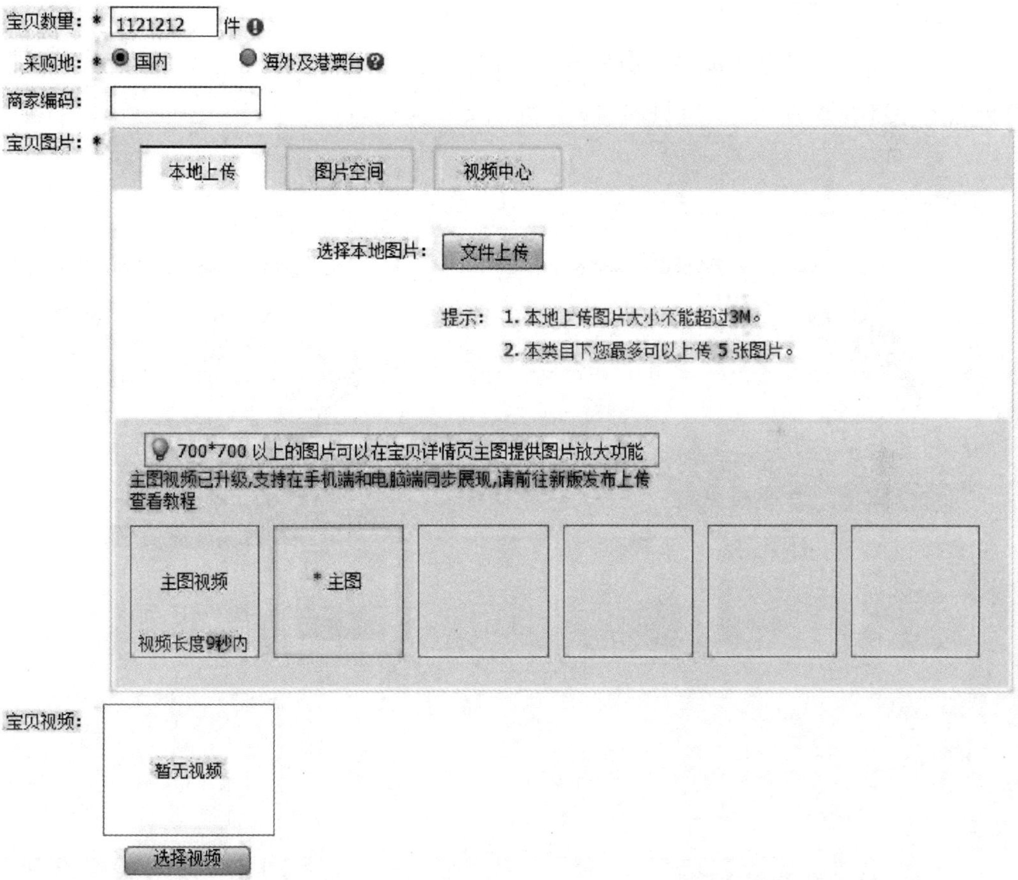

图 4-2-39　上传主图

三、上传商品详情信息

宝贝的销量在一定程度上与宝贝详情页有很大的关系，因为好的宝贝详情页可以吸引顾客眼球，增加顾客的购买欲。宝贝详情页的宽度一般是 750 px，高度自定。

1. 点击图片上传按钮，从图片空间选择图片。也可以点击左上角的按钮，粘贴网页代码。对于新手们来说，还是直接上传制作好的图片较方便，如图 4–2–40 所示。

2. 选择好图片，点击“生成手机版宝贝详情”，这样就会在手机版淘宝上显示自适应大小的宝贝详情页，一举两得，如图 4–2–41 所示。

3. 正确选择宝贝在店铺中所属的分类，这样，在商品发布后，就可以在淘宝店铺首页点击导航跳转到对应的宝贝列表页，如图 4–2–42 所示。

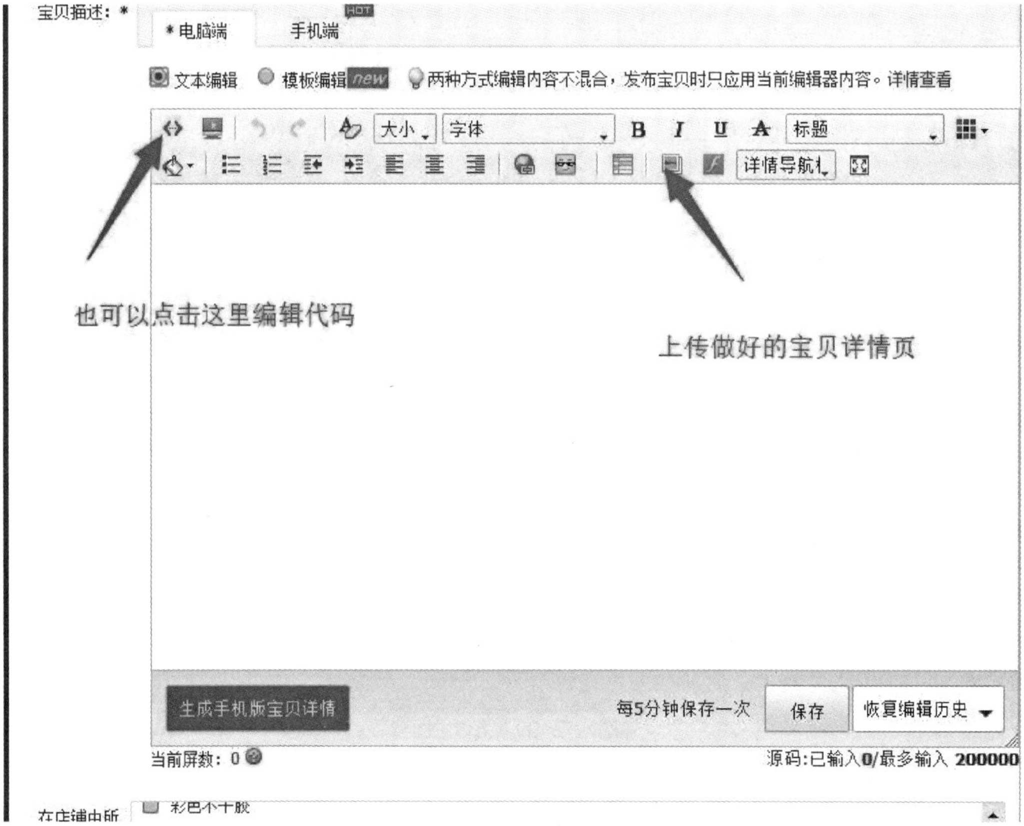

图 4–2–40　选择图片

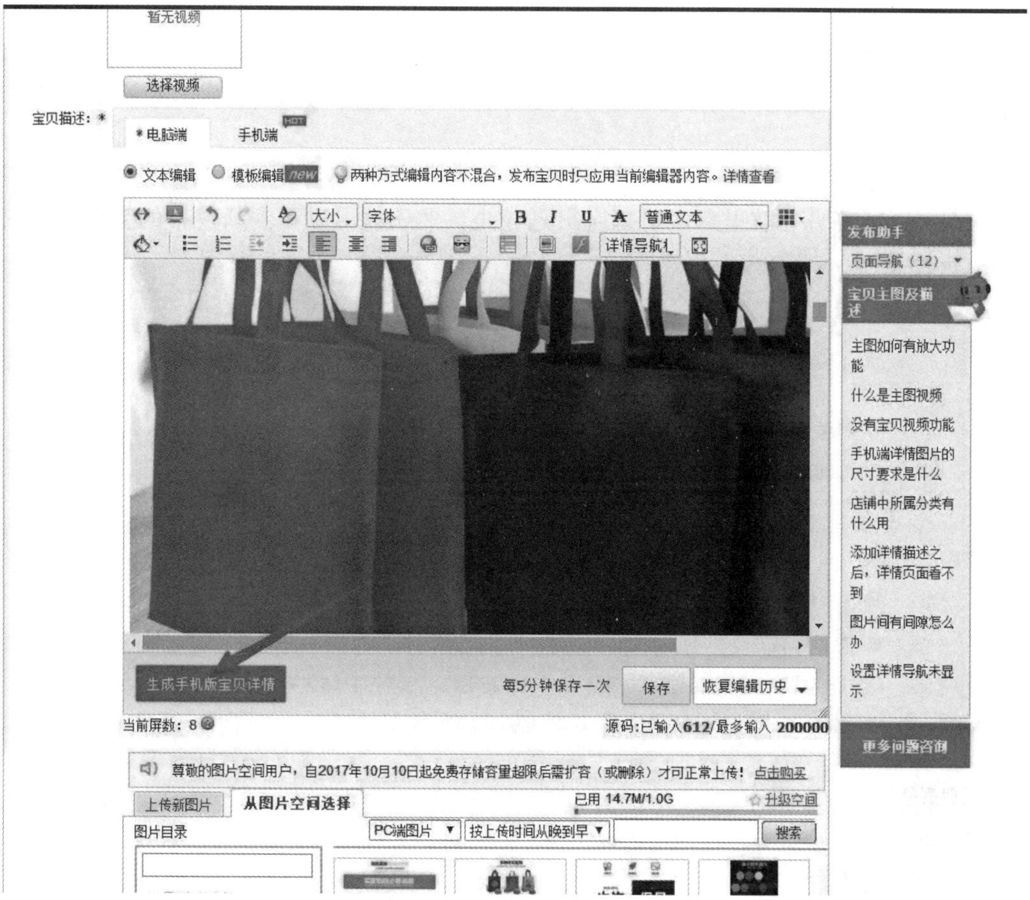

图 4-2-41　生成手机版宝贝详情

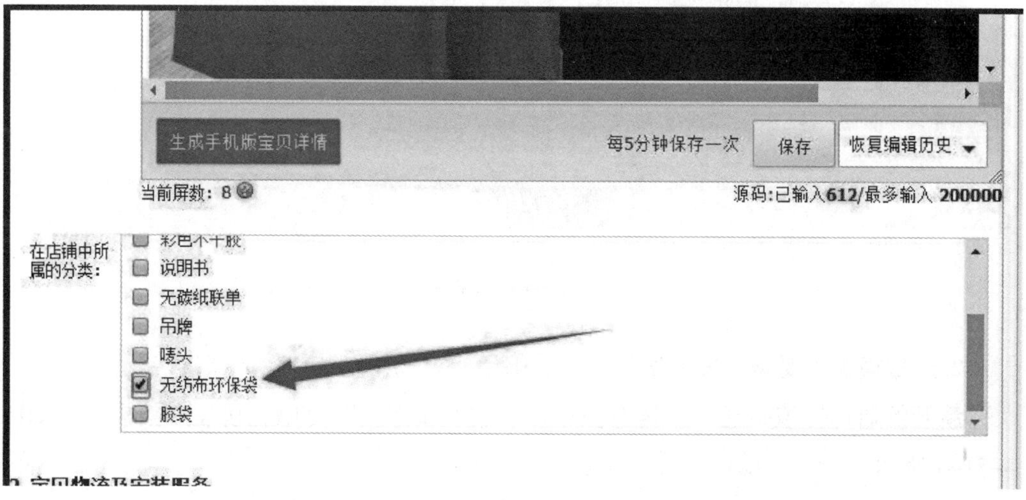

图 4-2-42　选对分类

四、完成商品上传

1. 填选好所有宝贝信息后，点击“发布”按钮即可发布宝贝。宝贝发布成功后，可在淘宝店铺首页导航里点击进入宝贝列表页，然后就可以看到新发布的宝贝，如图4–2–43所示。

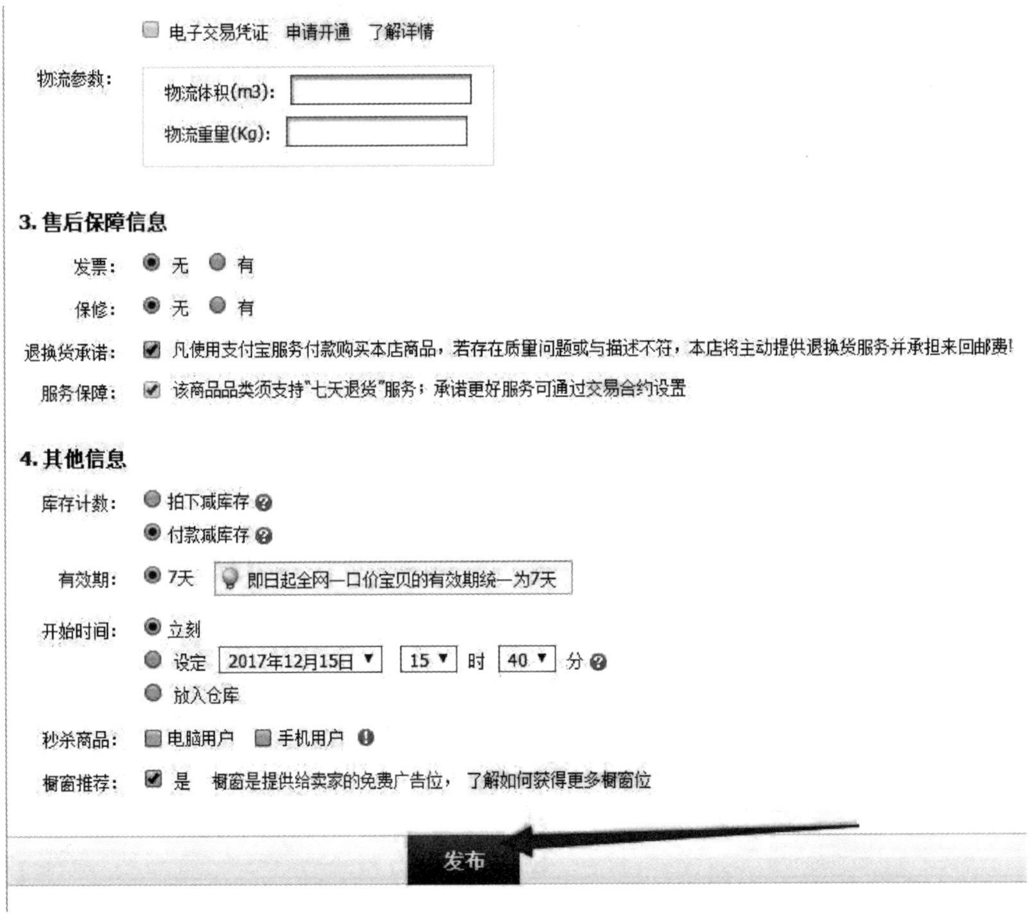

图4–2–43 发布宝贝

2. 运费模板主要是宝贝的发货地址、邮递的方式，以及计价方式等。

新开的店铺应该新建一个运费模板，下次发布宝贝时可以直接使用该模板，如图4–2–44所示。

3. 填写新增的运费模板，如图4–2–45所示。

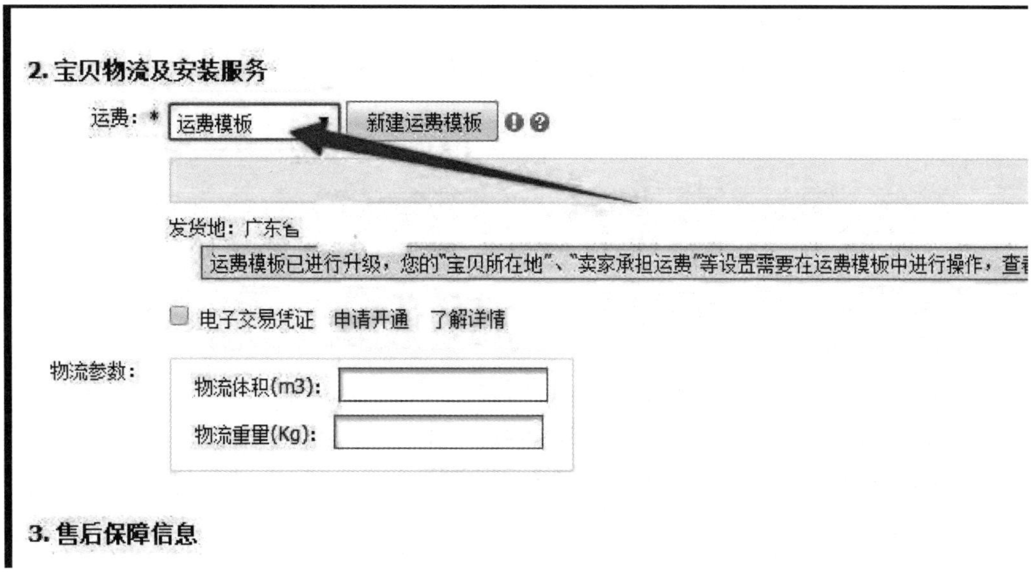

图 4-2-44　选择运费模板

图 4-2-45　填写新增运费模板

4. 客服自动回复设置

（1）选择“客服设置”中的“设置自动回复”，点击“管理团队自动回复”按钮，如图 4–2–46 所示。

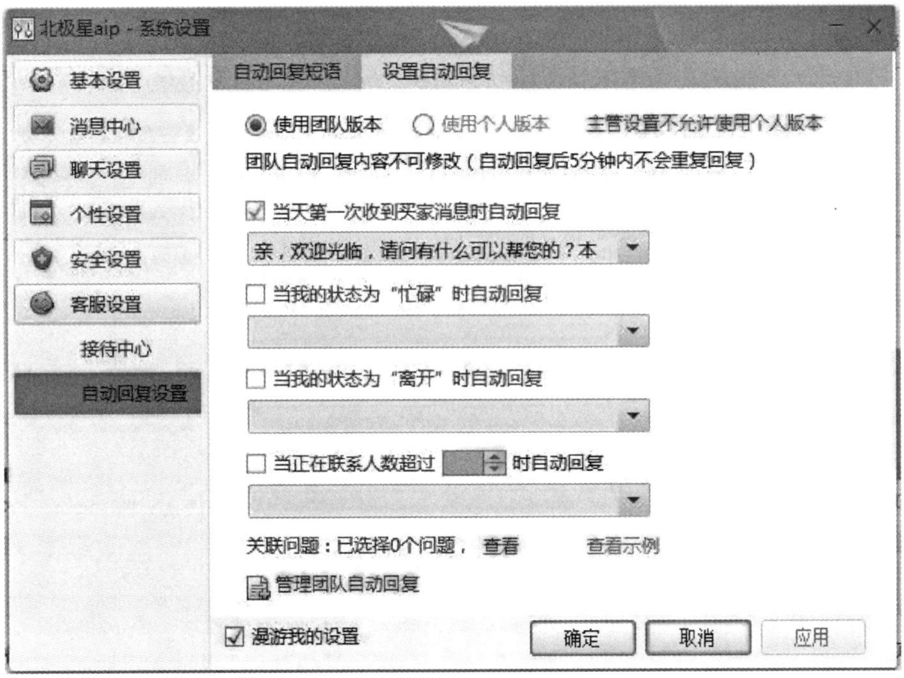

图 4–2–46　点击“管理团队自动回复”

（2）如果已经设置了自动回复，可以点修改，如果没有，可以点击“新增模版”按钮，如图 4–2–47 所示。

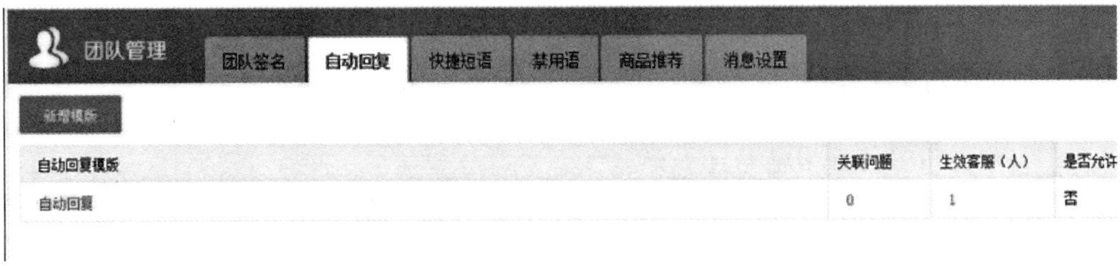

图 4–2–47　新增、修改自动回复

（3）根据个人需要选择适当的回复方式，点击文本框输入要写的内容，如图 4–2–48 和图 4–2–49 所示。

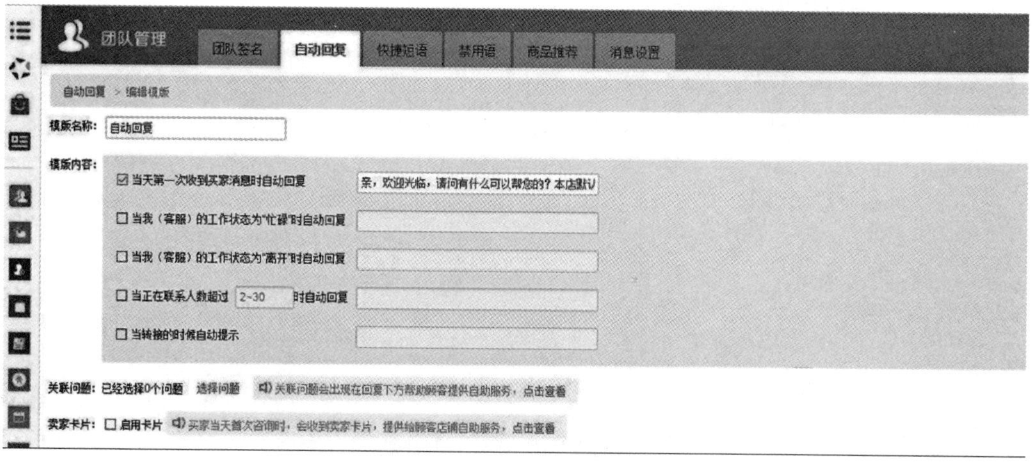

图 4-2-48　输入所需自动回复的文字

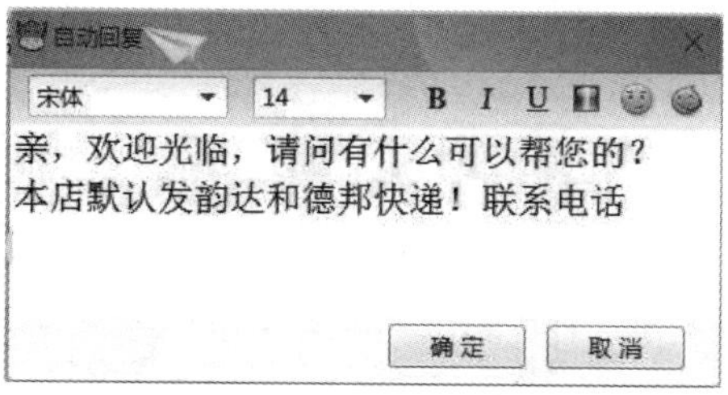

图 4-2-49　编辑自动回复文字

（4）点击“保存”按钮，如图 4-2-50 所示。

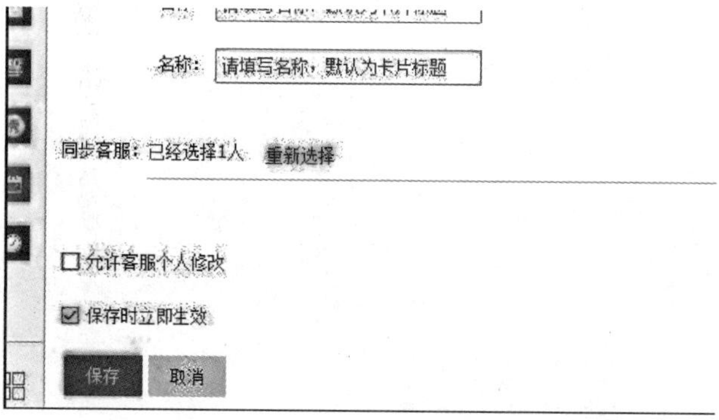

图 4-2-50　保存“自动回复”

模块5 电子商务安全管理

- 课程 5-1 病毒防范技术
- 课程 5-2 数据备份与恢复技术
- 课程 5-3 本地文件加密
- 课程 5-4 数字证书

课程设置

课程	学习单元	课堂学时
5-1　病毒防范技术	（1）计算机病毒预防与查杀	1
	（2）移动终端安全威胁与防范措施	1
5-2　数据备份与恢复技术	数据备份与恢复技术	1
5-3　本地文件加密	本地文件的加密与解密	1
5-4　数字证书	（1）个人数字证书的申请与使用	2
	（2）服务器证书的安装与使用	2

课程 5-1　病毒防范技术

学习内容

学习单元	课程内容	培训建议	课堂学时
（1）计算机病毒预防与查杀	1）病毒防范措施 2）杀毒软件安装、使用及更新	（1）方法：讲授法、演示法、实训法 （2）重点与难点：使用杀毒软件查杀病毒	1
（2）移动终端安全威胁与防范措施	1）移动终端面临的安全威胁 2）移动终端安全防范	（1）方法：讲授法、演示法、实训法 （2）重点与难点：移动终端安全防范	1

学习单元 1　计算机病毒预防与查杀

计算机病毒（Computer Virus）是一个程序，是一段可执行的代码。就像生物病毒一样，计算机病毒具有独特的复制能力。它可以很快地蔓延，又常常难以根除。它们能把自身附着在各种类型的文件上，当文件被复制或从一个用户传送到另一个用户时，它们就随同文件一起蔓延开来。计算机病毒具有传播性、隐蔽性、感染性、潜伏性、可激发性、表现性或破坏性。

电子商务在交易过程中主要通过网络实现买卖双方的交易，这就给病毒蔓延提供了非常便利的条件。

一、病毒防范措施

1. 新购置计算机的病毒防范

新购置的计算机是有可能携带计算机病毒的，可对新购置计算机的硬盘进行检测或进行低级格式化来防范病毒。

2. 引导型计算机病毒防范

引导型病毒主要感染磁盘的引导区，在使用受感染的磁盘启动计算机时，它们就会首先取得系统控制权，驻留内存之后再引导系统，并伺机传染其他软盘或硬盘的引导区，它一般不对磁盘文件进行感染。通常采用以下方法进行防范。

（1）不用带计算机病毒的硬盘引导系统。

（2）安装能够实时监控引导扇区的防杀计算机病毒软件，或经常用能够查杀引导型计算机病毒的防杀计算机病毒软件进行检查。

（3）经常备份系统引导扇区。

（4）使用杀毒软件清除病毒，或者在“干净的”系统启动软盘引导下，用备份的引导扇区覆盖。

3. 文件型计算机病毒防范

文件型病毒一般只传染磁盘上的可执行文件（.com，.exe，.doc），在用户调用染毒的可执行文件时，病毒首先被运行，然后病毒驻留内存，伺机传染其他文件或直接传染其他文件。一般采用以下方法进行防范。

（1）安装最新版本的、有实时监控文件系统功能的防杀计算机病毒软件。

（2）及时更新查杀计算机病毒引擎，在有计算机病毒突发事件时及时更新。

（3）经常使用防杀计算机病毒软件对系统进行计算机病毒检查。

目前行之有效的防范病毒的方法就是安装杀毒软件。市面上免费的杀毒软件种类很多，如金山毒霸、瑞星、360、卡巴斯基等，在功能上都各有优缺点，用户可以根据自己的需要来选择。

在杀毒时要注意两点。一是杀毒之前一定要备份重要文件，以免在杀毒时出现特殊情况，而使文件丢失。二是使用杀毒软件杀毒，要保证杀毒软件的病毒库是最新的版本，这样才能最有效地杀灭病毒。

二、杀毒软件的安装、使用及更新

1. 杀毒软件的安装

目前有许多免费杀毒软件可供使用，用户可以直接在网上下载安装即可。下面以下载及安装 360 安全卫士为例进行介绍。

步骤 1：进入百度首页，在搜索框内输入“360 安全卫士下载”，即可找到相应的软件，如图 5–1–1 所示。

步骤 2：在软件下方可以看到高速下载和普通下载这两种下载方式，点击后，两者弹出的窗口一样，但下载速度不同。点击“高速下载”，弹出如图 5–1–2 所示窗口。

步骤 3：在下载任务窗口“下载到”框中指定好下载位置，点击“下载”，对软件进行保存。下载完毕后，找到相应的文件，双击进行安装，会弹出如图 5–1–3 所示的安全警告，点击“运行”即可。运行结束后点击“立即安装”，如图 5–1–4 所示。注意去掉一些后台安装的软件。

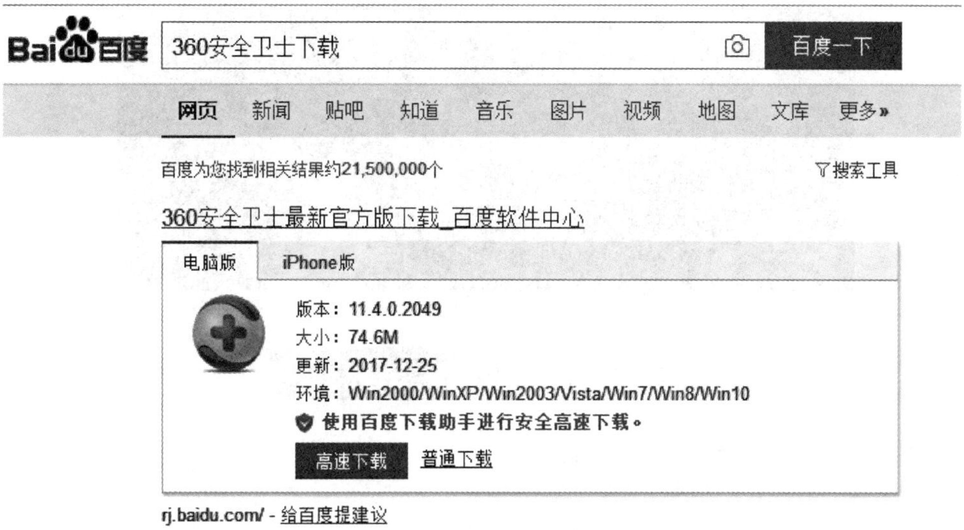

图 5-1-1　搜索 360 安全卫士下载

图 5-1-2　下载任务窗口

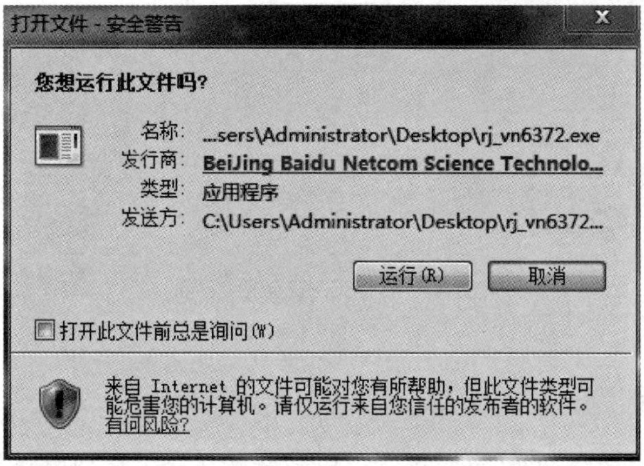

图 5-1-3　安全警告

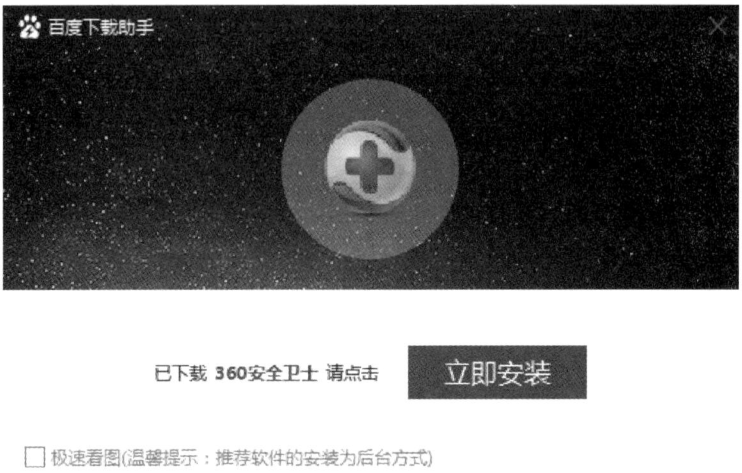

图 5-1-4　立即安装

2. 杀毒软件的使用

下载完成后就可以根据软件提示对计算机进行全面体检及杀毒。另外，360 安全卫士还提供了许多优化功能，在平时的使用中可以去尝试，如图 5-1-5 所示。

图 5-1-5　360 安全卫士界面

3. 杀毒软件的更新

目前大部分杀毒软件的病毒库都是可以在联网状态下自动更新升级的，方便用户使用。

学习单元 2　移动终端安全威胁与防范措施

随着移动互联网的飞速发展，智能移动终端也迎来了爆发式的增长，各种智能硬件如穿戴设备（Apple watch，小米手环等）、智能家居、智能汽车、无人机等层出不穷。在享受智能移动终端带来的便利高效服务的同时，其安全问题接踵而至。木马病毒、垃圾短信等问题已经对人们生活造成了诸多不便甚至经济损失。未来智能移动终端会更加丰富多样，用户也将不断增长，但其安全威胁也将不断扩大，安全形势会更加严峻。

一、移动终端面临的安全威胁

伴随着终端智能化及网络宽带化的趋势，移动互联网业务层出不穷，日益繁荣。但作为业务载体的智能终端却面临各种安全威胁，如恶意订购、盗取账户、监听通话等。与此同时，智能终端越来越多地涉及商业秘密和个人隐私等敏感信息，智能终端作为移动互联网业务最主要的载体，面临着严峻的安全挑战。

移动终端的安全威胁可以从硬件层面、系统层面、网络层面、应用层面来分析。

1. 硬件层面

智能移动终端面临的安全威胁主要包括：终端丢失、硬件损坏、SIM 卡复制、芯片安全等。其中，终端丢失后，可能会面临终端上的个人信息泄露，而硬件损坏则导致设备无法正常工作。SIM 卡复制是指通过接触或近距离接近相关人员手机，复制其 SIM 卡的相关信息，以冒充该用户。芯片安全是智能移动终端的计算核心安全，黑客通过电路分析、芯片漏洞等方式，获取芯片内部数据，从而达到攻击目的。

2. 系统层面

操作系统是智能移动终端的控制核心，因此由操作系统漏洞引起的安全问题往往会导致严重的后果。目前智能移动终端的操作系统一般分为 Android 和 iOS 两大类。

Android 系统是开放开源模式，各个公司可以根据自身产品特点进行深度定制。该系统存在碎片化的特点，由此引起的安全问题较为复杂。苹果公司的 iOS 系统采取封闭的端到端模式，由苹果公司自身开发操作系统、应用平台，并对第三方开发的应用程序进行检测、审查。

3. 网络层面

智能移动终端的广泛应用离不开无处不在的移动互联网。特别是目前比较流行的 4G 网络，使得智能移动终端被越来越多的人所接受。目前伪基站带来的电信诈骗、移动广告和垃圾短信大大影响了用户对 4G 网络的体验。而另一种更为严重的威胁就是无线局域网 Wi–Fi 的安全隐患。目前越来越多的用户通过 Wi–Fi 接入移动互联网。统计表明，约 80% 的移动数据流量来自 Wi–Fi，而 Wi–Fi 的安全性却没有这么乐观，公共场所覆盖的 Wi–Fi 大都存在安全隐患，容易泄露个人隐私和关键的财务信息。

4. 应用层面

移动互联网带来了功能强大、种类多样的应用服务，而这也使某些恶意应用能够以隐蔽的方式进入用户的智能移动终端。目前，存在于 Android 系统的恶意应用最多，主要攻击行为有远程控制、恶意吸费、隐私窃取和系统破坏等。

二、移动终端安全防范措施

随着移动通信的发展和智能终端在购物、支付、理财等领域越来越多地使用，移动终端的安全防范也越来越重要。终端用户要有信息安全的防范意识，自觉防范电子商务风险。

1. 尽量选用具有自主产权的操作系统、安全芯片等的智能终端，减少对国外操作系统的依赖性。如今国内大型手机生产厂商加大了与国家合作的智能终端安全硬件芯片的研究力度，对于智能移动终端的软硬件技术、安全技术、系统软件和应用软件安全漏洞后门分析及处理技术都有了很大的进步。

2. 下载软件要选择官方正规的渠道，因为智能终端的开源性较强，软件非常多，鱼龙混杂，所以用户在选择软件时尽量从官方渠道下载，不要从不可靠的第三方市场下载，也不要下载经过修改破译过的游戏和软件。目前大量的钓鱼网站、盗号木马和恶意软件都通过二维码软件的形式进行隐蔽，所以不要轻易地扫码下载软件和支付，给自己的移动终端一个良好的信息安全环境。

3. 从技术层面来讲要加强以下几个方面控制。

（1）身份标识（Identification）

对于每一个用户，应该都授予一个唯一的用户 ID、识别名称等对其身份进行标识的要素，以保证用户身份的可识别性。

（2）身份认证（Authentication）

系统应该能够通过密码、标识或数字认证等来对用户的身份标识进行认证，确保这一身份标识的确代表了合法的用户。

（3）接入控制（Access Control）

通过授权等安全机制来保证有合适权限的用户才能访问相应的数据、应用和系统，使用相应的功能。

（4）加强交易主体身份识别管理

采取电子签名及电子认证等方式保证交易主体身份的真实性。

随着智能移动终端技术的不断发展，其安全管理将成为未来信息安全发展的热点。

课程 5–2　数据备份与恢复技术

学习内容

学习单元	课程内容	培训建议	课堂学时
数据备份与恢复技术	1）数据备份软件简介 2）数据备份软件的安装 3）数据备份软件的使用	（1）方法：讲授法、演示法、实训法 （2）重点与难点：数据备份软件的使用	1

学习单元　数据备份与恢复技术

一、数据备份与恢复简介

随着以计算机为基础的电子信息技术在社会各方面越来越广泛地深入应用，各种工作逐步走上了办公自动化网络管理的发展道路，大量的管理信息系统和专用办公软件被开发并投入使用，这对规范管理、提高工作效率起到了良好的促进作用。在实际工作中，信息系统和管理软件从开始投入使用起，就将随着工作的开展和时间的推移，持续记录并积累大量的数据。

工作中的许多重要决策就是以这些日常积累的数据为基础的。但信息系统在提供方便和高效的同时，在运行中却常常会出现一些意料之外的问题，如人为误操作、硬件损毁、计算机病毒侵袭、断电或其他意外原因造成网络系统瘫痪、数据丢失，给企业、单位和管理人员带来难以弥补的损失。避免这种损失的最佳途径就是建立可靠的数据备份与恢复系统，但是大部分应用人员只是在受到损失后才意识到数据备份的重要性。

数据备份与恢复就是专门对付上述情况的发生，防止误删、系统故障等问题导致数据丢失的防护型软件，可以有效避免上述情况带来的重大事故，特别是对于那些长期依赖计算机存储数据的公司或者个人，数据备份与恢复更是必不可少。常用软件有OneKey一键还原、Windows一键还原、一键Ghost、冰点还原精灵等，这些软件基本上都包括数据备份和数据还原两种功能。

1. 备份与恢复

备份就是保留一套后备系统，做到有备无患。数据备份就是保存数据的副本。数据备份的目的是预防事故（如自然灾害、病毒破坏和人为损坏等）造成的数据损失。

数据恢复就是将数据恢复到事故之前的状态。数据恢复总是与备份相对应，也可以看成备份操作的逆过程。备份是恢复的前提，恢复是备份的目的，无法恢复的备份是没有意义的。备份与恢复如图5-2-1所示。

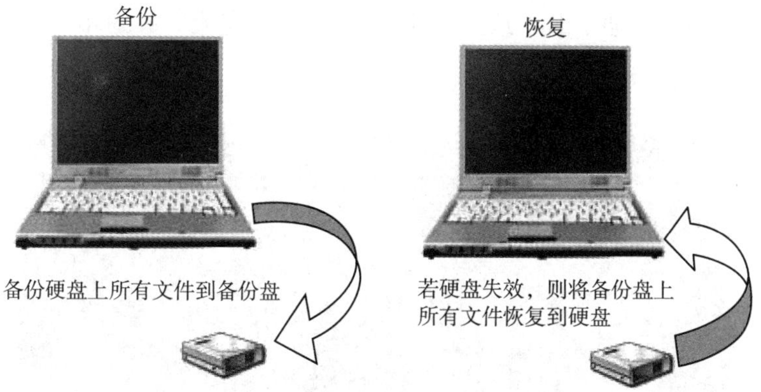

图 5-2-1　备份与恢复

2. 备份与复制

复制是指将重要的数据复制到其他存储介质，并保存在其他地方，当数据遭到意外损坏或者丢失时，再将保存的数据副本恢复到系统。

完善的备份必须在数据复制的基础上，提供对数据复制的管理，彻底解决数据的备份与恢复问题。单纯的数据复制无法提供文件的历史记录，也无法备份系统状态等信息，不能实现系统的完全恢复。

二、数据备份与恢复软件的安装

目前市面上有很多数据备份与恢复软件，其下载安装的方法大同小异。下面以一键 Ghost 为例，简单介绍软件的安装步骤。

步骤 1：进入百度首页，在搜索框内输入“一键 Ghost”即可找到相应的软件进行下载，如图 5-2-2 所示。

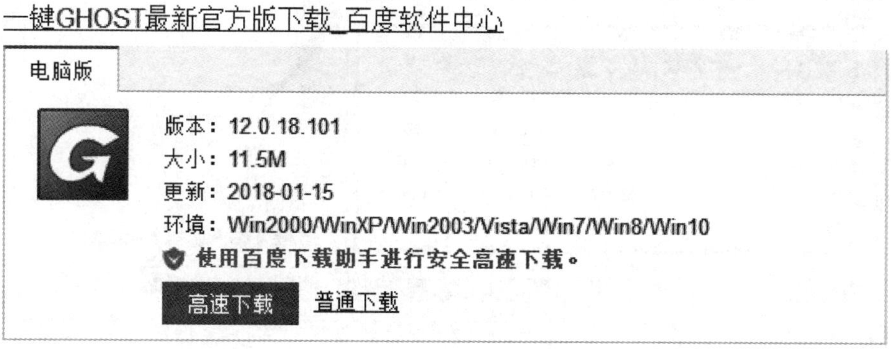

图 5-2-2　搜索一键 Ghost

步骤 2：点击“普通下载”或“高速下载”，下载完成后找到相应软件，进行数据备份及还原操作，如图 5-2-3 所示。

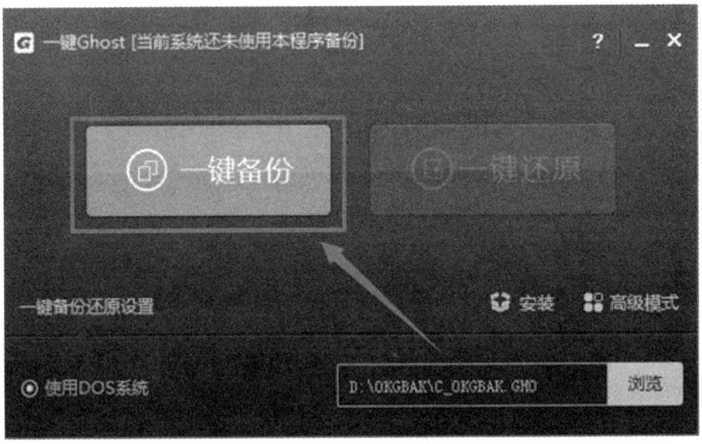

图 5-2-3　打开软件

三、数据备份与恢复软件的使用

1. 系统备份

步骤 1：点击图 5-2-3 中的“高级模式”进行备份设置，就可以进行数据的备份操作，如图 5-2-4 所示。

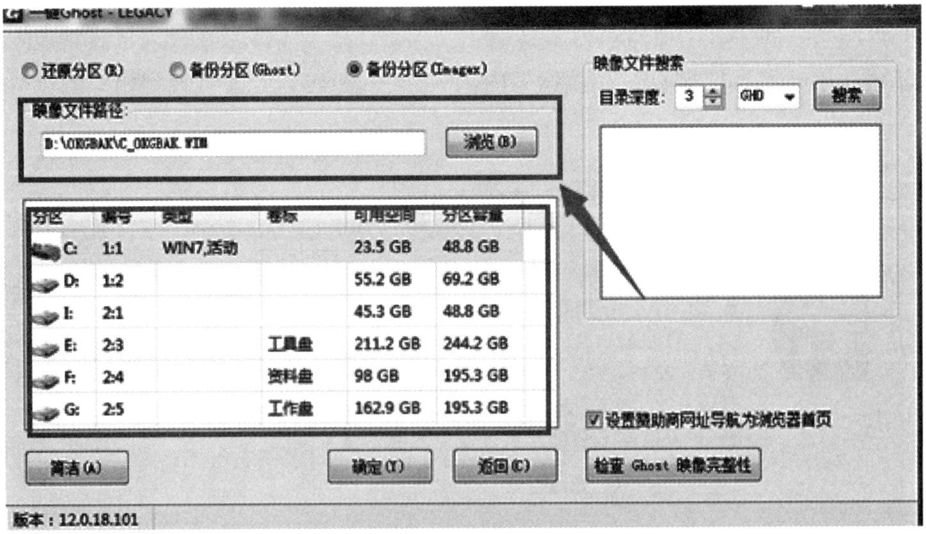

图 5-2-4　备份操作

图 5-2-4 中备份分区（Ghost）、备份分区（Imagex）的区别在于前者是分区备份，后者是文件备份。Ghost 的备份文件如果恢复到比其原备份分区小的分区中，它就无能为力了；Imagex 可将文件恢复到比原分区小的分区中。另外，Imagex 的功能比 Ghost 要多，备份后的文件相对较小，但备份时间略长。可以根据需要选择相应的软件备份自己的系统。要养成定期备份系统的良好习惯，以备不时之需。尤其在激活不易的情况下，更是如此。

步骤 2：点击“确定”后重启计算机，并开始对系统盘备份（见图 5-2-5），等待几分钟后系统盘就备份好了，如图 5-2-6 所示。

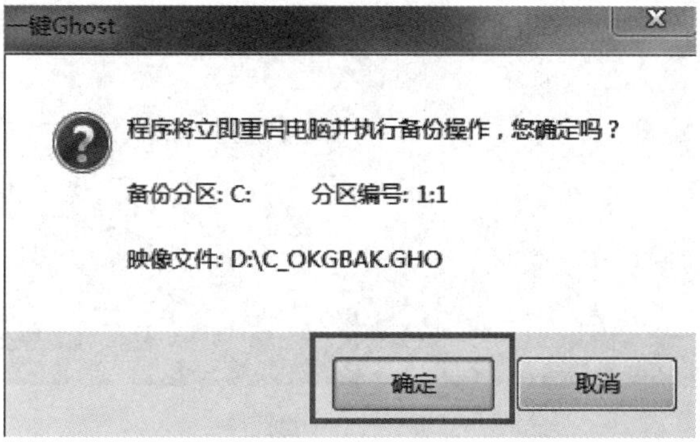

图 5-2-5　重启计算机并备份

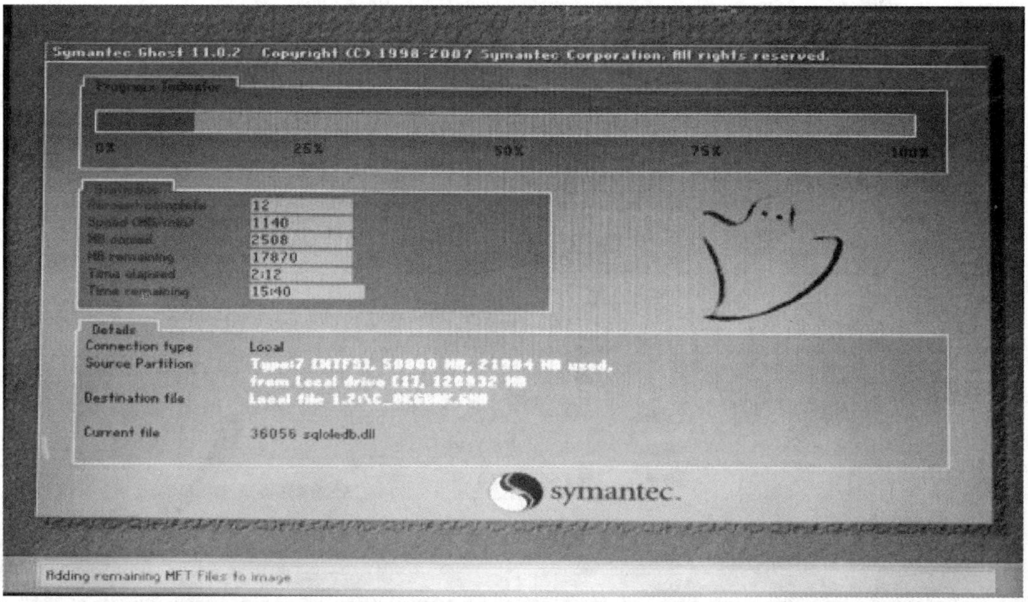

图 5-2-6　备份进行中

2. 系统恢复

步骤 1：打开一键 Ghost 软件，点击“一键还原”即可进入系统还原阶段，如图 5–2–7 所示。

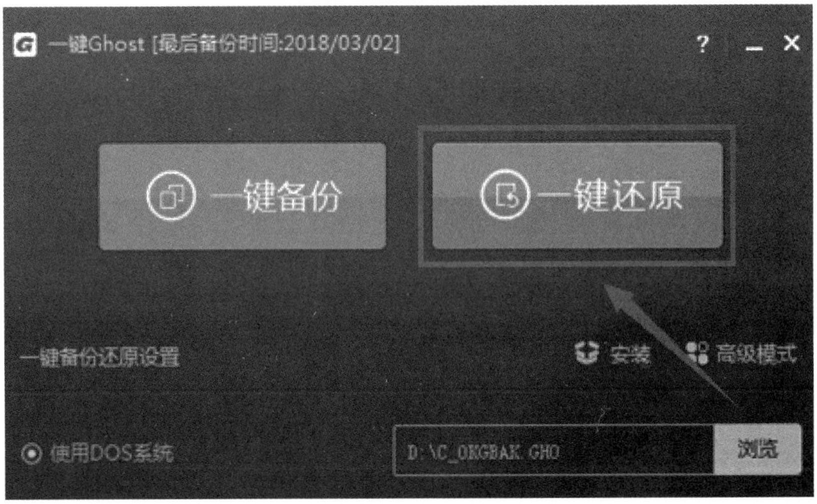

图 5–2–7　一键还原

步骤 2：点击图 5–2–7 中的“高级模式”进行还原分区的设置，选择备份好的映像文件进行还原。这里以选择 E 盘进行还原为例，如图 5–2–8 所示。

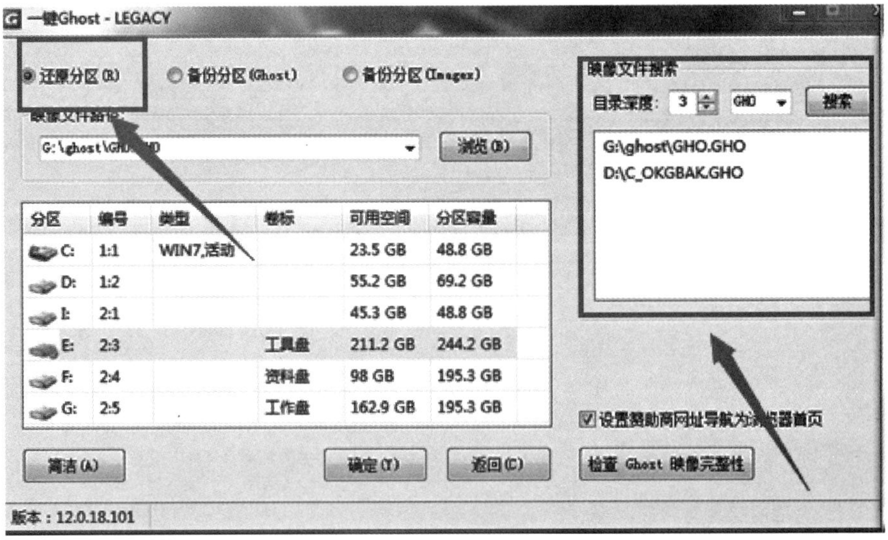

图 5–2–8　还原操作

步骤 3：出现如图 5-2-9 所示的提示，选择好需要还原的分区，在确定好后点击“确定”进行数据的还原。还原成功后系统重新启动进入 Windows 界面。

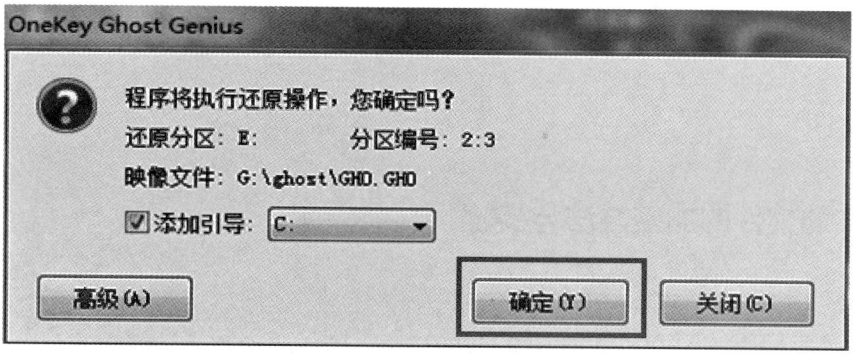

图 5-2-9　确定还原

注意：引导分区默认是选择活动分区，因为系统引导要安装到活动分区。一般把 C 盘设置为主活动分区。

课程 5-3　本地文件加密

学习内容

学习单元	课程内容	培训建议	课堂学时
本地文件的加密与解密	1）Word 文件加密与解密	（1）方法：讲授法、演示法、实训法 （2）重点与难点：本地文件的加密	1
	2）Excel 文件加密与解密		
	3）压缩文件加密与解密		
	4）Windows 文件夹加密与解密		

学习单元　本地文件的加密与解密

一、本地文件的加密方法与步骤

1. 系统自带 EFS（Encrypting File System，加密文件系统）加密

步骤 1：打开 Windows 7 资源管理器，如图 5-3-1 所示。

图 5-3-1　资源管理器

可使用如下方法打开资源管理器。

方法 1：点击“开始”，在“所有程序”中，点击“附件”中的“Windows 资源管理器”。

方法 2：将鼠标指针放在“开始”上点击右键，打开 Windows 资源管理器。

方法 3：使用快捷键 Win+E。

步骤 2：右键点击要加密的文件或文件夹，然后点击“属性”，如图 5-3-2 所示。

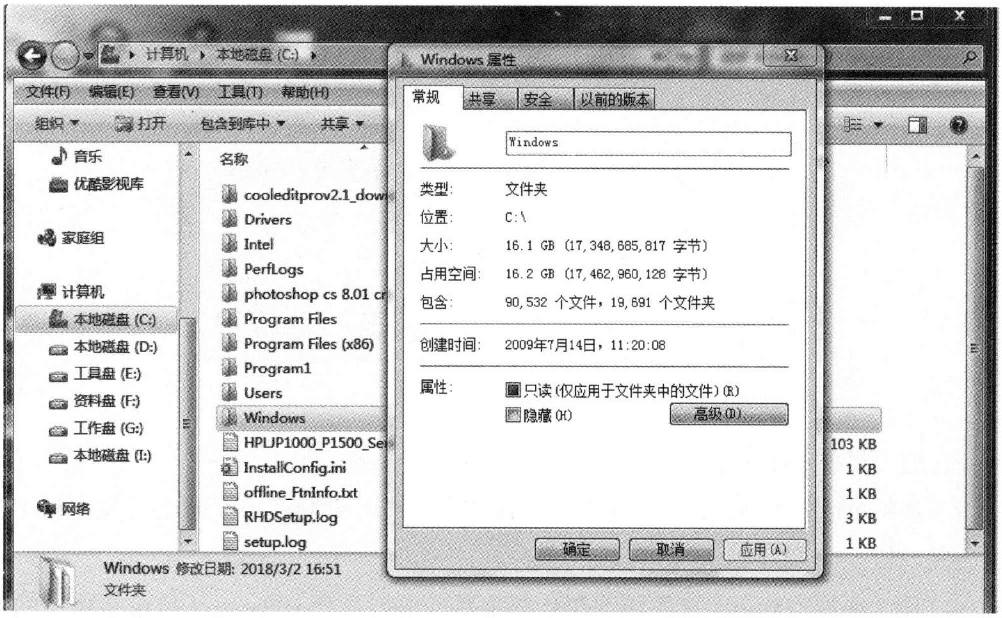

图 5-3-2　打开文件夹属性

步骤 3：在“常规”选项卡中，点击“高级”。选中“加密内容以便保护数据”复选框（见图 5-3-3），弹出对话框（见图 5-3-4），根据需求选择“仅将更改应用于此文件夹”，或者“将更改应用于文件夹、子文件夹和文件”。

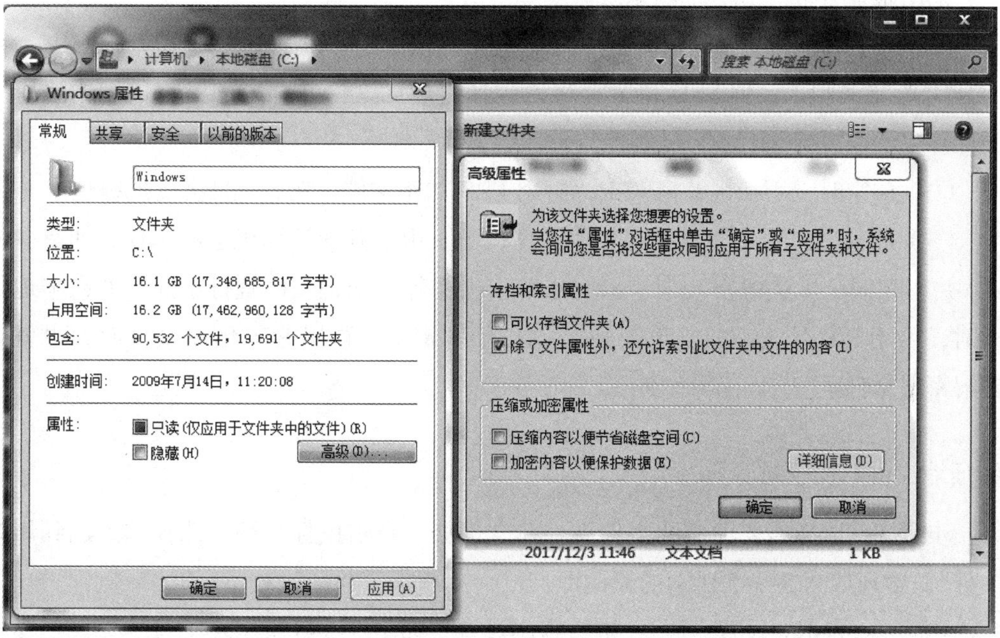

图 5-3-3　高级属性

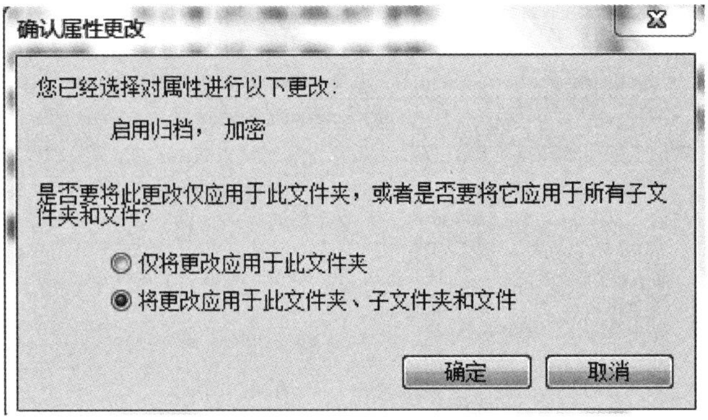

图 5-3-4　选择更改范围

在加密过程中要注意以下三点。

一是只可以加密 NTFS 分区卷上的文件和文件夹，对 FAT 分区卷上的文件和文件夹无效。

二是无法加密标记为“系统”属性的文件，并且位于 systemroot 目录结构中的文件也无法加密。

三是在加密文件夹时，系统将询问是否要同时加密其子文件夹。如果选择“是”，其子文件夹也会被加密，以后所有添加进文件夹中的文件和子文件夹都将在添加时自动加密。

采用系统自带的 EFS 加密系统原理如下。

（1）用 SID（安全标识符）生成密钥（公钥和私钥）和 FEK（文件加密密钥），再用公钥来加密 FEK，用 FEK 和 X 算法创建加密后的文件并存入硬盘，最后删除原始文件。

（2）加密时，用私钥解密 FEK，再用 FEK 加密文件，然后文件夹变成绿色。

（3）加密后，将文件复制到其他计算机上，由于其他计算机上的 SID 和加密时的 SID 并不相同，无法解密 FEK，也无法解密出文件，于是文件就打不开。如在本地打开时，由于 SID 是正确的，于是 FEK 也正确解密了，再用 FEK 解密文件时，也就正确解密出文件了。

2. 压缩文件的加密方法

步骤 1：选择需要加密的文件夹，在文件夹上点击鼠标右键，选择“添加到压缩文件”，出现如图 5-3-5 所示的对话框。

步骤 2：点击“设置密码”，进行密码设置，如图 5-3-6 所示。

步骤 3：双击加密的文件，输入密码后才能打开该文件，如图 5-3-7 所示。

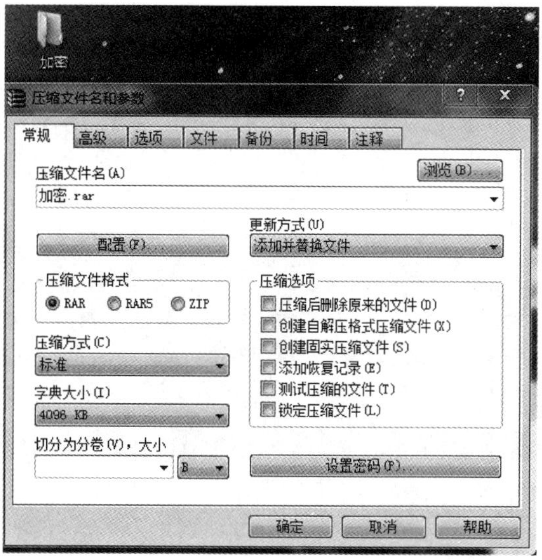

图 5-3-5　压缩文件设置

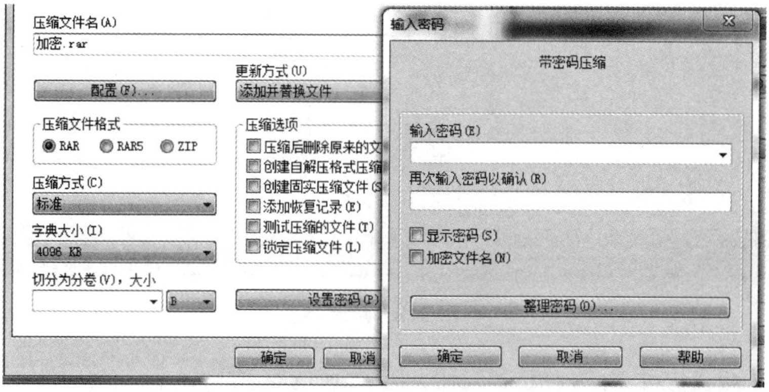

图 5-3-6　密码设置

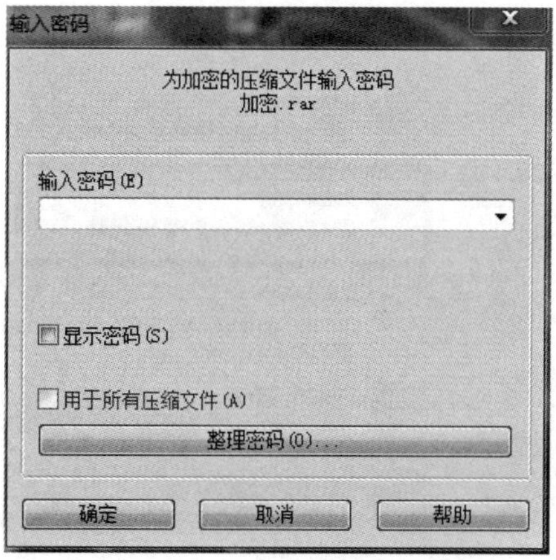

图 5-3-7　输入密码打开文件

3. Word 文档加密方法

步骤 1：打开需要加密的文档，或者新建一个空白的 Word 文档，如图 5-3-8 所示。

图 5-3-8　新建文档

步骤 2：点击左上角的 Office 按钮，在出现的选项中，将鼠标指针移到“准备”选项上，会出现下一级选项，选择其中的“加密文档”选项，如图 5-3-9 所示。

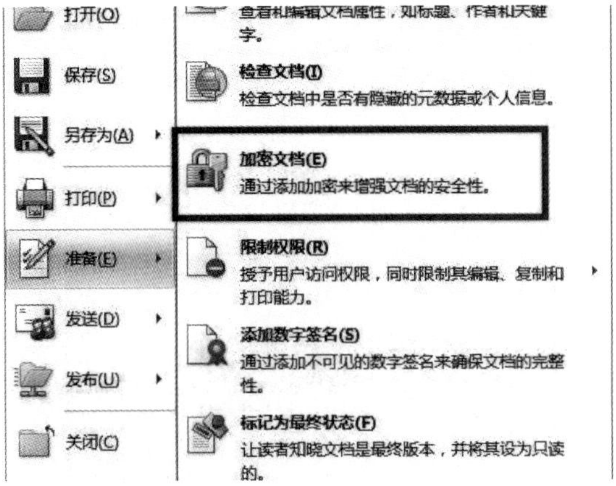

图 5-3-9　“加密文档”选项

步骤 3：点击“加密文档”选项之后，会出现一个为文档设置密码的界面，输入密码，点击“确定”即可，如图 5-3-10 所示。

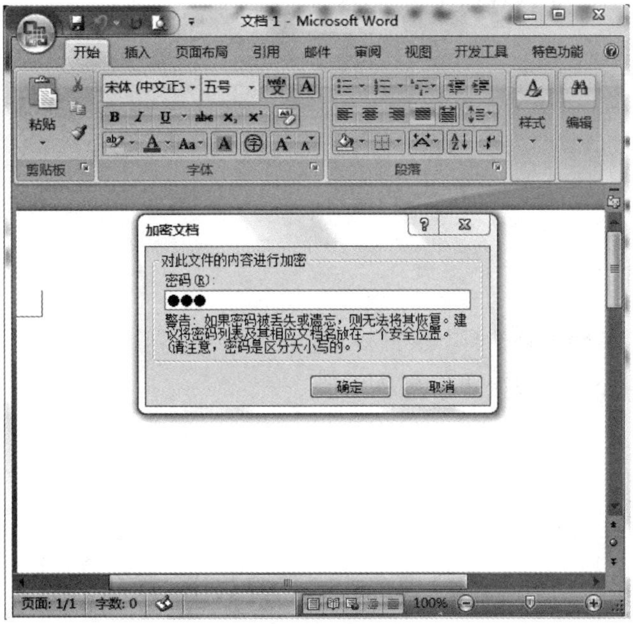

图 5-3-10　输入密码

步骤 4：此时该文档处于加密状态，保存文档。再次打开时，会出现如图 5-3-11 所示界面，需要输入密码才能进入文档。

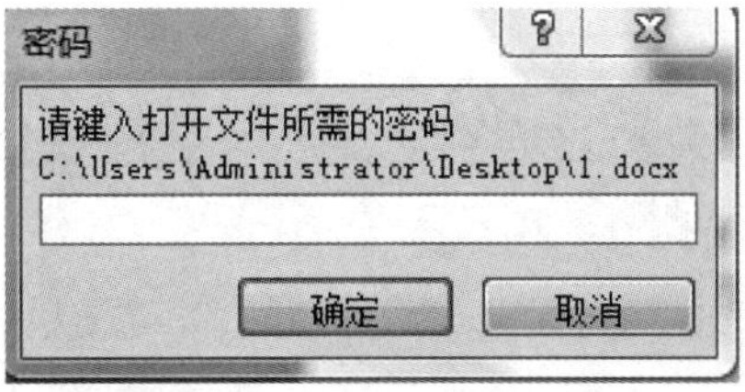

图 5-3-11　输入密码进入文档

二、文件及文件夹的解密

文件及文件夹的解密与加密过程类似，可参照进行操作。

1. 系统自带 EFS 系统的解密

步骤 1：打开 Windows 资源管理器。

步骤 2：右键点击加密文件或文件夹，然后点击“属性”。

步骤 3：在“常规”选项卡中点击“高级”。

步骤 4：清除“加密内容以便保护数据”复选框。

2. 压缩文件的解密

步骤 1：右击加密文件夹，首先输入密码打开文件夹。

步骤 2：按照加密的步骤清除密码即可。

3. Word 文档的解密

步骤 1：输入文档密码，打开文件。

步骤 2：参照加密的步骤清除密码即可。

课程 5–4　数字证书

学习内容

学习单元	课程内容	培训建议	课堂学时
（1）个人数字证书的申请与使用	1）数字证书的概念 2）数字证书的功能 3）个人数字证书的申请与使用 ①数字证书的申请 ②数字证书的查看 ③数字证书的导入、导出	（1）方法：讲授法、演示法、实训法 （2）重点与难点：个人数字证书的使用	2
（2）服务器证书的安装与使用	1）服务器证书服务组件的安装 2）向证书服务器申请证书 3）备份和还原证书 4）吊销证书	（1）方法：讲授法、演示法、实训法 （2）重点与难点：服务器证书的使用	2

学习单元 1　个人数字证书的申请与使用

一、数字证书的概念

互联网为使用者提供了一个开放的、跨越国界的信息高速公路，基于互联网各种应用的蓬勃发展给各行各业带来了机遇和挑战。但网上欺诈、偷盗和非法闯入等行为对互联网的各类应用构成了严重威胁，随着数字证书认证中心的出现和数字证书的使用，使开放的网络更加安全。

数字证书就是标志网络用户身份信息的一系列数据，用来在网络通信中识别通信各方的身份，即要在 Internet 上解决“我是谁”的问题。这就如同现实中每一个人都要拥有一张证明个人身份的身份证或驾驶执照一样，以表明我们的身份或某种资格。

数字证书是由权威公正的第三方机构即数字证书认证中心（CA）签发和管理的，是标志网络用户身份信息的电子文档。

二、数字证书的分类

1. 个人数字证书

个人数字证书中包含证书持有者的个人身份信息、公钥及 CA 中心的签名，它就像我们日常生活中使用的身份证一样，是在网络通信中标识证书持有者个人身份的电子身份证书。

2. 服务器证书

服务器证书是网页服务器与用户浏览器之间建立安全连接时所使用的数字证书。

3. 设备身份证书

设备身份证书中包含设备信息、公钥及 CA 中心的签名，在网络通信中标识和验证设备的身份以保证与其他服务器或客户端通信的安全性。

4. 无线应用证书

无线应用证书用于无线通信用户的身份识别和信息安全。

三、数字证书的功能

1. 信息的保密性

商务信息有保密的要求。数字证书保证了电子商务信息在传播中的保密性。

2. 网络合法身份的确认性

能方便而可靠地确认网络中对方的合法身份是网络信息交换的需要。

3. 完整性

数字证书具有签名验证和对电子文件进行加密的功能，可以通过验证方式确认电子信息是否被修改过。

4. 不可抵赖性

由于商情的千变万化，交易一旦达成是不能抵赖的，否则必然会损害一方的利益。数字证书确保了电子交易通信过程各个环节的不可抵赖性，使交易双方的利益不受损害。

四、个人数字证书的申请及使用

1. 数字证书的申请及安装操作

进入中国数字认证网（http://www.ca365.com）主页，选择“免费证书”栏目的“根 CA 证书”。如果是第一次使用，需要先下载并安装根 CA 证书，如图 5-4-1 所示。

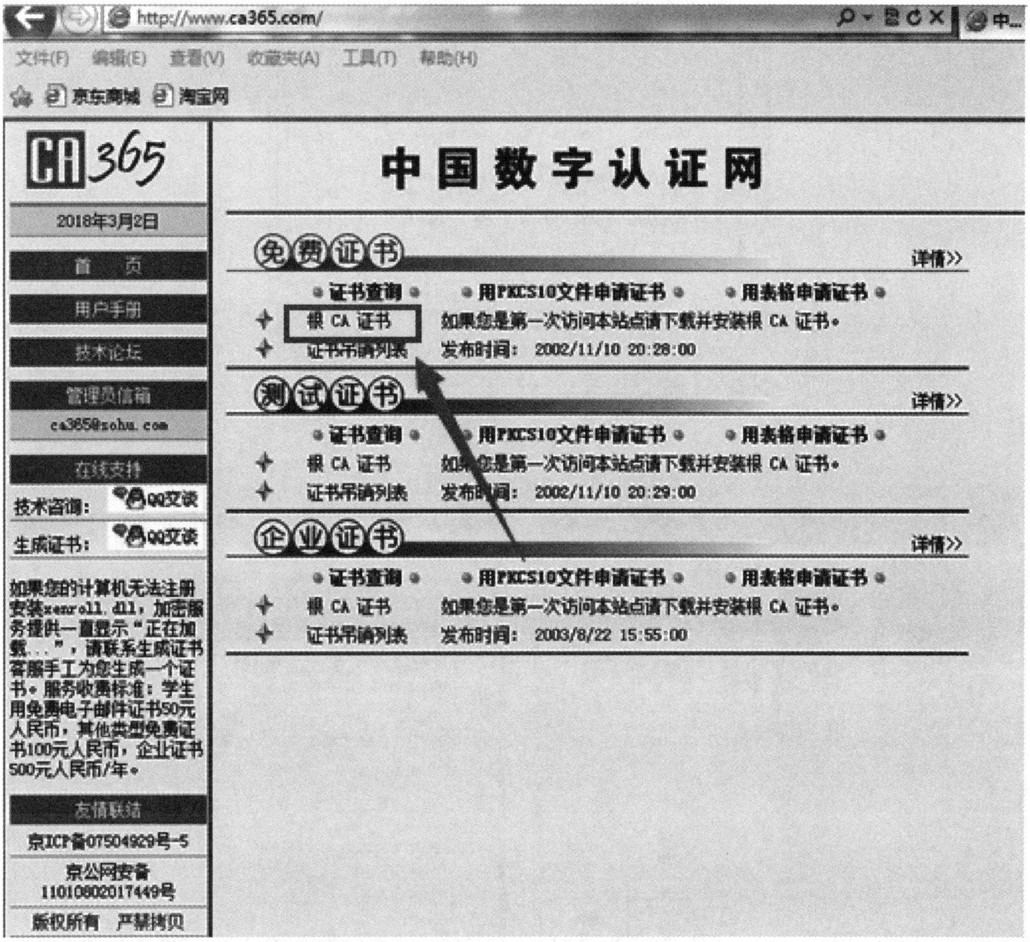

图 5-4-1　根 CA 证书

2. 下载并安装根 CA 证书

只有安装了根 CA 证书的计算机，才能完成网上申请的步骤和证书的正常使用。出现“下载文件－安全警告”对话框，点击选择打开 rootFree.cer，出现如图 5-4-2 所示对话框。点击“安装证书”按钮，根据“证书导入向导”提示，完成导入操作，如图 5-4-3 ~ 图 5-4-5 所示。

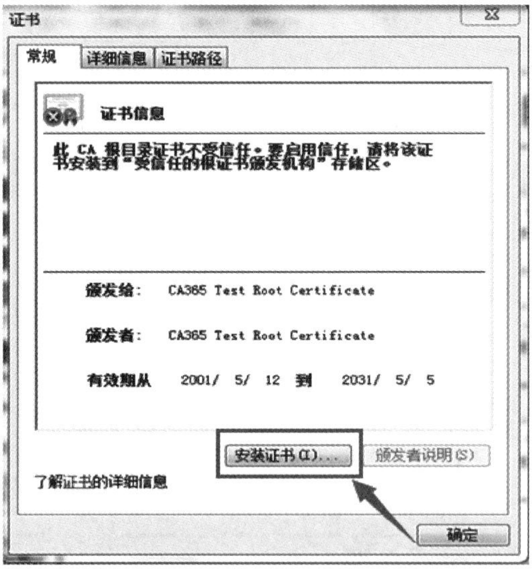

图 5-4-2　安装证书

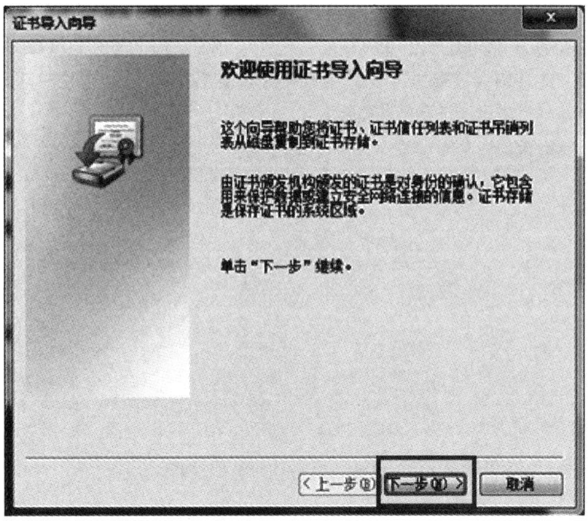

图 5-4-3　证书导入向导（1）

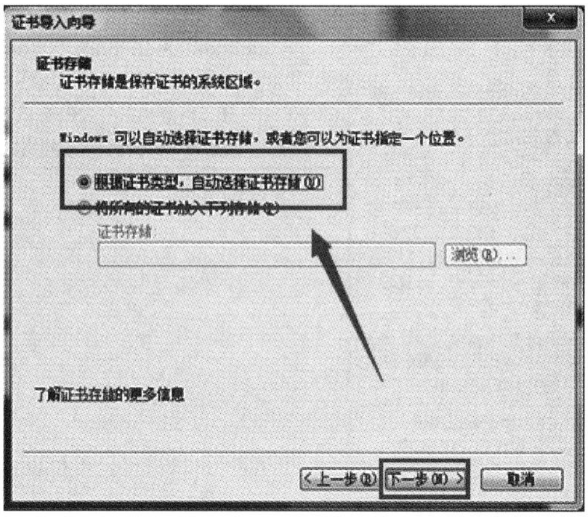

图 5-4-4　证书导入向导（2）

图 5-4-5　导入成功

3. 在线填写并提交申请表

在图 5–4–1 中，选择“免费证书”栏目的“用表格申请证书”，并填写如图 5–4–6 所示的申请表。用户填写的基本信息包括公司、部门、城市、省、国家（地区）、电子邮件（要求邮件系统能够支持邮件客户端工具，不能填写错误，否则会影响安全电子邮件的使用）、证书期限、证书用途、密钥选项、密钥用法、密钥大小等。注意要勾选“创建新密钥对”“启用严格密钥保护”“标记密钥为可导出”三项，“Hash 算法”可以选择“SHA–1”。提交申请表后，出现“正在创建新的 RSA 交换密钥”提示框，确认私钥的安全级别被设为中级，如图 5–4–7 所示。

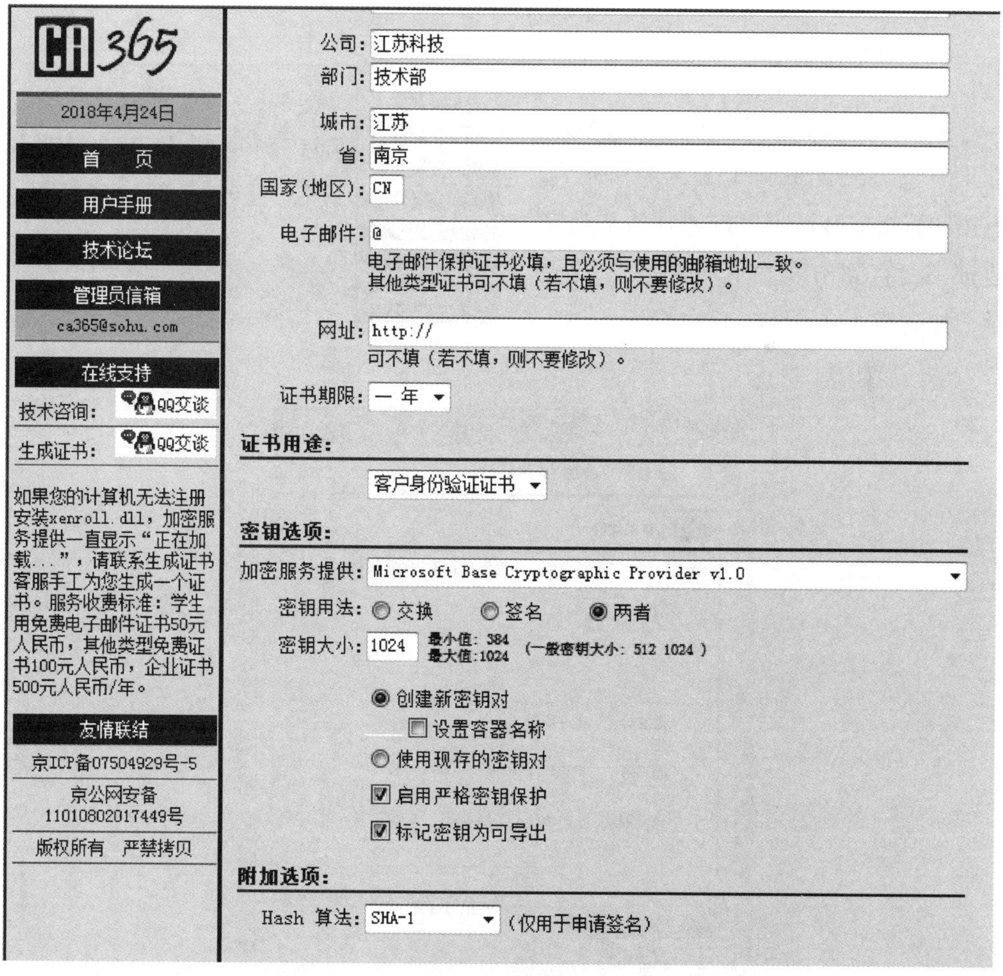

图 5–4–6　填写申请表

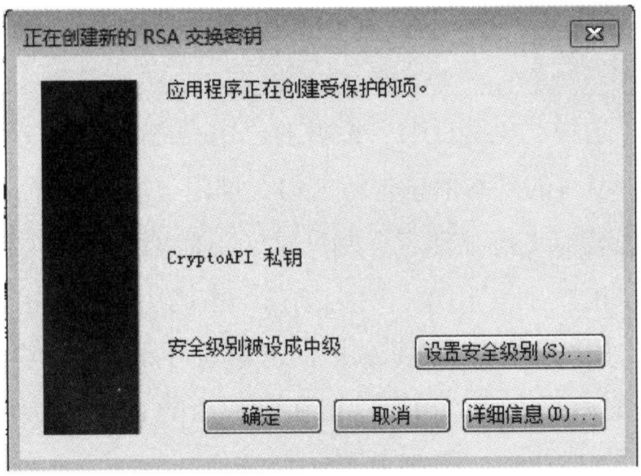

图 5-4-7　创建交换密钥

4. 下载安装数字证书

提交申请表后，证书服务器系统将立即自动签发证书，如图 5-4-8 所示。点击“直接安装证书”按钮开始下载安装证书，直到出现“导入成功。”的提示，如图 5-4-9 ~ 图 5-4-14 所示。

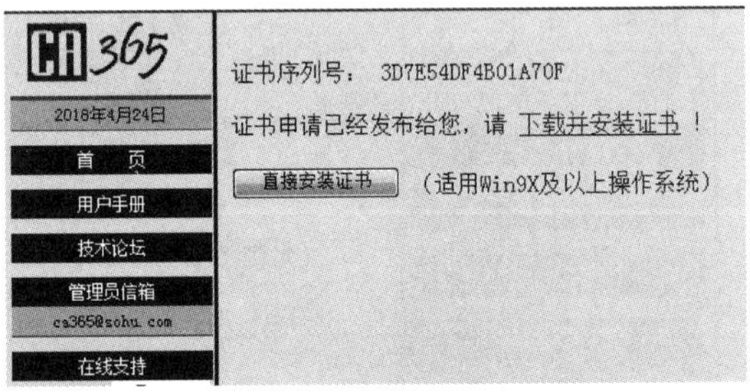

图 5-4-8　申请成功

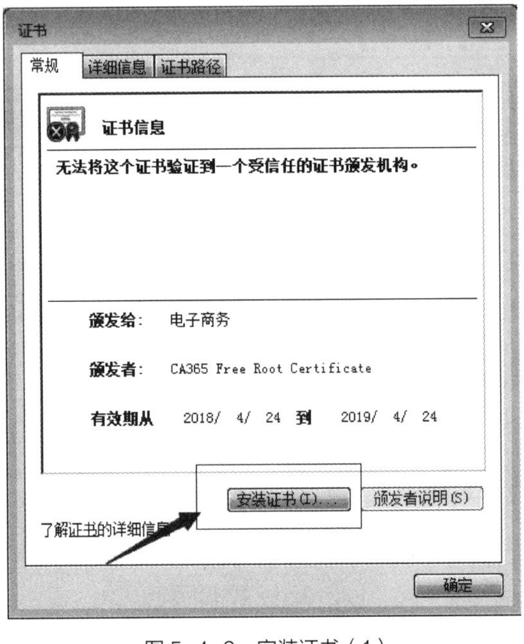

图 5-4-9　安装证书（1）

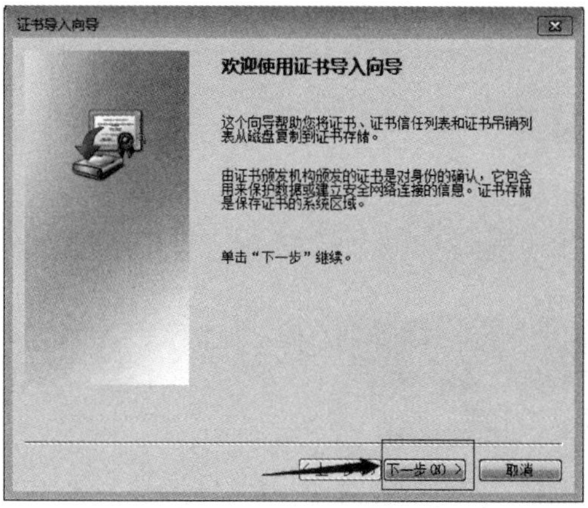

图 5-4-10　安装证书（2）

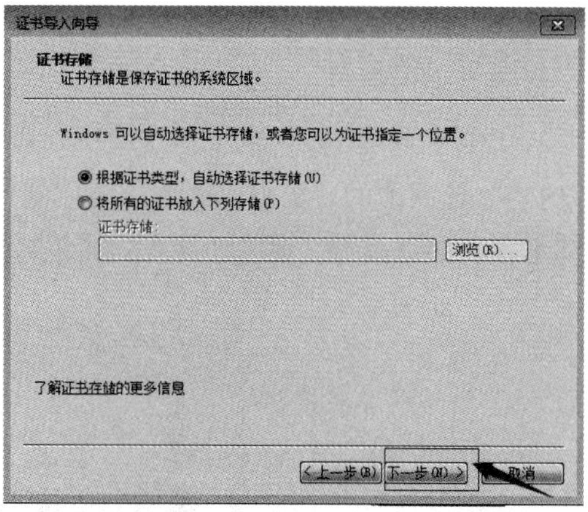

图 5-4-11　安装证书（3）

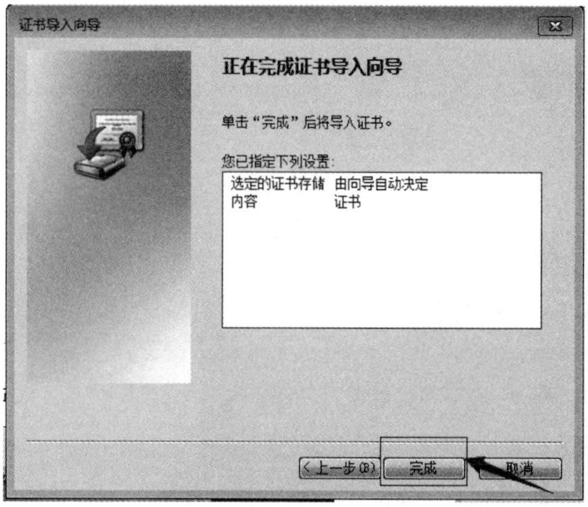

图 5-4-12　安装证书（4）

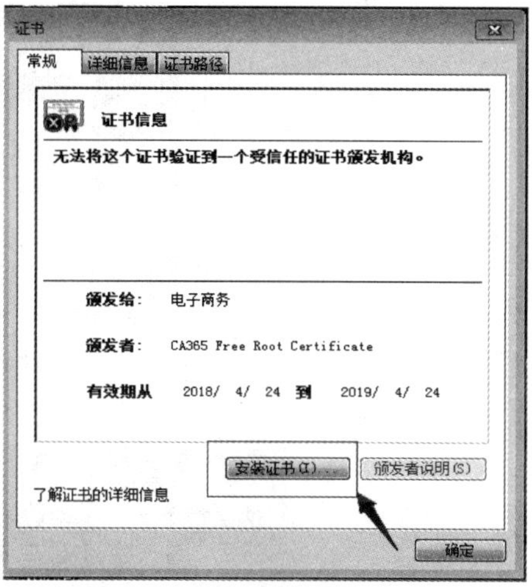

图 5-4-13　安装证书（5）

图 5-4-14　安装成功

5. 数字证书的查看

在微软 Internet Explorer 9.0 浏览器的菜单栏“工具”中选择“Internet 选项”，在“内容”选项卡的“证书”栏中，可以看到证书已经被安装，如图 5–4–15 所示。双击证书查看证书内容，如图 5–4–16 和图 5–4–17 所示。

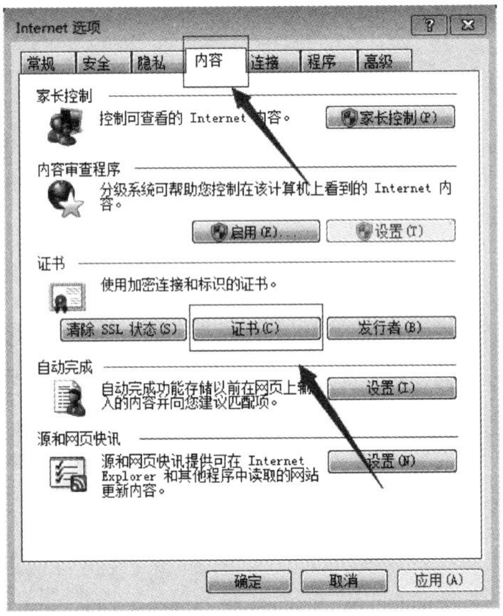

图 5–4–15　证书已被安装

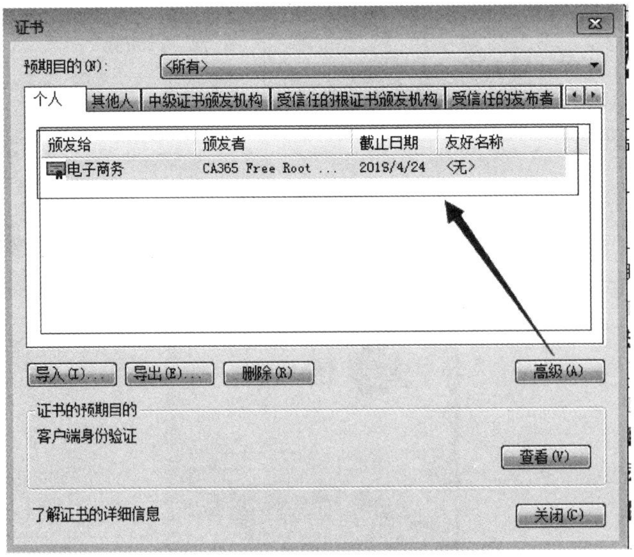

图 5–4–16　查看证书

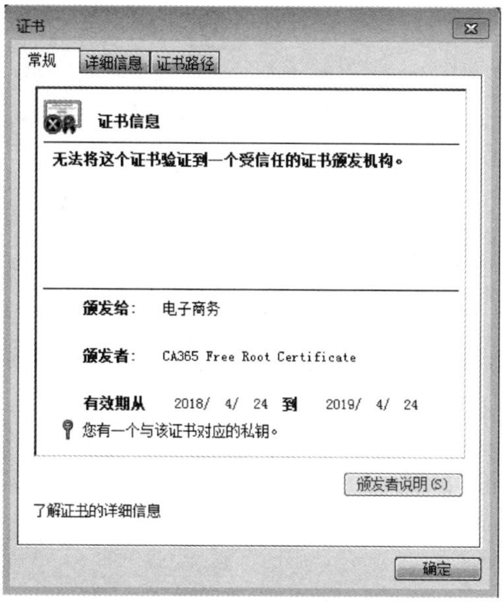

图 5-4-17　证书详情

6. 数字证书的导出和导入

为了保护数字证书及私钥的安全，需要进行证书及私钥的备份工作。如果需要在不同的计算机上使用同一张数字证书或者重新安装计算机系统，就需要重新安装根证书、导入个人证书及私钥。

（1）备份证书和私钥的操作步骤

在图 5-4-18 中选择需要备份的个人数字证书，点击“导出”按钮；出现“证书导出向导”，点击“下一步”按钮；可以选择将私钥跟证书一起导出，选择“是，导出私钥”，点击“下一步”按钮；选择文件导出格式，可以选择默认选项，点击“下一步”按钮；输入并确认保护私钥的密码，点击“下一步”按钮；点击“浏览”按钮确定证书及私钥导出保存的路径和文件名（文件扩展名为 .pfx），点击“下一步”按钮；提示“正在完成证书导出向导”，点击“完成”按钮；提示证书导出成功，按“确定”按钮，证书成功导出。过程如图 5-4-19 ~ 图 5-4-26 所示。

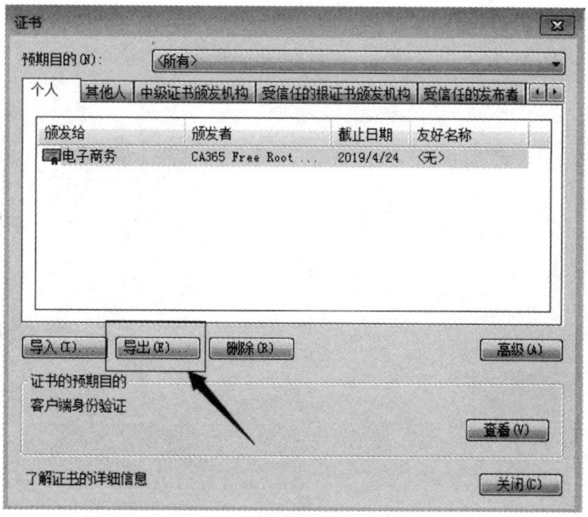

图 5-4-18　选择需备份的证书

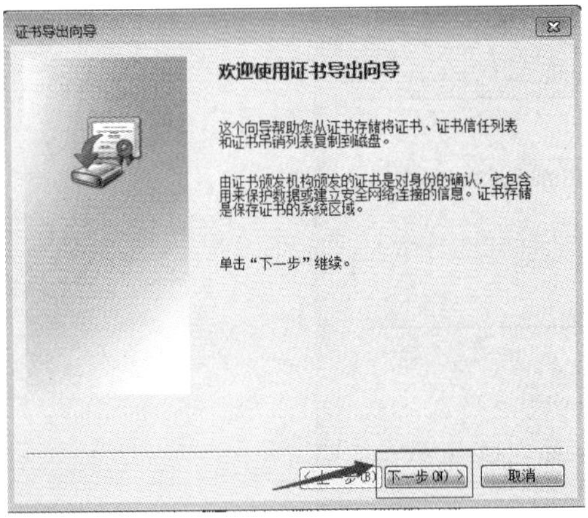

图 5-4-19　证书导出向导

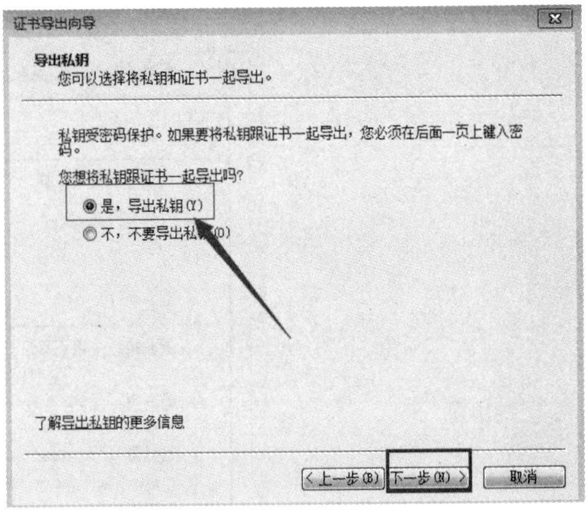

图 5-4-20　与私钥一起导出

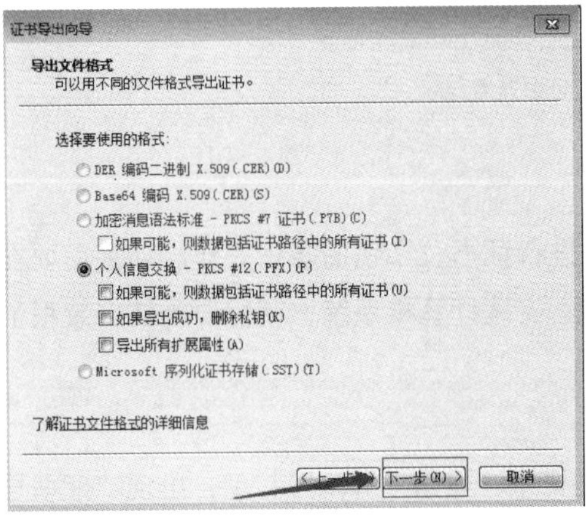

图 5-4-21　导出文件格式

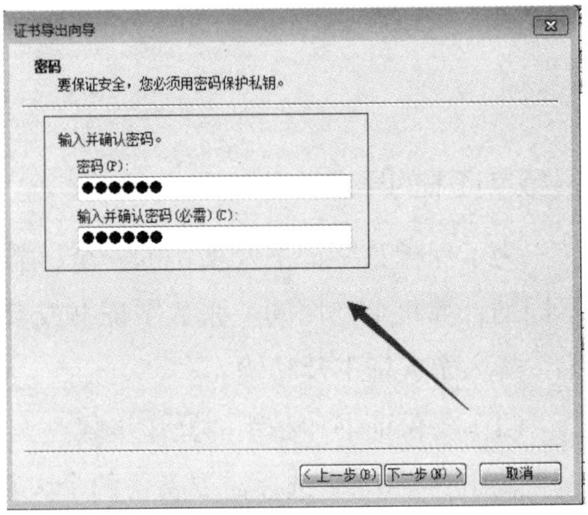

图 5-4-22　输入密码

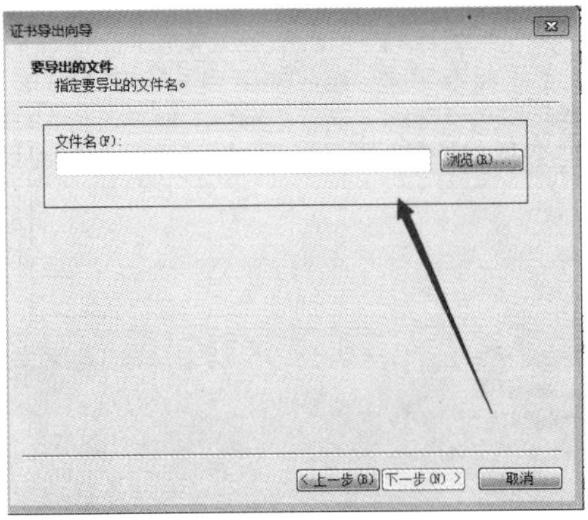

图 5-4-23　指定文件名

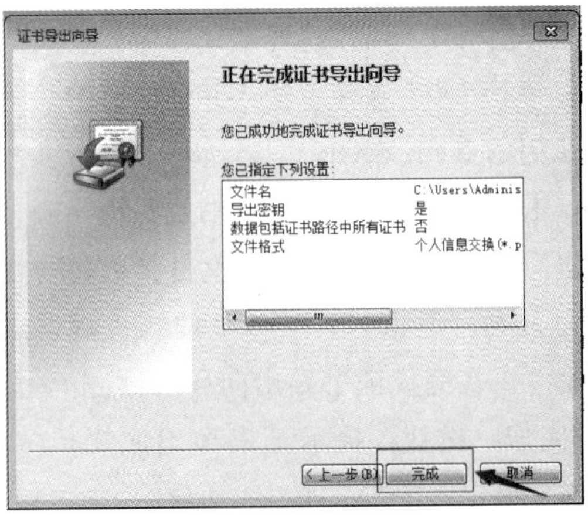

图 5-4-24　完成导出

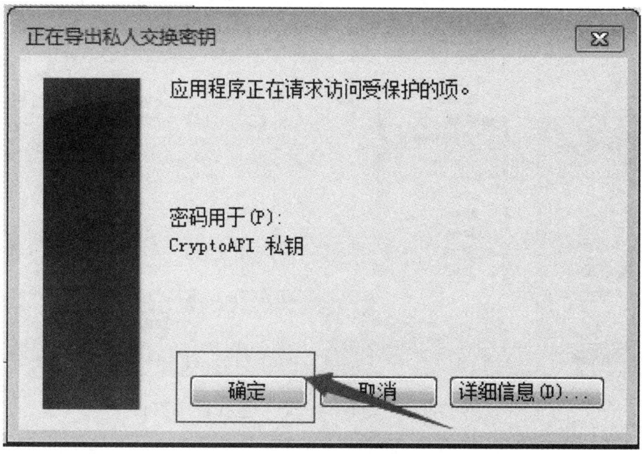

图 5-4-25　正在导出

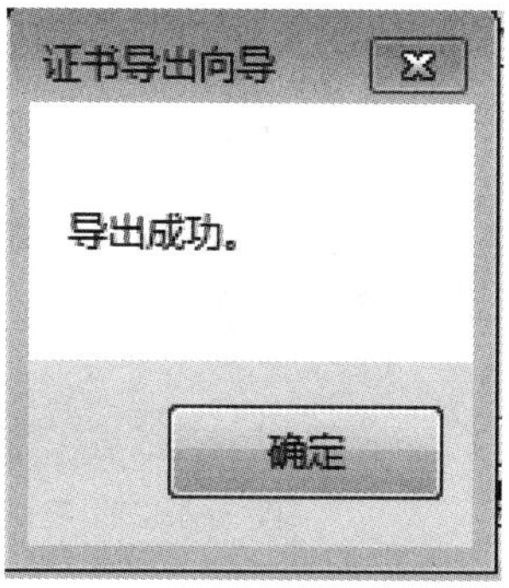

图 5-4-26　导出成功

（2）导入证书及私钥的操作步骤

如果某台计算机系统中没有安装数字证书，可以进入如图 5-4-27 所示对话框，点击“导入”按钮；出现“证书导入向导”，点击“下一步”按钮；点击“浏览”按钮确定证书及私钥文件的保存路径，查找到扩展名为“.pfx”的证书备份文件打开，点击“下一步”按钮；输入保护私钥的密码，选择“启用强私钥保护”，点击“下一步”按钮；选择证书存储区域，点击“下一步”按钮；提示证书导入成功，按“确定”按钮，证书及私钥成功导入。过程如图 5-4-28 ~ 图 5-4-34 所示。

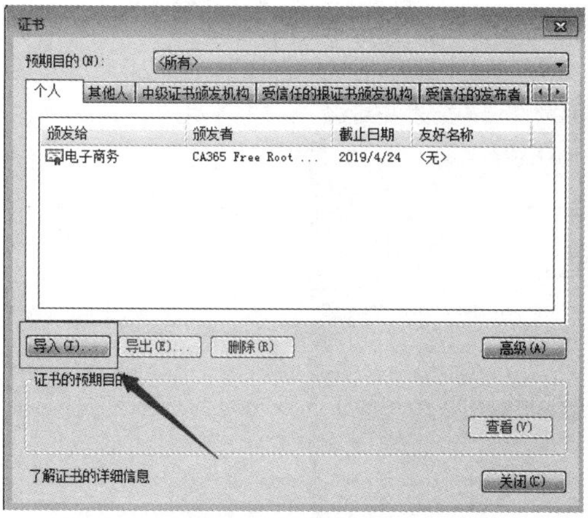

图 5-4-27　导入证书

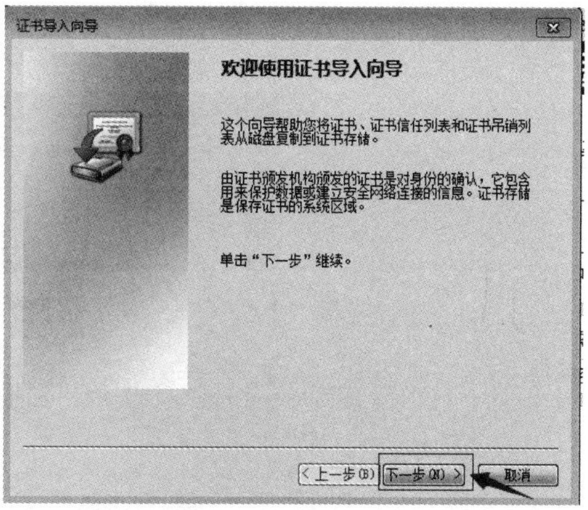

图 5-4-28　证书导入向导

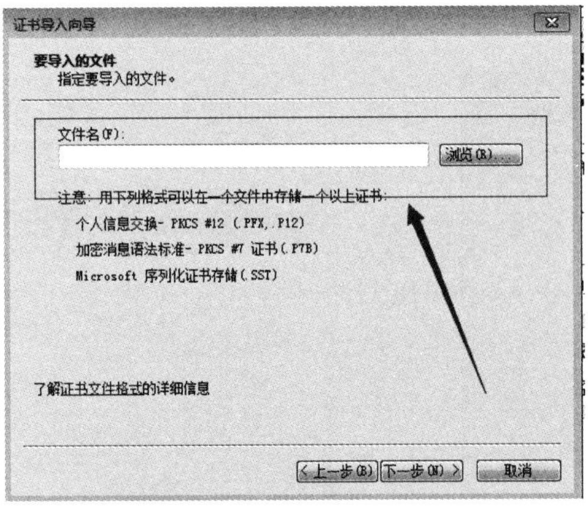

图 5-4-29　确认保存路径

图 5-4-30　查找证书文件

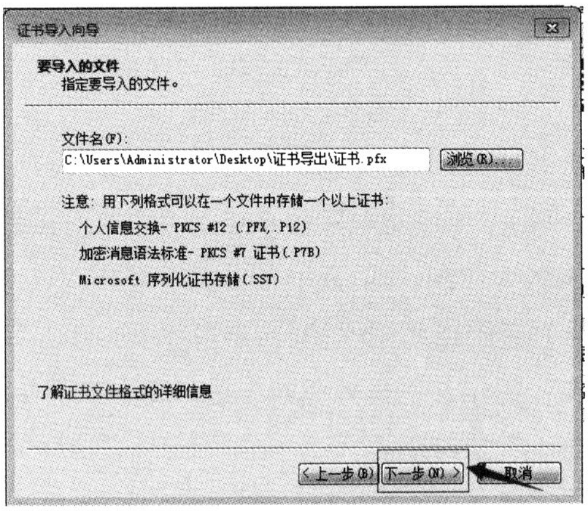

图 5-4-31　确认证书文件

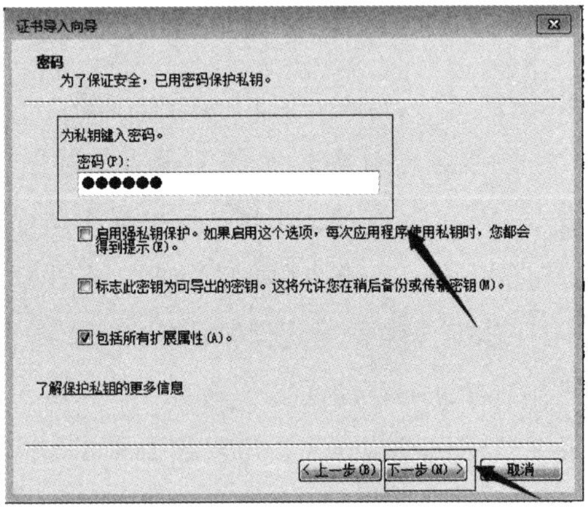

图 5-4-32　输入密码

图 5-4-33　完成导入

图 5-4-34　导入成功

学习单元 2　服务器证书的安装与使用

一、服务器证书服务组件的安装

步骤 1：打开“控制面板”，选择“程序和功能”，点击“打开或关闭 Windows 功能”，如图 5-4-35 所示。

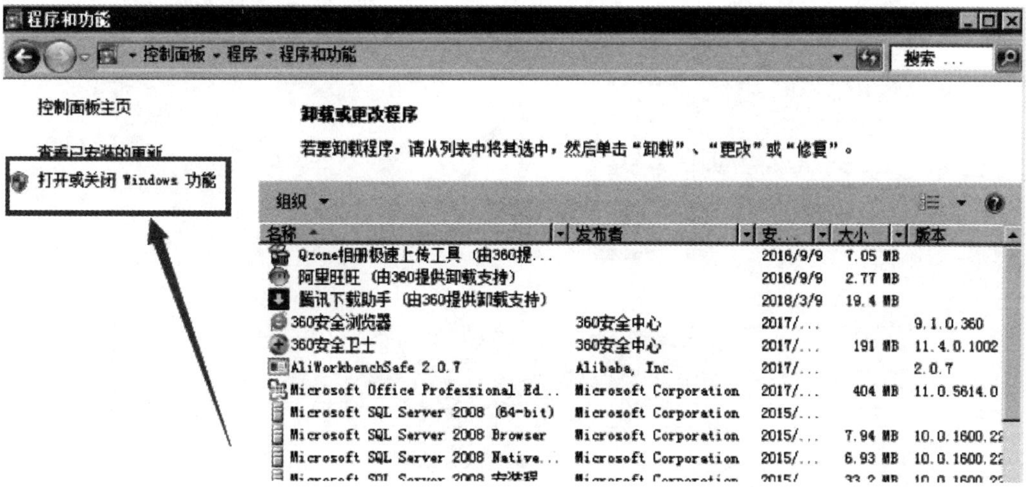

图 5-4-35　打开或关闭 Windows 功能

步骤 2：在“服务器管理器”窗口左侧选择“角色”，右侧选择“添加角色”，如图 5-4-36 所示。

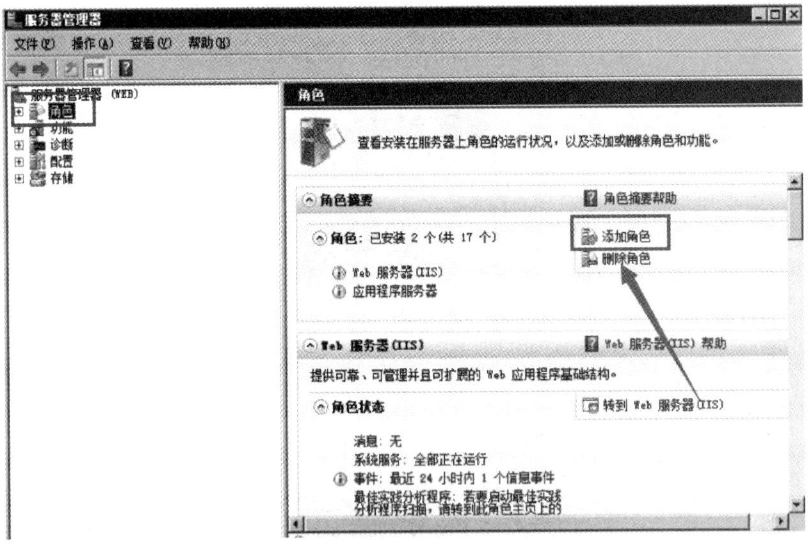

图 5-4-36　添加角色

步骤 3：左侧选择“服务器角色”，勾选“Active Directory 证书服务”，然后点击“下一步”按钮，如图 5-4-37 所示。

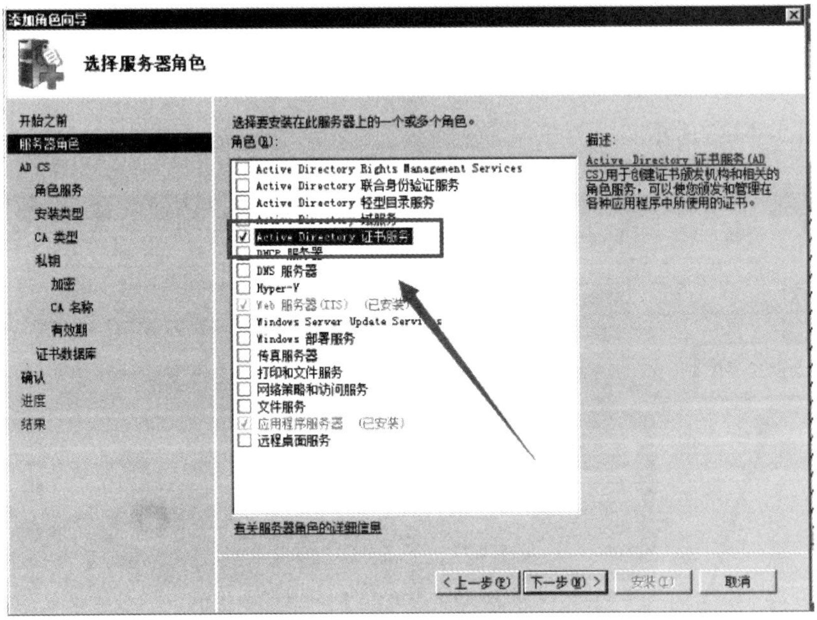

图 5-4-37　选择服务器角色

步骤 4：如图 5-4-38 所示为证书服务简介，点击“下一步”按钮。

步骤 5：勾选“证书颁发机构”和“证书颁发机构 Web 注册”，然后点击“下一步”按钮，如图 5-4-39 所示。

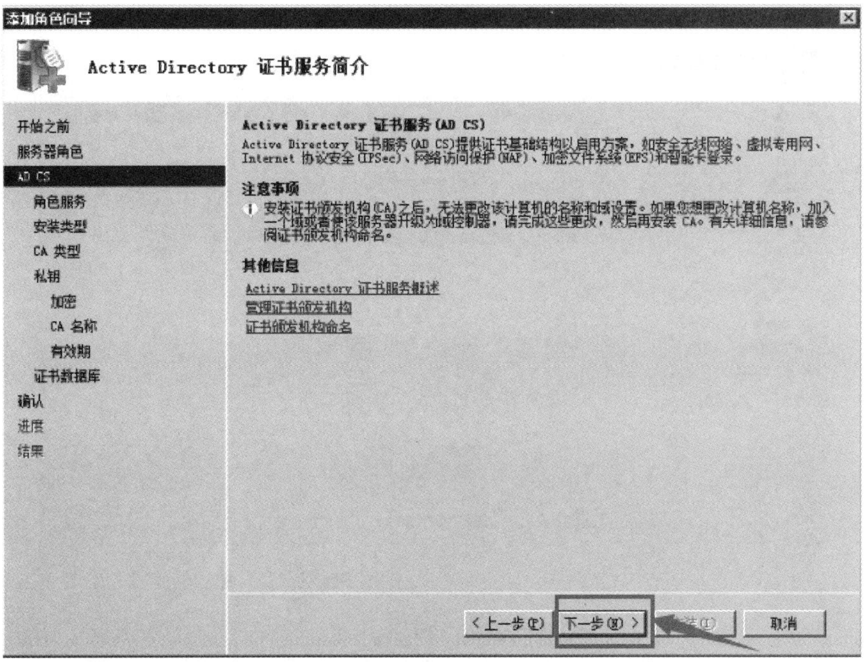

图 5-4-38　证书服务简介

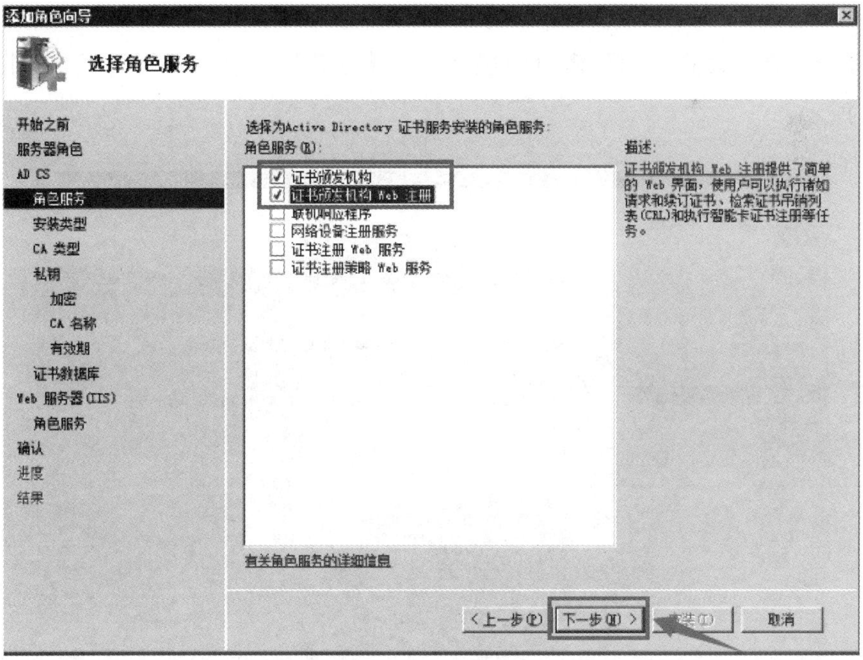

图 5-4-39　选择角色服务

步骤 6：将如图 5-4-40 所示的“指定安装类型”窗口中的“独立”选项改为“企业”，然后点击“下一步”按钮。

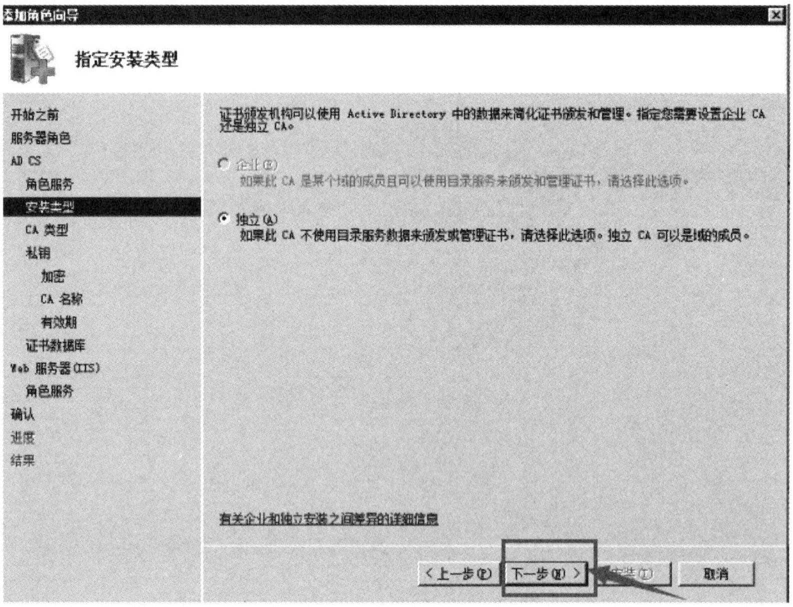

图 5-4-40　指定安装类型

步骤 7：在“指定 CA 类型”窗口中选择“根 CA”，点击“下一步”按钮，如图 5-4-41 所示。

步骤 8：在“设置私钥”窗口中选择“新建私钥”，点击“下一步”按钮，如图 5-4-42 所示。

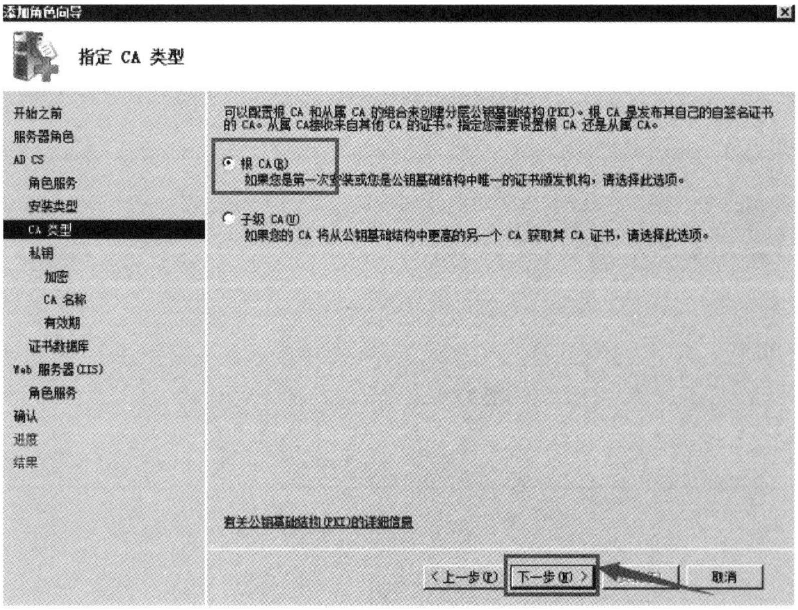

图 5-4-41　指定 CA 类型

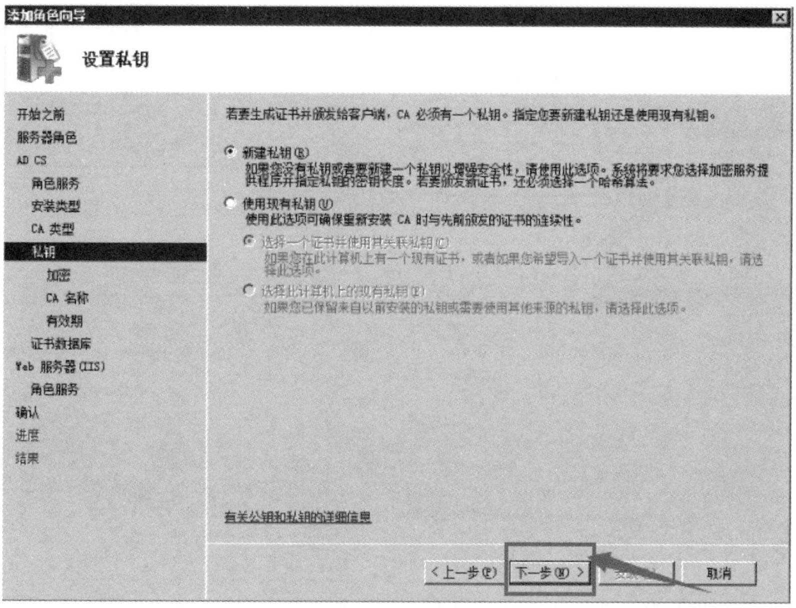

图 5-4-42　设置私钥

步骤 9：在“为 CA 配置加密”窗口中，使用默认的加密服务提供程序、算法和密钥长度，点击“下一步”按钮，如图 5-4-43 所示。

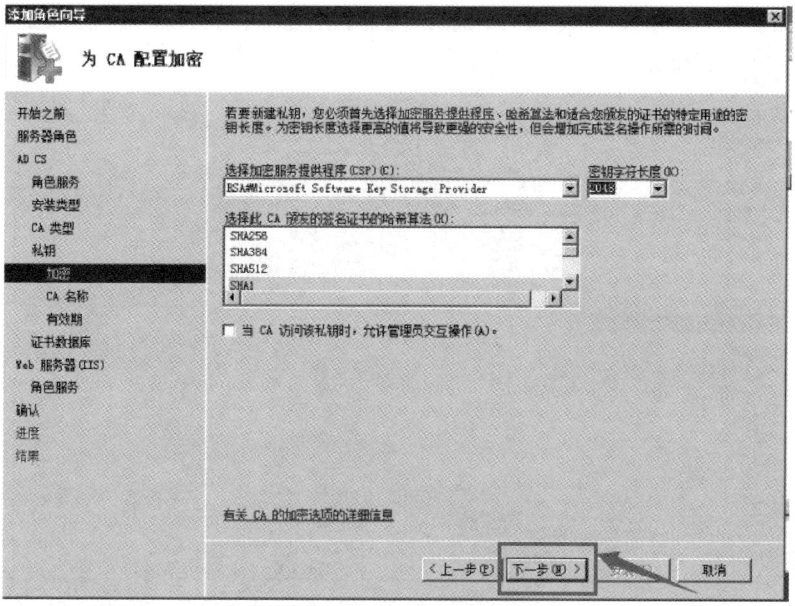

图 5-4-43　为 CA 配置加密

步骤 10：在“配置 CA 名称”窗口中，使用默认的名称，点击“下一步”按钮，如图 5-4-44 所示。

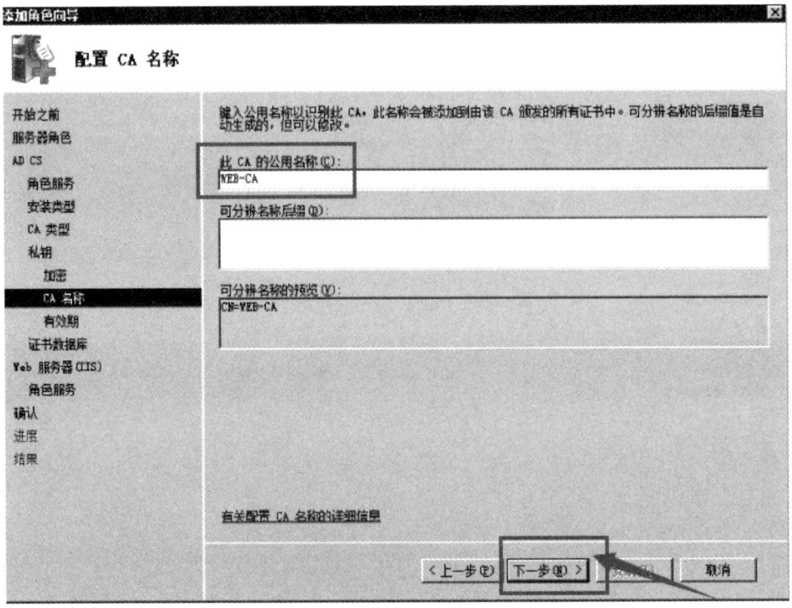

图 5-4-44　配置 CA 名称

步骤 11：在“设置有效期”窗口中，使用默认的 5 年有效期，点击“下一步”按钮，如图 5-4-45 所示。

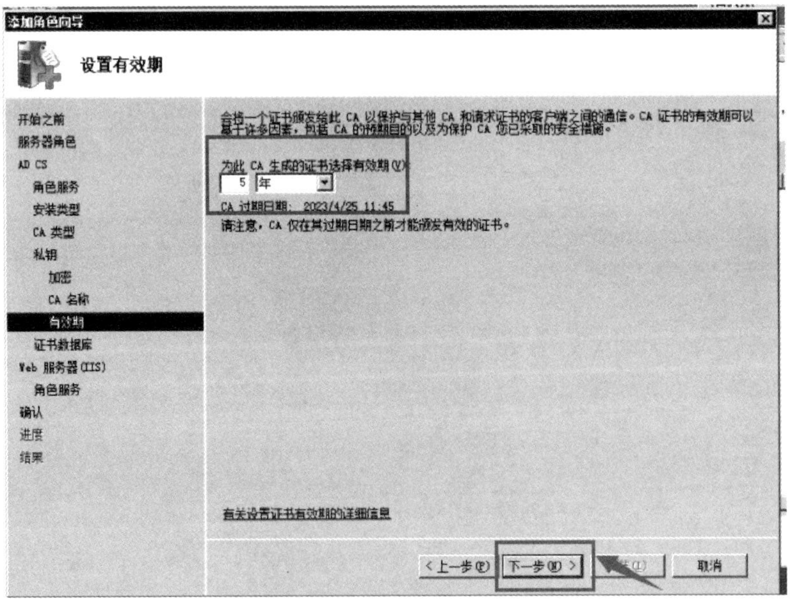

图 5-4-45　设置有效期

步骤 12：在“配置证书数据库”窗口中，使用默认的保存位置，点击“下一步”按钮，如图 5-4-46 所示。

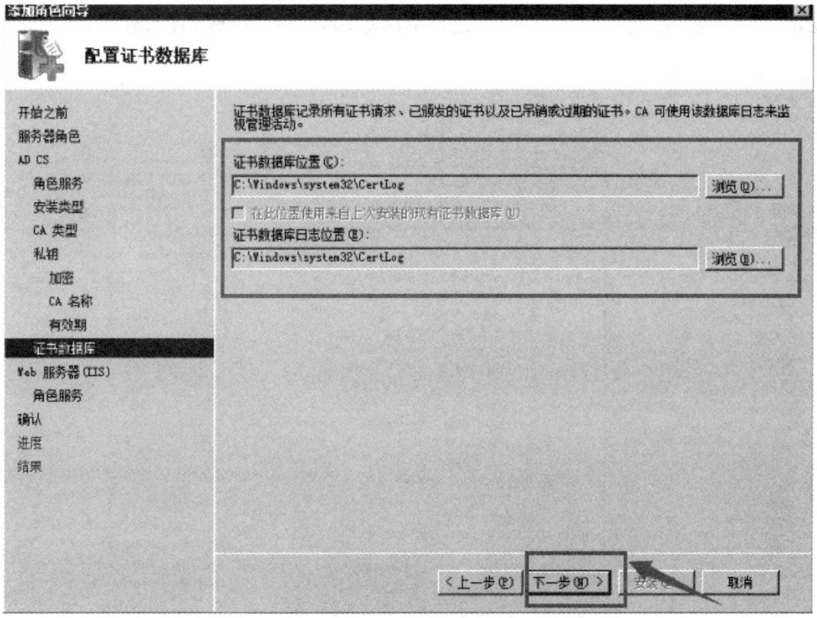

图 5-4-46　配置证书数据库

步骤 13：在“Web 服务器”窗口中点击“下一步”按钮，如图 5-4-47 所示。

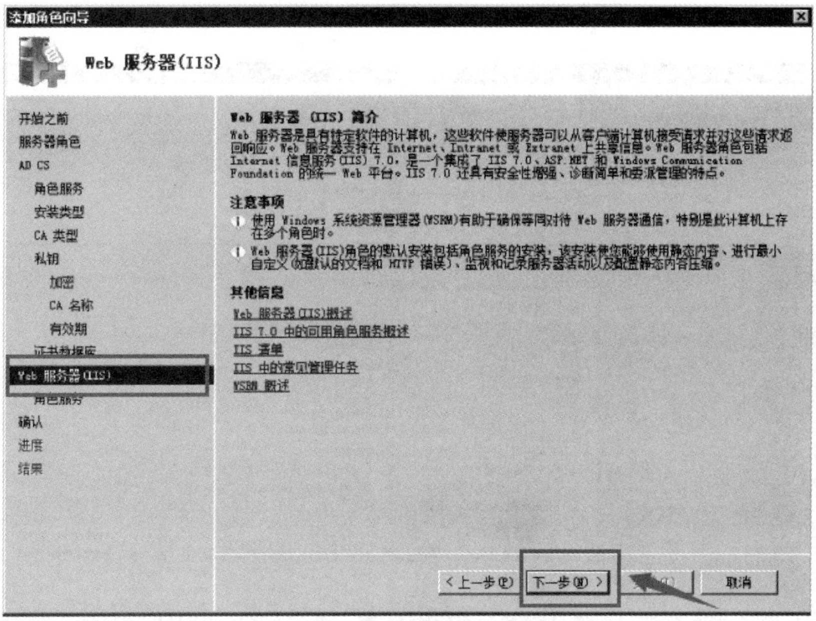

图 5-4-47　Web 服务器

步骤 14：在“选择角色服务”窗口中，使用默认 Web 服务器添加的角色服务，点击“下一步”按钮，如图 5-4-48 所示。

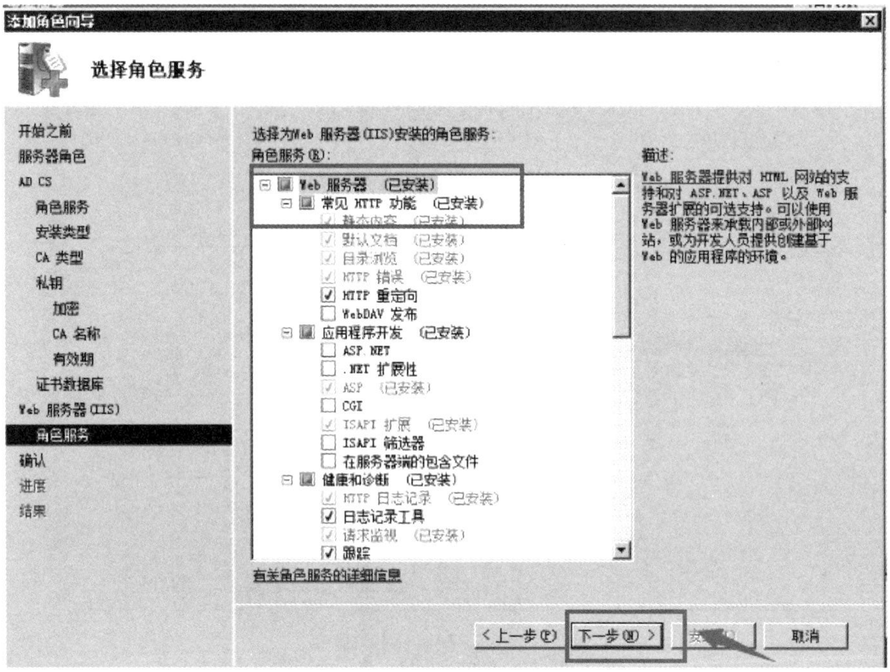

图 5-4-48　选择角色服务

步骤 15：在“确认安装选择”窗口中，点击“安装”按钮，如图 5-4-49 所示。

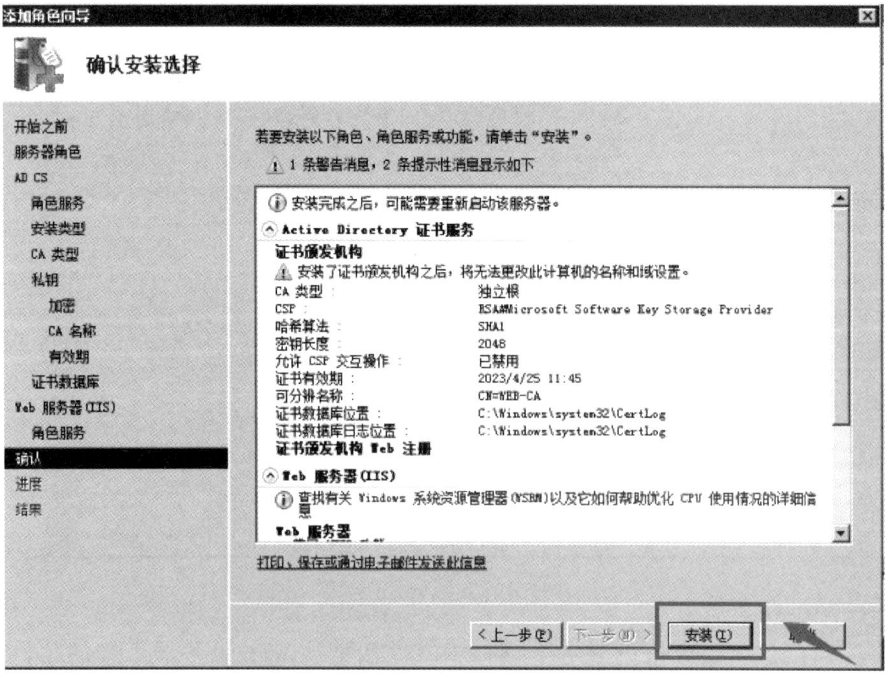

图 5-4-49　确认安装选择

步骤 16：直至安装完成，点击“关闭”，完成添加角色，如图 5-4-50 和图 5-4-51 所示。

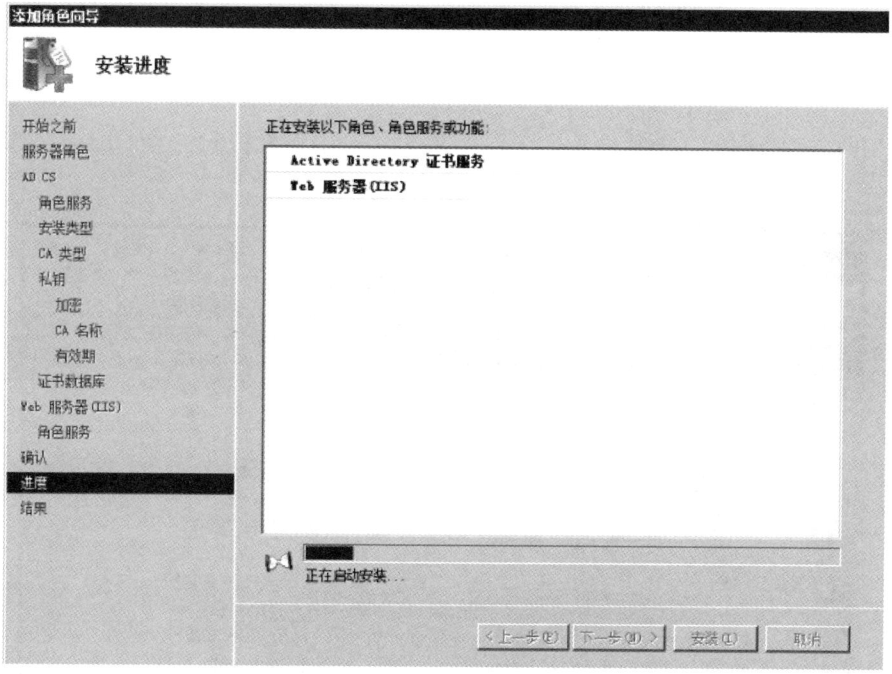

图 5-4-50　安装进度

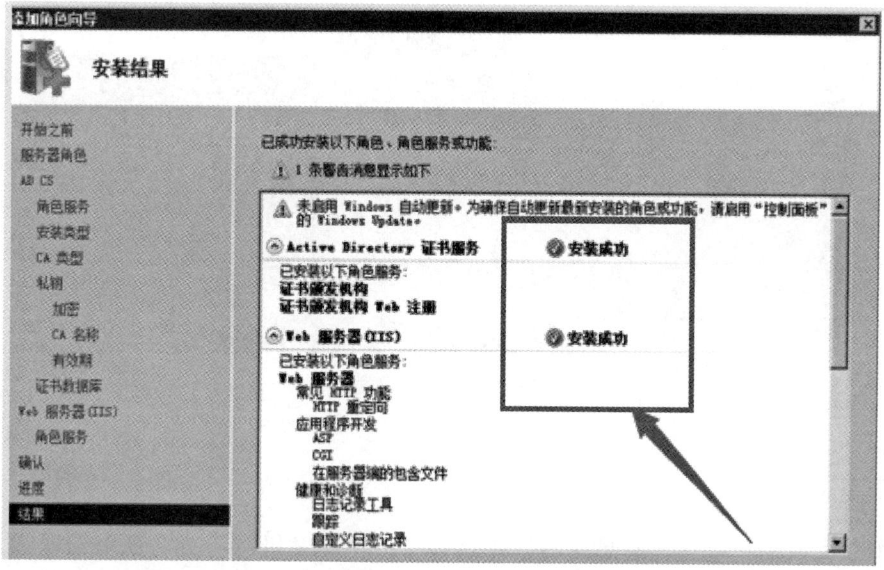

图 5-4-51　安装结果

二、向证书服务器申请证书

1. 证书颁发机构

打开“控制面板”，选择“管理工具”，找到“证书颁发机构”，如图 5–4–52 所示。

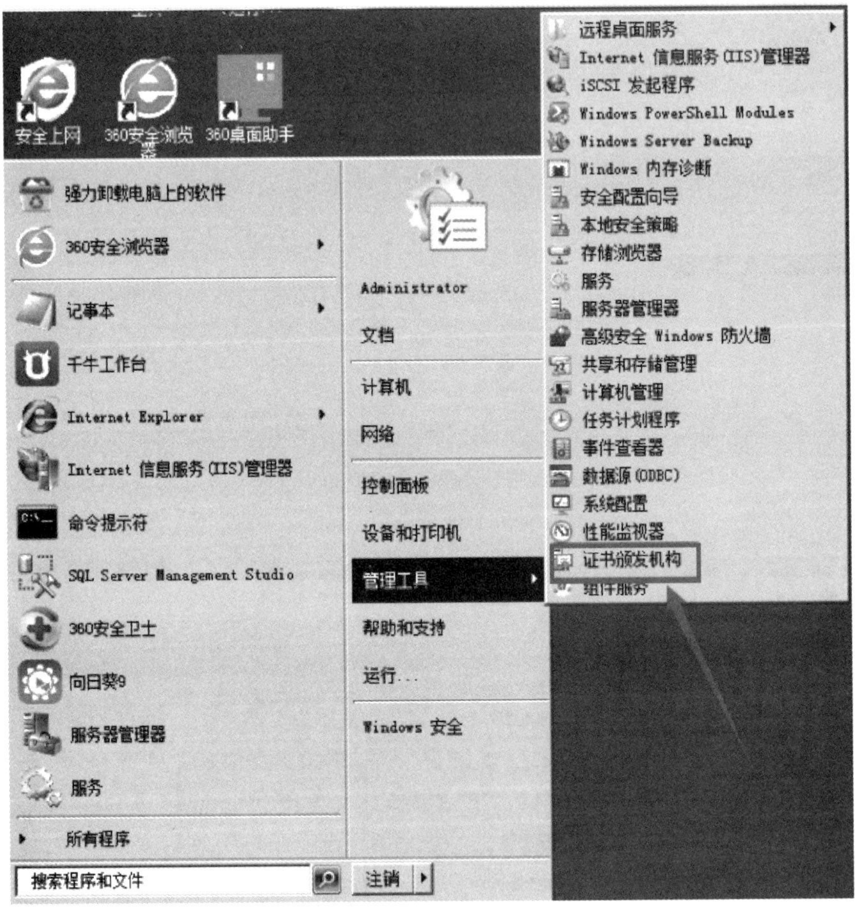

图 5–4–52　证书颁发机构

2. 管理证书颁发

安装完成后可以从“管理工具”中选择“证书颁发机构”打开证书管理器，管理证书的颁发，如图 5–4–53 所示。

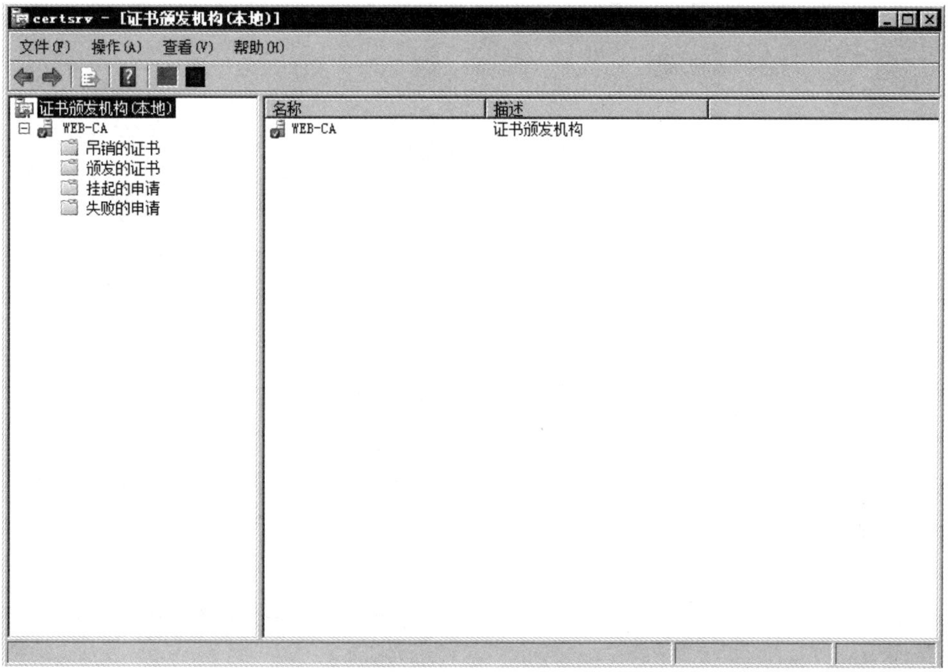

图 5-4-53　证书管理器

3. 向证书服务器申请证书

步骤 1：打开“Internet 信息服务（IIS）管理器”，找到“服务器证书”，点击“创建证书申请”，如图 5-4-54 所示。

步骤 2：在“可分辨名称属性”窗口中按照要求进行输入，“通用名称”建议与准备用这个证书的网站名称一致，填写完成点击“下一步”按钮，如图 5-4-55 所示。

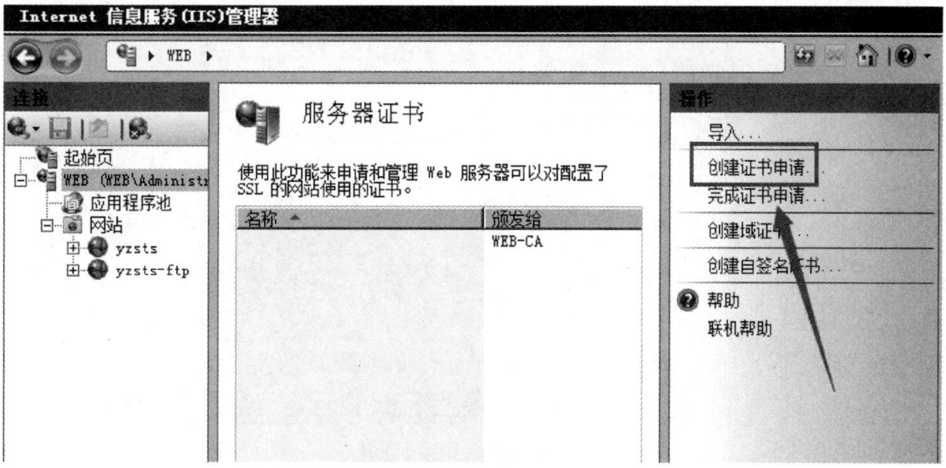

图 5-4-54　创建证书申请

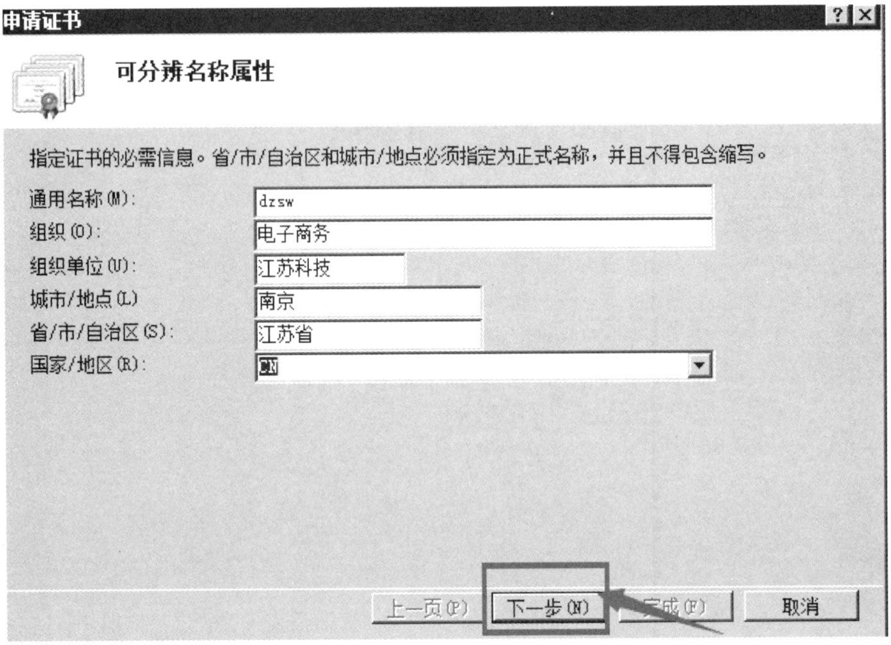

图 5-4-55　填写信息

步骤 3：这里需要为证书指定一个文件名，建立一个 .txt 文件，为方便起见可以将文件设在桌面上，文件名为 1.txt，点击“完成”即可，如图 5-4-56 所示。

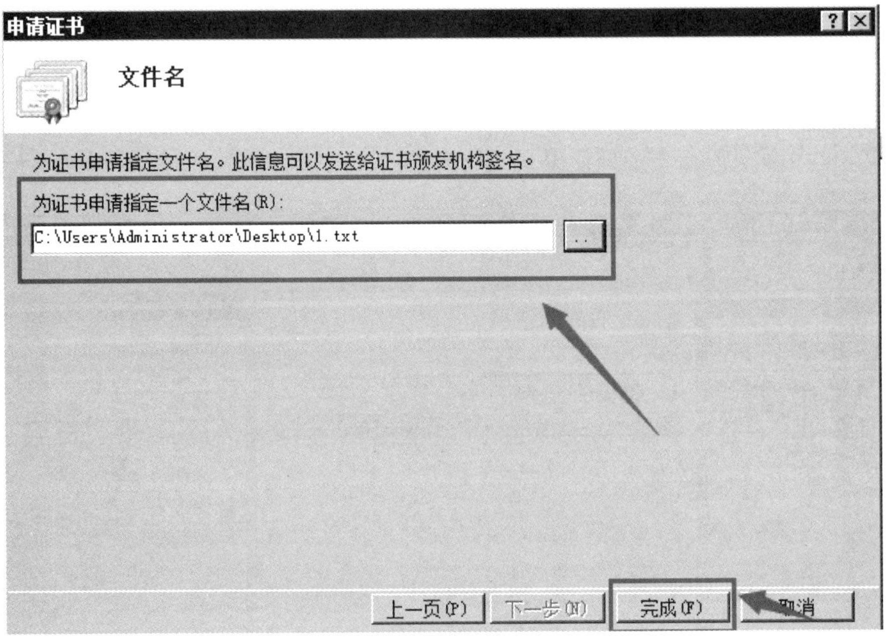

图 5-4-56　指定文件名

步骤 4：进入“管理工具”中的“证书颁发机构”，右击选择“提交一个新的申请”，并导入桌面上的文件 1.txt，如图 5-4-57 和图 5-4-58 所示。

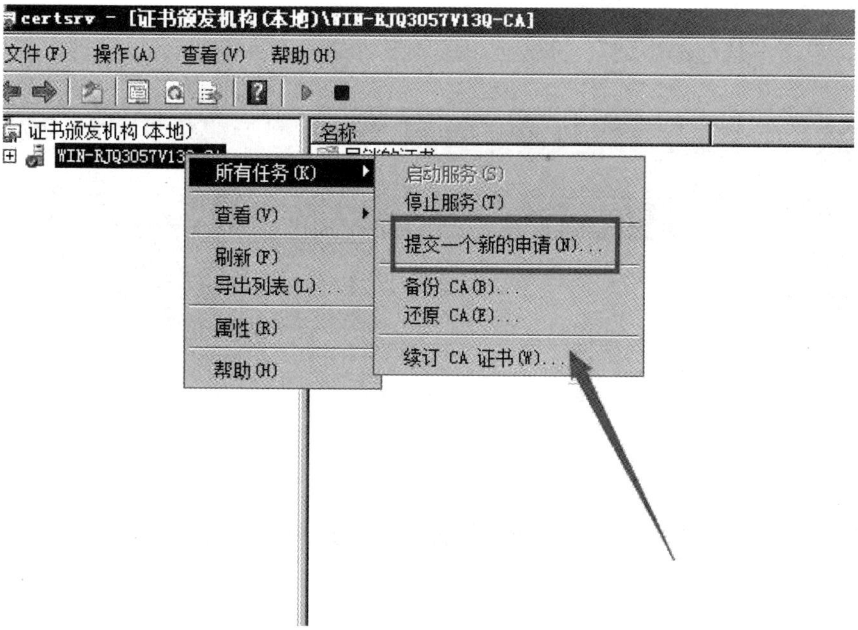

图 5-4-57　提交一个新的申请

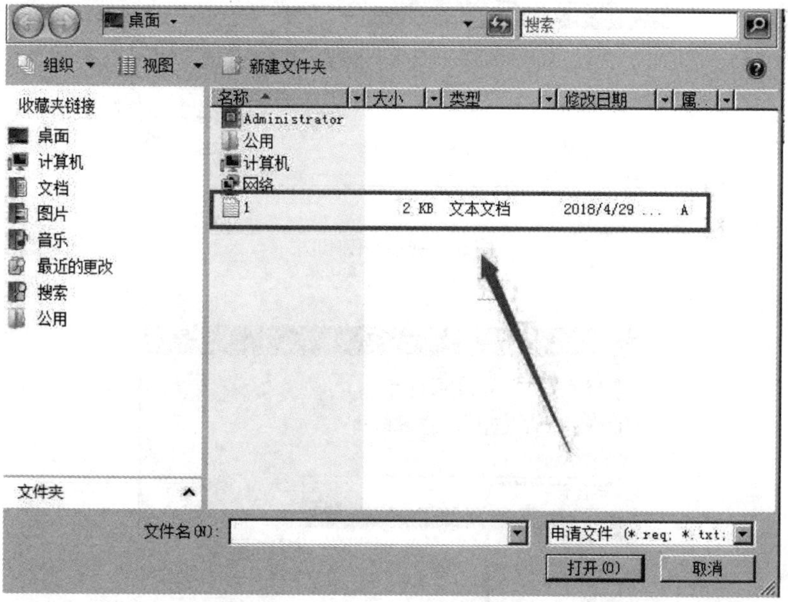

图 5-4-58　导入文件 1.txt

三、证书的颁发与吊销

（1）点击“挂起的申请”，完成证书的颁发，如图 5-4-59 所示。

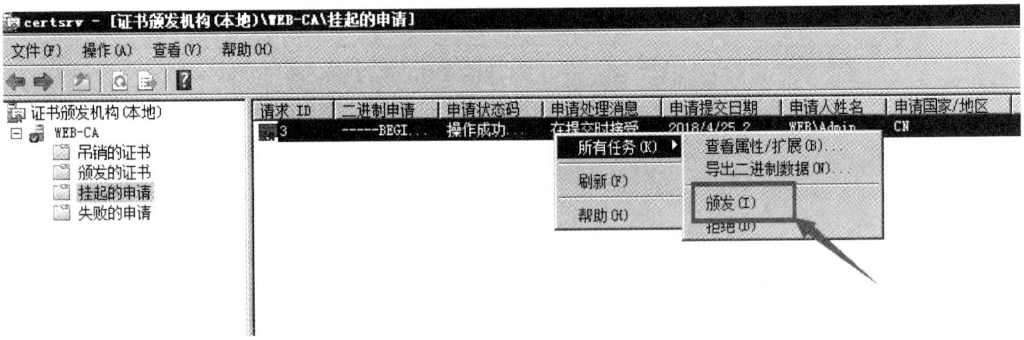

图 5-4-59　颁发证书

（2）点击“颁发的证书”，完成吊销证书，并选择吊销的理由，如图 5-4-60 和图 5-4-61 所示。

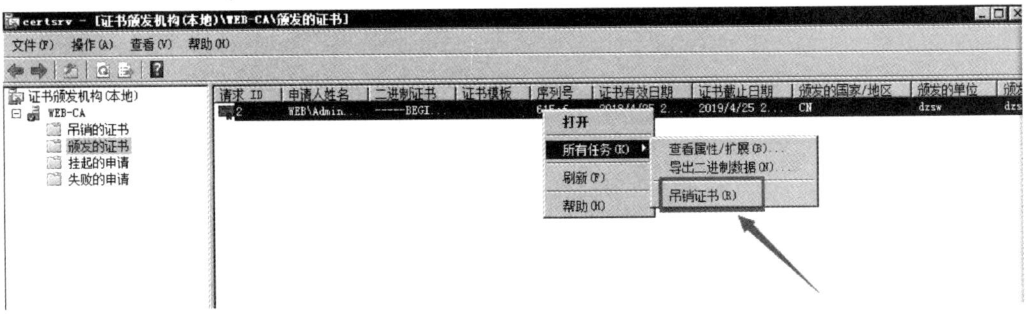

图 5-4-60　吊销证书

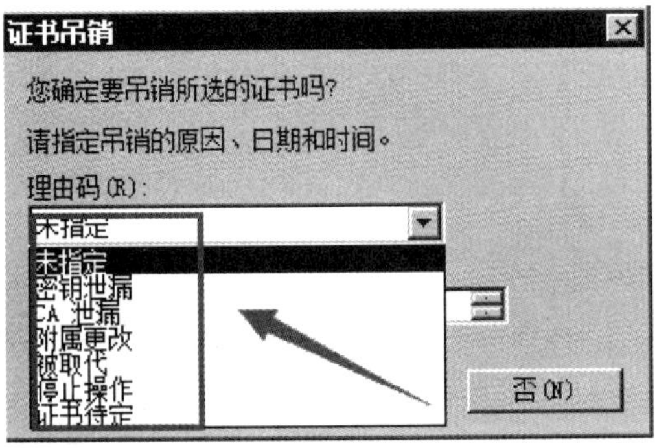

图 5-4-61　选择吊销理由

（3）对于已经吊销的证书，可对其进行解除操作，如图 5-4-62 所示。

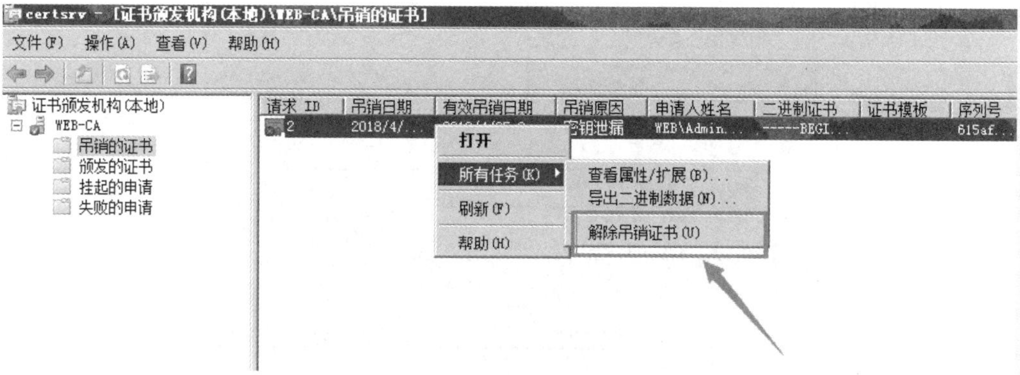

图 5-4-62　解除吊销证书

四、证书的备份与还原

在如图 5-4-63 所示的证书颁发机构界面中，选中要备份的 CA，在其上右击，选择“所有任务”中的“备份 CA”，按照证书颁发机构备份向导提示完成备份，如图 5-4-64～图 5-4-66 所示。

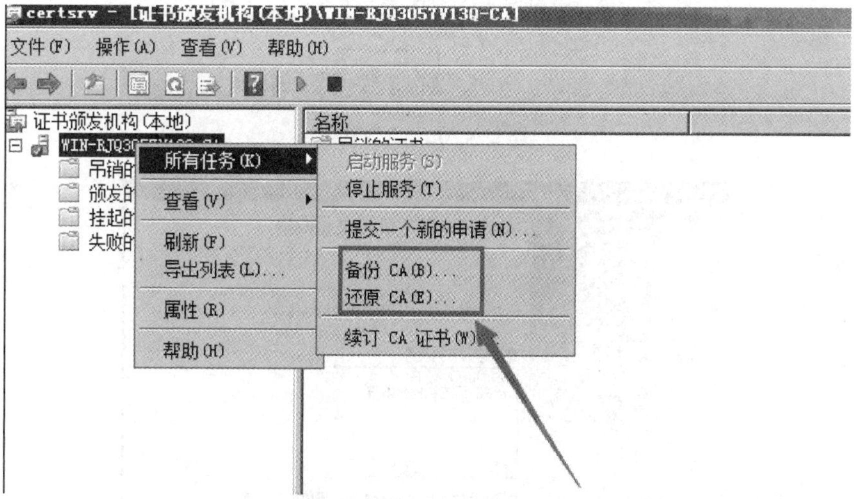

图 5-4-63　选择需备份的 CA

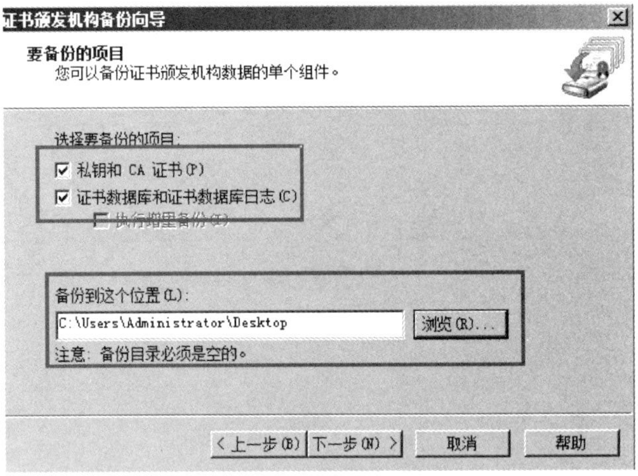

图 5-4-64　备份项目设置

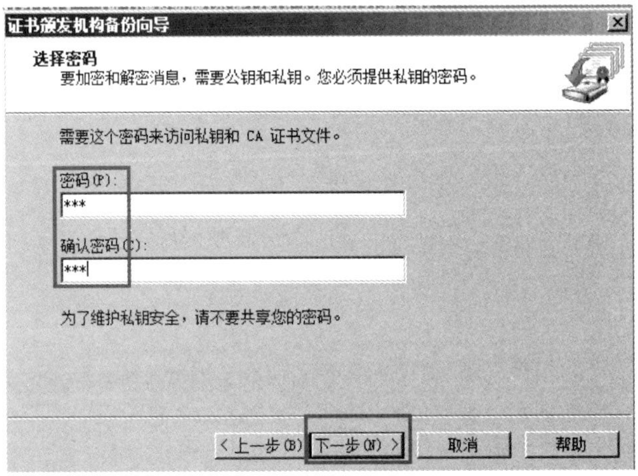

图 5-4-65　选择密码

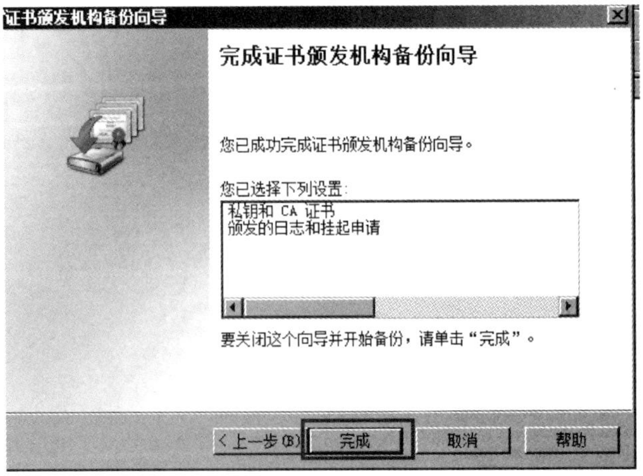

图 5-4-66　完成备份

按照上述方式可以顺利完成证书的备份。如遇特殊情况，需要将备份的证书还原，还原 CA 与备份 CA 的步骤基本相同，但注意要暂时停止证书服务。

目前，要向安装好的 CA 服务器申请证书，有两种方法，以上介绍的是比较简便的、使用证书申请向导完成的申请操作。另一种方法是通过 CA 服务器的网页进行申请，步骤简述如下。

步骤 1：CA 服务器安装好之后，会在 IIS 中建立一个供用户申请证书的网站（该网站位于 IIS 默认网站下的 certsrv 虚拟目录中），该网站相当于 RA，在浏览器中输入“http://localhost/certsrv/default.asp”，就可以打开证书申请网站的首页。

步骤 2：点击“申请一个证书”链接，在证书申请页面中选择“创建并向此 CA 提交一个申请”选项，点击“下一步”按钮，选择“高级证书申请”选项。

步骤 3：CA 收到用户的证书申请后，就可以颁发证书了，颁发证书的方法与通过证书申请向导的方法一致。

步骤 4：证书颁发完成后，还需要将证书下载到本机并安装才能使用。

以上是安装及使用服务器证书的整个过程，目前服务器版本更新，但操作大同小异。

模块6

客户服务

- 课程 6-1　客户服务工作准备
- 课程 6-2　客户接待与沟通
- 课程 6-3　售后服务管理

课程设置

课程	学习单元	课堂学时
6-1　客户服务工作准备	客户服务工作准备	2
6-2　客户接待与沟通	客户接待与沟通	2
6-3　售后服务管理	售后服务管理	2

课程 6-1　客户服务工作准备

学习内容

学习单元	课程内容	培训建议	课堂学时
客户服务工作准备	1）客户服务岗位认知 2）客户服务职业规范 3）客户服务心态准备 4）客户服务岗位知识准备 ①电子商务平台规则 ②产品知识	（1）方法：讲授法、案例教学法 （2）重点与难点：客户服务售前知识、能力准备	2

学习单元　客户服务工作准备

当今的网购市场已经逐渐发展成由买方来主导的趋势。提供优质商品是每个商家的基本义务，但是顾客并不满足于为产品本身买单，他们需要更加完美的购物体验。

一、客户服务岗位认知

客户服务岗位是企业中一个直接与顾客产生相互关系的岗位，代表了企业的对外形象。顾客的购物体验是决定其购买行为的重要因素。在整个网络交易过程中，客户服务人员作为直接通过平台交流软件，为顾客提供服务、解决问题的人员，成为决定顾客购物体验优劣的重要角色之一。

1. 客户服务岗位的工作内容

（1）接待顾客

客户服务人员每天通过常用聊天工具与顾客进行线上沟通，或者通过打电话、发邮件等形式与顾客进行沟通，帮助顾客处理遇到的问题。

（2）销售产品

客户服务人员根据自己掌握的产品知识，结合顾客的自身需求，运用适当的销售技巧，做到成功销售，把对的商品卖给对的人。

（3）解决顾客问题

客户服务人员从专业的角度，为顾客解决商品、物流、支付等在交易过程中遇到的各方面问题。

（4）后台操作

后台操作包括交易管理、商品管理、评价管理、会员关系管理，以及举报投诉等客户服务相关事宜的备注及操作。

（5）顾客信息收集

客户服务人员对顾客的一些特征信息进行收集整理，为店铺的老顾客维护和老顾客营销提供可靠的顾客信息依据。

（6）问题的收集与反馈

客户服务人员对顾客提出的有关产品以及店铺服务等方面的意见和建议进行收集整理，并反馈给相关岗位。

客户服务岗位是关乎顾客购物体验的岗位，客户服务人员要对顾客是否购买到适合自己的商品负责，要对顾客是否能顺利地完成交易负责，要对顾客是否有良好的购物体验负责，还需要对协助其他岗位完成店铺的销售和服务工作负责。

2. 客户服务岗位的重要性

（1）塑造公司形象

在网络购物过程中，顾客只是依据图片和文字描述进行购买，缺乏对实际情况的了解，容易产生距离感和怀疑感。客户服务人员的一个笑脸（旺旺表情符号）或者一声亲切的问候，都能让顾客真实地感觉到他是跟一个善解人意的人在沟通，有助于顾客放弃戒备的心理，树立公司良好形象。

（2）提高成交率

客户服务人员能够在线随时回复顾客的疑问，可以让顾客及时了解需要的内容，确认商品是否与事实相符，打消顾客的顾虑，从而促成交易。

（3）提高顾客回头率

当顾客需要再次购买同样商品的时候，就会倾向于选择他所熟悉和了解的商家。做好客户服务有助于提高顾客的重购率。

（4）更好的用户体验

用户线上购物出现疑惑和问题的时候，客户服务的存在给顾客提供了更好的整体体验。

二、客户服务职业规范

1. 综合素质

（1）要具有“顾客至上”的服务观念

客户服务人员要将“顾客至上”的服务理念始终贯穿于客户服务工作中。

（2）要具有独立处理工作的能力

客户服务人员应能自己妥善地处理客户服务中的棘手问题。

（3）要有对各种问题的分析解决能力

优秀的客户服务人员不但要做好客户服务工作，还要善于思考，提出工作的合理化建议，具有分析解决问题的能力，能够帮助顾客分析解决一些问题。

（4）要有良好的人际沟通能力

良好的人际沟通能让买卖双方的交流变得更顺畅，在销售过程中，良好的沟通是保证交易顺利进行的关键，同时可以提高工作效率。

2. 技能素质

（1）良好的语言表达能力

良好的语言表达能力是实现与顾客沟通的必要技能和技巧。

（2）高超的语言沟通技巧和谈判技巧

优秀的客户服务人员应具备高超的语言沟通技巧及谈判技巧，只有具备这样的素质，才能让顾客接受企业的产品，并在与顾客的价格交锋中取胜。

（3）丰富的行业知识及经验

丰富的行业知识及经验是解决顾客问题的必备武器，不管做哪个行业都需要具备专业知识和经验，能与顾客进行有效沟通，调解矛盾，解决问题。

（4）敏锐的观察力和洞察力

客户服务人员应该具备敏锐的观察力和洞察力，这样才能了解顾客购买心理的变化，进而有针对性地进行引导。

（5）良好的倾听能力

良好的倾听能力是实现沟通的必要保障。与顾客交谈时应"说三分，听七分"，学会倾听，善于倾听，借助目光、体态与顾客互动，互动式倾听有助于进行有效沟通。

三、客户服务心态准备

客户服务人员在工作过程中，要承受各种压力和挫折，没有良好的心态是不行的，客户服务人员应具备以下心理素质和品格素质。

1. 心理素质

电子商务客户服务人员应具备良好的心理素质，具体如下。

（1）"处变不惊"的应变力

应变能力是指对一些突发事件的有效处理的能力。客户服务人员每天都面对着不同的顾客，很多时候顾客会带来一些挑战。例如，零售店里有个顾客来投诉了，情绪不佳，进来就砸柜台。这个时候，有些从来没碰到过这种情况的客户服务人员，可能就被吓到了；而一些有经验的客户服务人员能很稳妥地处理这件事。这就需要具备一定的应变能力，尤其在处理一些恶性投诉时，更要处变不惊。

（2）挫折打击的承受能力

客户服务人员每天都可能被顾客误解，甚至辱骂，必须要有承受能力。有些顾客还会越过客户服务人员直接向其上级主管人员投诉，这些投诉还可能夸大其词。可能这个客户服务人员做得没那么差，但到了顾客嘴里就变得很恶劣，恶劣到应该马上被开除。因此，客户服务人员需要有承受挫折打击的能力。例如，由于计算机故障，一个作家写了一年的存在计算机里的稿子，统统没有了。这个问题可能不是计算机本身的硬件问题，也许是因为顾客接收 E-mail 时感染了病毒，而这台计算机又是由制造商或者供应商负责维修，于是顾客就可能迁怒于客户服务人员。因为他遭受了重大损失，需要一个发泄的渠道。

（3）情绪的自我掌控及调节能力

例如，一个客户服务人员每天要接待 100 个顾客，可能当天被第一个顾客臭骂一顿，因此心情变得不好，情绪很低落。但后面还有 99 个顾客在等着。如何不把不愉快转移给后面的顾客，这就需要控制情绪，调整情绪。因为对于客户服务工作来说，顾客永远是第一位的，客户服务人员要对每一位顾客保持同样的热情度，需要客户服务人员具有良好的自我情绪的掌控和调节能力。

（4）满负荷情感付出的支持能力

满负荷情感付出是指对每一个顾客都提供最好的服务，不能因为今天需要对 100 个人笑，估计笑不了那么长时间，所以一开始要笑得少一点，这样做客户服务是不行的。对待第一个顾客和对待最后一个顾客，同样需要付出非常饱满的热情，顾客不知道客户服务人员之前已经接了 200 个电话，只知道现在接的是他的电话，所以要求客户服务人员具有满负荷情感付出的支持能力。

（5）积极进取、永不言败的良好心态

客户服务人员在工作岗位上，需要不断地调整自己的心态。遇到困难和挫折不能轻言放弃。售后服务经常会接到一些骂人的电话，顾客对商品的不满意，延伸到对客户服务人员的言语冲撞，甚至辱骂。对这种挫折和挑战需要客户服务人员有一个积极进取、永不言败的良好心态。

2. 品格素质

（1）忍耐与宽容

忍耐与宽容是优秀客户服务人员的一种美德，要包容和理解顾客。不同顾客的性格、人生观、价值观不同，要根据不同顾客的需求和喜好提供服务。客户服务人员要有很强的包容心，包容有些顾客的斤斤计较、蛮不讲理。

（2）热爱企业、热爱岗位

一名优秀的客户服务人员应该对其所从事的客户服务岗位充满热爱，忠诚于企业的事业，兢兢业业地做好每件事。

（3）要有谦和的态度

谦和的服务态度是赢得顾客对服务较高满意度的重要保证。

（4）不轻易承诺

客户服务人员必须重视自己的承诺，不能因为需要满足一时的工作需要而随便允诺顾客条件。一旦答应顾客，就应努力做到。

（5）要勇于承担责任

客户服务人员需要经常承担各种各样的责任和失误。出现问题的时候，各部门之间可能会相互推诿。而客户服务是一个企业的服务窗口，要承担整个企业给顾客带来的损失。因此，在客户服务部门，不能说这是别的部门的责任，一切的问题和矛盾都需要客户服务人员化解，要勇于承担责任。

（6）要有强烈的集体荣誉感

客户服务强调的是团队精神，企业的客户服务人员，需要互相帮助，必须要有团队精神。客户服务人员所做的一切不是为了表现自己，而是为了把整个企业的客户服务工作做好。

（7）要有良好的自控力

自控力就是要控制好自己的情绪。客户服务人员要控制好自己的情绪，耐心地解答顾客的问题，有技巧地应对。

四、客户服务岗位知识准备

1. 商品知识方面

一名合格的客户服务人员必须对销售的商品了如指掌，这样才能做到胸有成竹，解释起来更有说服力。

（1）商品的专业知识

客户服务人员必须熟练掌握商品的专业知识，如商品的价格、种类、材质、尺寸、颜色、属性、规格、型号、参数、用途、注意事项、库存等，还需要了解商品的使用、洗涤、保养、修理等方面的知识。

丰富的行业知识及经验是解决顾客问题的必备武器。客户服务人员要学习多方面的专业技能，了解商品相关的背景知识，解释顾客提出的相关问题，更好地为顾客服务。

（2）商品的关联知识

客户服务人员对同类的其他商品也要有基本的了解，这样在顾客提出关于不同类商品差异的问题时，就可以更好地进行解答。不同商品有特定的受众。如化妆品，不同的肤质在选择化妆品上有很大差别。又如玩具，不同年龄层次的儿童适合不同的玩具。再如服装，不同年龄、性格及穿着场合，有各自适合的服装要求。

（3）专业术语

专业术语的使用能加快与顾客的沟通交流，让顾客真正感受到客户服务人员的建议对他有极大帮助，能尽快促成交易，让顾客信服。

2. 网站交易规则方面

（1）一般交易规则

网店客户服务人员应该把自己放在一个商家的角度来了解网店的交易规则，更好地把握自己的交易尺度。有的时候，顾客可能是第一次在网上交易，不知道该如何进行操作，这时，客户服务人员除了要指点顾客去查看网店的交易规则，在一些细节上还需要一步步地指导顾客进行操作。

此外，客户服务人员还要学会查看交易详情，了解如何付款、修改价格、关闭交易、申请退款等。

（2）支付宝等支付网关的流程和规则

客户服务人员应了解支付宝及其他网关交易的原则和时间规则，可以指导顾客通过支付网关完成交易，查看和更改目前的交易状况等。

3. 物流及付款知识方面

（1）付款知识

现在网上交易一般通过支付宝和银行付款方式交易。

（2）物流知识

1）物流及其分类

①邮寄。邮寄分为平邮（国内普通包裹）、快邮（国内快递包裹）和 EMS（全球特快专递）。

②快递。快递分为航空快递包裹和汽运快递包裹。

③货运。货运分为汽运和铁路运输等。

④国际邮包。国际邮包包括空运、水运、陆运。

2）物流的其他信息

①不同物流方式的价格。客户服务人员应了解各种物流方式如何计价及付款方式，进而了解报价的还价空间还有多大等问题。

②不同物流方式的速度。客户服务人员应了解采用各种物流方式到各地的到货时间。

③不同物流方式的联系方式。客户服务人员应在手边准备一份各个物流公司的电话及网址信息，同时了解如何查询各个物流方式的网点情况。

④不同物流方式应如何办理查询。

⑤不同物流方式的包裹撤回、地址更改、状态查询、保价、问题件退回、代收货款、索赔的处理等。

课程 6-2　客户接待与沟通

学习内容

学习单元	课程内容	培训建议	课堂学时
客户接待与沟通	1）迎接问好 ①响应及时 ②积极热情 ③言语适当 2）产品推荐 ①了解需求 ②场景营销 ③费比（FAB）法则 ④关联销售 3）疑问解答 ①价格问题 ②质量问题 ③物流问题 ④售后问题	（1）方法：讲授法、案例教学法、演示法	2

续表

学习单元	课程内容	培训建议	课堂学时
客户接待与沟通	4）促成订单 ①促成交易的技巧 ②催付的原因与方式	（2）重点与难点：客户接待与销售服务的流程	2
	5）订单确认 ①地址确认 ②产品信息确认		
	6）礼貌告别 ①提醒签收注意事项 ②提醒售后解决方式 ③正面评价引导 ④感谢顾客、礼貌告别		

学习单元　客户接待与沟通

客户接待与沟通是在产品交易过程中向顾客提供的服务，如热情地为顾客介绍、展示产品，耐心地帮助顾客挑选商品，解答顾客提出的问题，详细说明产品使用方法等。客户接待与沟通是促进商品成交的核心环节，融洽而自然的销售服务可以有效消除顾客与企业销售、市场和顾客关怀人员间的隔阂，使买卖双方相互信任。

一、迎接问好

1. 响应迅速

熟练的专业技能是客户服务人员的必修课，在客户服务中应做到反应及时、训练有素。顾客首次到访打招呼的回复时间不能超过 10 s；每次回答顾客问题，顾客等待时间不能超过 20 s，如回答内容太多，可分次回答；可以在聊天工具中设置快捷回复，把常用的句子保存起来，在繁忙时快速回复顾客提问。

如图 6-2-1 所示两个对话，左侧卖家回答延误了几分钟，买家就可能找别的卖家咨询，从而使卖家丧失一次可能的成交机会。右侧卖家回答迅速，有效促成了一次交易。

当买家询问卖家是否在线时，客户服务人员可以作答："您好，欢迎光临 ×× 旗舰店，×× 竭诚为您服务！" 或者 "亲，在的，正等您呢！很高兴为您服务！"

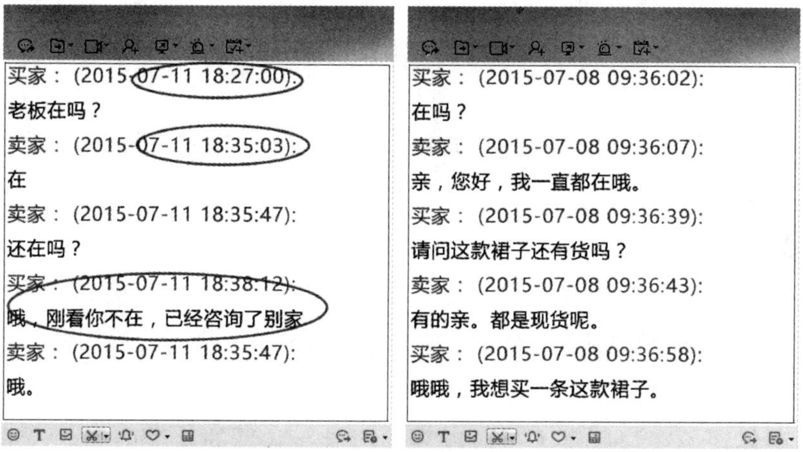

图 6-2-1　迎接问好案例

2. 积极热情

用语规范，礼貌问候，让顾客感觉热情，自然亲切。通常顾客的第一句话是"在吗？"在这种情况下，不要用一个字"在"来回复顾客，否则给人的感觉就是客户服务人员很忙，没空理他。此时，正确的回答应该是"您好，欢迎光临！""在的，亲，有什么可以帮您的？"尽量避免顾客问一句，客户服务人员答一句，客户服务人员说话应多于顾客。

3. 言语适当

客户接待的技巧是细致缜密、认真倾听、热心引导。客户服务人员在解答顾客对产品的疑问时，可以适当引用一些专业性术语、权威性数字等。但在介绍产品时，语言要求通俗易懂，便于顾客理解。例如，少用"我"字，多使用"您"或者"咱们"这样的字眼，让顾客感觉客户服务人员全心全意地为他考虑问题。

小知识：对顾客的称呼可具有个性化。一般店铺称呼顾客为"亲"，母婴店铺可称呼顾客为"宝妈""辣妈"，有些女装店铺会称呼顾客为"公主""女王殿下"，不一样的称呼带给顾客不一样的独特感受，同时加深顾客对店铺及客户服务人员的印象。

4. 服务禁语

为顾客服务的过程中要杜绝使用一些语言，即服务禁语。服务禁语会伤害顾客的感情，影响交易的达成和服务的实现。常见服务禁语如下。

（1）蔑视语

蔑视语体现了对顾客的不尊重，这种语言是需要杜绝的。常见的蔑视语如“我们的商品对你来说太贵了”“买不起就别浪费我的时间”“没见过像你这样讨价还价的”。

（2）烦躁语

烦躁语体现了对顾客缺乏耐心。常见的烦躁语如“不是告诉过你了吗，怎么还不明白，真是麻烦”。

（3）负面语言

负面语言如“不能”“不会”“不愿意”“不可以”。应避免直接冷漠而生硬地拒绝顾客，而应多运用幽默的话语，传递给客户热情和亲切，增添好感，提高交易成功率。

（4）斗气语

斗气语体现了客户服务人员对顾客的刁难。常见的斗气语如“您到底想怎么样”“我就这态度，您能怎么样”。

二、产品推荐

1. 了解需求

（1）观察

观察顾客，迅速识别顾客的层次、素质、需求、喜好等。从顾客个人基本信息获取有效信息，能提高接待沟通效率。

在阿里旺旺的名片功能里，可以查询到比较详细的会员信息，可以看到顾客作为买家获得的评价数和好评率，可以从“信用”里查到该会员较为全面的信用情况，从“活跃”查看该会员最近什么时候登录过淘宝网，还可以看到会员的收藏情况，了解客户的兴趣点在哪，收藏了什么商品和店铺，喜欢谁的博客等。

（2）倾听

听顾客说，必须给顾客表达的时间。通过倾听了解顾客的需求，如顾客对购买产品或服务便利性的需求，对产品或服务价格了解的需求，对物流过程的需求，对企业提供的服务内容和标准的了解需求。因此，要给顾客表达的机会。

（3）询问

不同的顾客，性格类型也不同，客户服务人员要对不同买家做好应对，学会与不同类型顾客进行有效沟通。顾客有很多种，大致可以分成四种类型。

1）干脆型。这类顾客性格比较急切干脆，语速较快，不喜欢在交流上浪费过多时间。

对策：与这类顾客交流要简明扼要，对于产品推荐要简明，回答问题干脆利落，不要含糊其词，不要过多说与产品无关的言语，尽量展现客户服务人员的专业性，从而让顾客产生信赖感。

2）冷漠型。这类顾客在交流中会展现出高高在上的冷漠姿态，在回复时可能会很慢，甚至无视他人的回答。

对策：客户服务人员应拿出专业的态度，以微笑对待，尽量不要抱怨，耐心等待对方回复，可以适当做一些温馨的提示，感化顾客。

3）活泼型。这类顾客比较会与客户服务人员沟通交流，像朋友一样亲切自然，沟通起来格外愉快。

对策：这类顾客更容易与人建立感情，客户服务人员可适当增进与顾客的感情交流，为再次购买做好铺垫。需注意，在客流量较大的情况下不应进行过多闲聊，应保持热情礼貌态度为更多顾客服务。

4）麻烦型。这类顾客要求比较高，较挑剔，对产品或企业信任度不高。

对策：这类顾客需要客户服务人员耐心地为其解答各种各样的问题，包括价格、质量、售后、快递等方面，要耐心、细致、专业、热情地为其服务。

在网络交易中，了解需求不是等待顾客明确告知其需求。在交易过程中顾客往往不愿说出需求或者需求不明确，客户服务人员的处理方式是获取需求和明确需求，常用的方法是提问，由浅入深，开放式提问与封闭式提问相结合，让顾客的需求逐渐明确。

通过观察、倾听、询问，了解顾客的需求，明确自己可以给顾客提供哪些产品和服务，为产品推荐做准备。

2. 场景营销

网络交易无法看到实物，更不能够进行演示，这使得顾客不容易产生较强的画面感和带入感。此时需要客户服务人员通过文字、语言、图片及视频来营造场景画面，场景营销更容易为顾客营造一种身临其境的感觉，便于客户服务人员更好地发挥能力，进行产品推荐。场景营销就是在销售过程中，以情景为背景，以服务为舞台，以商品为道具，通过环境、氛围的营造，使顾客在购买过程中，口、耳、鼻、眼、心同时感受到“情感共振”式的体验，通过情景来引发共鸣，激发顾客的购买欲望，进而促进产品的销售。

场景式营销早已存在于我们的日常生活之中，如房地产开发公司为出售楼房所设计出的“样板房”，不仅直观地向顾客展示楼盘户型结构和使用面积，而且构筑了一个美好的居家环境，从不同方面带给即将入住成为业主的人极大满足感和回归感，在观摩中迅速产生“这就是我家”的购买冲动。又如春节来临之际的商场或超市，通过橱窗、展台的布置营造节日气氛，每一种商品也都配有不同场景，与周围事物和购物环境相互联系。商品与商品、商品与顾客彼此间的映衬、烘托，形成一个和谐喜庆的购物场景。这样的场景帮助顾客寻求完整的内心世界，感受节日欢乐氛围，激发顾客对商品的兴趣，进而产生购买冲动。这是传统典型的场景式营销的两个典型案例，属于现实生活场景中的场景式营销范畴。

微信、微博的盛行让以下情景不再陌生：无意间刷朋友圈，看到好友晒的照片，好友穿的某件衣服、戴的某块手表，触发了自己的购买欲，于是询问好友在哪里买的，好友即刻将链接推送过来，接着打开链接直接下单付款。还有许多商家喜欢转发顾客的买家秀，以此来刺激购买。在这种购买过程中，顾客并不带有目的性，完全是因为看到了某个场景，激起了购买的想法，这就是场景式营销的随时性，完全出乎意料，随时随地都可能发生。

有些时尚网站推出用户可根据不同场景的需要，选择合适的服装搭配，从而对几个品牌进行整合的活动。如分为“浪漫约会”“上班族”“户外生活”“郊外度假”4 大类风格，每类风格中还有更为细分的场景。模特身着与场景相匹配的服饰，让顾客一目了然。

另外，母婴类产品的客户服务人员对产品进行有效回复，可让顾客对产品有初始的认可，同时了解了孩子的成长规律，懂得孩子的饮食、习惯等。在常规交易中，适时给年轻妈妈营造一个宝宝健康成长的场景，可以加速顾客对产品进行最终确认和选择。

网络零售商品陈列是以网页的形式展现的，无法亲眼看到实物是一个限制条件，顾客对商品的第一印象来自商家上传的照片，因此，能营造特定场景的商品图片对于商家来说至关重要。

3. 费比（FAB）法则

一名成熟优秀的在线客户服务人员在交易过程中对 FAB 法则的运用不可或缺。

FAB 法则，F-feature，产品或解决方法的特点及功能；A-advantage，这些特点及功能的优点；B-benefit，因优点而带来的利益。客户服务人员在介绍产品时，应简要地说出产品的特点及功能，避免使用难懂的术语，通过引述其优点及顾客能接受的一般性利益，以对顾客本身有利的优点做总结，让顾客觉得是商家所提供的产品或服务能给他们带来利益，而不是对产品或服务感兴趣而购买。

FAB 法则在销售中起着关键的作用，可以让顾客感受到直观的好处，是最直接、最彻底地打动顾客的方法，让顾客能够真正感受到客户服务人员推荐的产品可以给自己带来帮助。

案例：以冰箱的省电特点作为卖点，按照 FAB 法则的销售技巧可以有如下介绍。

（特点）你好，这款冰箱最大的特点是省电，每天的用电量才 0.35 度（千瓦·时），也就是说 3 天才用 1 度电。

（优势）以前的冰箱每天用电量都在 1 度以上，质量差一点可能每天耗电量达到 2 度。现在的冰箱耗电量设计一般是 1 度左右。你一比较就可以知道这款冰箱一天可以为你省多少钱。

（利益）假如 0.8 元 1 度电，每天可以省 0.5 元，每个月省 15 元，相当于省了手机的月租费了。

（证据）这款冰箱为什么那么省电呢?

（利用说明书）你看它的输入功率是 70 瓦，就相当于一个电灯的功率。这款冰箱用了最好的压缩机、最好的制冷剂、最优化的省电设计，它的输入功率小，所以它省电。

（利用销售记录）这款冰箱销量非常好，你可以看看我们的销售记录。假如合适的话，我就帮你试一台机。

4. 关联销售

有效推荐可以促进店铺提升转化，若想更好地提升客单价、营业额，客户服务人员需要做的是关联销售。关联销售的本质是建立在交易双方互利互益的基础上，将店铺中与顾客所购买产品具有关联性或相关性的产品，销售给顾客，实现售出两件或两件以上的产品。

常用的关联方式有替代式、热销式、延展式、潜在式及互补式 5 种。在店铺中，关联销售最直接的表现方式是搭配套餐，除了搭配套餐外，还有组合赠送、加钱换购等方式。如图 6-2-2 所示，商家在销售手机时，将与手机有关的耳机、手机壳、手机贴膜做了搭配推荐。

图 6-2-2　关联销售案例

三、疑问解答

1. 价格问题

顾客说：太贵了。

对策：一分钱一分货，其实一点也不贵。

（1）比较法。与同类产品比较。如：“×× 牌子的 ×× 钱，这个产品比 ×× 牌子的便宜多啦，质量还比 ×× 牌子的好。”与同价值的其他物品进行比较。如说：“×× 钱现在可以买 a、b、c、d 等几样东西，而这种产品是您目前最需要的，现在买一点都不贵。”

（2）拆散法。将产品的几个组成部件拆开来，一部分一部分地来解说，每一部分都不贵，合起来就更加便宜了。

（3）平均法。将产品价格分摊到每月、每周、每天，尤其对一些高档服装销售最有效。买一般的服装只能穿多少天，而买名牌可以穿多少天，平均到每一天的比较，买名牌显然划算。如说：“这个产品你可以用多少年呢？按 ×× 年计算，有 ×× 月、×× 星期，实际每天的投资是多少，你每天花 ×× 钱就可获得这个产品，值！”

（4）赞美法。通过赞美让顾客不得不为面子而掏腰包。如说：“先生，一看您，就知道平时很注重 ××（如仪表、生活品位等），不会舍不得买这种产品或服务的。”

顾客说：能不能便宜一些。

对策：价格是价值的体现，便宜无好货。

（1）得失法。交易就是一种投资，有得必有失。单纯以价格来进行购买决策是不全面的，只看价格，会忽略品质、服务、产品附加值等。

（2）底牌法。如说：“这个价位是该产品目前在全国最低的价位，您想再低一些，我们实在办不到。”通过亮出底牌，让顾客觉得这种价格在情理之中，买得不亏。

（3）老实法。告诉顾客不要存在侥幸心理，很少有机会花很少钱买到高品质的产品。

顾客说：别的地方更便宜。

对策：服务有价。

（1）分析法。顾客在做购买决策时，通常会考虑三方面因素，一是产品的品质，二是产品的价格，三是产品的售后服务。可以对三方面逐一分析，打消顾客心中的顾虑和疑问。如说：“× × 先生，那可能是真的，毕竟我们都想花最少的钱买最高品质的商品。但我们这里的服务好，可以帮忙进行 × ×，可以提供 × ×，您在别的地方购买，没有这么多服务项目，您还得自己花钱请人来做，这样既耽误您的时间，又没有节省钱。”

（2）转向法。不说自己的优势，转向客观、公正地说其他地方的弱势，并反复不停地说，摧毁顾客的心理防线。

（3）提醒法。提醒顾客假货泛滥，不要贪图便宜而得不偿失。

2. 质量问题

在网络交易中，一些店铺的详情页会有产品真伪的对比图，有些店铺会将授权信息陈列在详情页中，这些信息是消除顾客对产品质量疑虑的好办法。在线客户服务人员可以对产品说明部分的文件信息进行展示，如使用正规的产品进货证明、产品授权书、质检报告、试用报告等来说服顾客。如顾客对产品品质还存在疑虑，客户服务人员可以通过展示店铺中的实物照片，提供更多细节内容来消除顾客的疑虑，以便顾客更快对产品产生信任。消费者保障服务即完善的售后机制，也可以作为对产品质量的保障。例如：

“关于质量问题您可以放心。我们的每一步生产工序都有专门的 QC 做严格的品质监控，每一件货品都经过检验，绝对不会将有质量问题的货品上架。您在使用过程中，出现任何疑问，请及时联系我们。”

3. 物流问题

（1）原因分析

物流问题是店铺自身无法控制的，以下原因可能导致物流问题。

1）物流或快递网络不发达，导致线路规划不合理。例如，从上海到天津的包裹，有可能要先从上海到北京进行分拣，然后再发往天津，客户服务人员要有预见性。

2）分拣错误。由于错误分拣，包裹被运输到了另一个城市，然后又退回重新转运。

3）天气及其他不可抗因素。

（2）解决方法

当发生物流问题时，客户服务人员应该做到耐心引导，在引导的过程中，也需要站在顾客的角度，而不是一味地将责任推到物流上，否则会使顾客反感。

顾客在咨询快递问题时，客户服务人员应注意，商家所选的快递到货时间是否会耽误顾客的正常使用。客户服务人员可以了解顾客希望的到货时间，然后告知快递时效，让顾客放心。

客户服务人员在聊天时要了解顾客对快递的要求，了解情况后对订单进行备注。例如：

“亲，为了让您尽快收到宝贝，并为了保证宝贝在运输过程中的安全，我们默认使用发货速度最快的 ×× 快递，如果 ×× 快递不到的地方则使用 EMS 邮政速递。亲那边 ×× 快递到吗？”

“亲，我们一般每天 4 点前完成支付的订单，当天可以发货，4 点之后就要第二天发货了哦！”

4. 售后问题

售后服务机制同样可以消除顾客疑虑，除了消费者保障服务的基本服务及国家三包服务外，部分商家还开通了“7 天无理由退换货”“免费换新”“破损补寄”等。

知识链接

“7 天无理由退换货”指商家向其买家提供的特别售后服务，允许买家按规则或规定对其已购特定商品进行退换货。

（1）买家在收到货品后因不满意货品希望退换货。

（2）因质量问题产生的退换货，所有邮费必须由商家承担，7 天内无理由退换货质量问题的界定为货品破损或残缺。

（3）退换货要求具备商品收到时完整的外包装、配件、吊牌等，购买物品被洗过、人为破坏或吊牌拆掉的不予退换，所有预定或订制特殊尺码的不予退换。

（4）非商品质量问题的退换货，应由买家承担往返运费，如果是包邮产品因买家个人喜好或个人原因导致的退货，如颜色不喜欢、尺码不合适等，则商家无须承担来回运费，商家仅需承担初次邮寄给买家的运费即可。

从 2014 年 3 月 15 日施行的《中华人民共和国消费者权益保护法》（以下简称《消费者权益保护法》）给了网购消费者“7 天无理由退换货”的权利。2015 年 3 月 15 日实施的《侵害消费者权益行为处罚办法》（以下简称《办法》）又将这一权利进行了升级。

《办法》规定，经营者采用网络、电视、电话、邮购等方式销售商品，应当依照法律规定承担无理由退货义务，不得故意拖延或者无理拒绝。经营者有下列情形之一并超过十五日的，视为故意拖延或者无理拒绝：对于适用无理由退货的商品，自收到消费者退货要求之日起未办理退货手续；未经消费者确认，以自行规定该商品不适用无理由退货为由拒绝退货；以消费者已拆封、查验影响商品完好为由拒绝退货；自收到退回商品之日起无正当理由未返还消费者支付的商品价款。

经营者违反上述规定的，将依照《消费者权益保护法》，根据情节单处或者并处警告、没收违法所得、处以违法所得一倍以上十倍以下的罚款；没有违法所得的，处以五十万元以下的罚款。也就是说，网购来的商品即使已经拆封，也照样可以无理由退货。

四、促成订单

1. 促成交易的技巧

要想提高客户服务人员水平，其中一个重要环节就是要学会促成交易，说服顾客下单。促成交易的技巧有很多，以下几点是客户服务人员经常用到的。

（1）利用“怕买不到”的心理

人们通常有越是得不到、买不到的东西，就越想得到它、买到它的心理。当顾客已经有比较明显的购买意向，但还在犹豫的时候，可以用下列方法促成交易。

“这款是我们最畅销的了，经常脱销，现在这批又只剩两个了，喜欢的话不要错过哦！”

“今天是优惠价的截止日，请把握良机，明天你就享受不到这种折扣了。”

（2）利用顾客希望快点拿到商品的心理

大多数顾客希望在付款后越快得到商品越好，在顾客已有购买意向，但还在最后犹豫时可以运用下列方法：

“如果真的喜欢的话就赶紧拍下吧，快递公司的人再过 10 分钟就要来了，如果现在支付的话，马上就能为您寄出了。”

（3）提供二选一选择，促成交易

当顾客一再出现购买信号，却又犹豫拿不定主意时，可采用“二选其一”的技巧促成交易。例如：

“请问您需要第 14 款还是第 6 款？”

“请问是平邮给您还是快递给您？”

这种封闭式提问技巧，只要顾客选中一个，就是下定决心购买了。

（4）帮助准顾客挑选，促成交易

许多顾客即使有购买意向，也不喜欢迅速下单，总要东挑西拣，在商品颜色、规格、式样上不停打转。这时客户服务人员应暂时不谈订单问题，而应热情地帮对方挑选颜色、规格、式样等，一旦问题解决，订单也就完成了。

（5）巧妙提问，促成订单

通过提问引导顾客思考，当顾客问到的某种产品正好缺货时，可以运用提问促成订单。但是使用时应当已经获得顾客的认可，否则适得其反。例如：

“不好意思，您问的金色暂时缺货，不过我们有黑色、紫色、蓝色的，这几种颜色里，您比较喜欢哪一种呢？”

（6）积极推荐，促成交易

当顾客拿不定主意，需要客户服务人员推荐的时候，尽可能多地推荐符合其要求的款式，在链接后附上推荐的理由，而不要找到一个推荐一个。例如：

“这款是刚到的新款，目前市面上还很少见。”

“这款是我们最受欢迎的款式之一。”

2. 催付的原因与方式

催付是指顾客拍下商品后没有付款，在线客户服务人员引导顾客付款的行为。做好催付工作，可以大大地减少订单的流失。

（1）原因分析

顾客在拍下商品后未付款的原因，可能是顾客遇到了问题，需要在线客户服务人员通过与顾客沟通来解决问题。未付款的原因分为客观原因和主观原因。

1）客观原因

①操作不熟。在线客户服务人员可能会遇到一些新手顾客，对购物流程不熟悉，在第一次支付时，会遇到各种问题，如插件下载不了、密码混淆等。有些顾客会主动求助，而有些顾客就不了了之，导致订单最终支付失败。

②余额不足。当顾客说余额不足，不能付款时，客户服务人员可以建议顾客使用其他支付方式，如银行卡支付、信用卡支付，淘宝网可以建议顾客使用蚂蚁花呗支付，京东可以建议顾客选择京东白条支付等。

知识链接

蚂蚁花呗是由蚂蚁金服提供给消费者“这月买、下月还”的网购服务，可以提前免费使用消费额度购物，达到具体的订单金额要求后还可以选择分期还款。商家为了吸引买家购物，会设置相应分期期数，手续费由商家承担，这样买家不但可以使用蚂蚁花呗分期支付，还免去了分期手续费的支出。

京东白条是京东推出的一种“先消费，后付款”的全新支付方式，在京东网站使用白条进行付款，可以享有最长 30 天的延后付款期或最长 24 期的分期付款方式，是业内一款互联网消费金融产品。“白条”的用户定位为“奋斗的年轻人”，提倡“年轻不留白”的价值主张，旨在满足用户在不同人生阶段和不同场景下的需求。“白条”还打通了京东体系内的 O2O（京东到家）、全球购、产品众筹，后来又逐步覆盖了租房、旅游、装修、教育、婚庆等领域，从赊购服务延伸到提供信用消费贷款，覆盖更多消费场景，为更多消费者提供信用消费服务。

2）主观原因。常见的主观原因有三类：第一类是顾客和客户服务人员对商品的价格无法达到一个统一值，顾客对商品价格不认可导致最终交易无法完成；第二类是顾客对商品持有怀疑态度，对商品不信任导致不敢购买；第三类也是很常见的，就是跟其他家做对比，哪家最有优势就买哪家的商品。

除了以上原因外，还会有其他原因，如拍错了，拍下后商品价格或者运费需要改价，拍下后忘记了等，不管什么原因，在线客户服务人员都应想办法帮顾客解决这些问题。

（2）催付方式

1）客户服务人员可以查看聊天记录发现未付款的原因，如果能找到原因，就对这个原因做出反应。如从聊天记录中可以看出顾客说稍后付款，这种情况属于顾客忘记了，此时客户服务人员要做的就是提醒顾客。

2）对于聊天记录中找不到答案或者是静默下单的顾客，客户服务人员可以用主动询问的方式找到未付款的原因。主动沟通的第一句话有很大讲究，如说：“您好，您在我们店铺拍下的商品，还没有付款呢，请您尽快付款哦。”或者说：“您好，您在我们店铺购买的商品还没有付款，是什么原因呢？”这样说效果是不好的，顾客很可能不理会客户服务人员。此时可以用到一些小技巧。

①制造紧迫感。可以用库存告急促使买家付款，如说："恭喜亲抢到了我们家的宝贝，但是您选的这款现在库存不多了，亲要是不付款的话，宝贝很可能会被别人抢走了哦。"另外，还可以用活动截止时间提醒顾客付款，如说："亲，您拍下的商品正是我们年终感恩活动商品，活动将在明天结束，届时商品都将恢复原价哦。"

②享受特权。如顾客是第一次来购物，可以先不提付款，用首次优惠或者赠送赠品方式，如说："亲，您是第一次在我们店铺购物，我们给每一位新朋友都准备了一份精美的礼物哦。"对于二次以上来店铺的顾客，可以准备老客户专享赠品，如说："您好，感谢您再次光顾我们店铺，掌柜给您准备了一份礼品，这是我们的一点点心意。"这样不但起到了催付的作用，还加深了顾客对店铺的印象。

③信息核对。很多顾客在购买商品时，会有多个收货地址，在不同的购买时间或者购买不同的商品时会切换到不同收货地址，有些时候顾客会发现留下的收货地址错了。除了收货地址留错外，拍下的商品也有可能会选错，如果没有及时发现，同样会产生不必要的麻烦与损失。客户服务人员可以使用核对产品属性的方法，提醒买家付款，如说："亲，您在我们店铺拍下的红色条纹款短衬衣，L 码一件，您核实一下哦。"

五、订单确认

为了体现客户服务人员在销售过程中全面、周到的服务，避免出现不必要的售后问题，客户服务人员需要对每一笔付款订单进行再次确认。在订单确认过程中，需要分为两步来完成工作。

1. 地址确认

对顾客的地址信息进行核对，确保顾客所选择物流或店铺推荐的物流可以到达顾客所指定的收货地址。如果在核对地址的过程中，顾客提出对收货地址进行变更，客户服务人员除了接受地址变更要求，及时进行信息的修改外，还应仔细核对变更后收货人姓名及电话号码，避免出现差错而延误投递或产品被退回的情况发生。

2. 产品信息确认

客户服务人员要针对顾客订单内所购买的产品进行确认，同时对于附带的赠品、承诺的事项等也应进行确认。这样既可以避免因顾客疏忽，购买出现差错而造成退换货发生，也可以提醒客户服务人员所承诺的内容是否有备注，以免造成投诉。

六、礼貌告别

客户服务人员做事应有始有终，订单确认后，还需提醒顾客签收注意事项、售后解决方式、引导正面评价，最后进行礼貌告别。

1. 提醒签收注意事项

客户服务人员应提醒：“在收到商品时请您务必在签收之前开箱验货，根据送货清单核对商品。如发现商品包装破损、短缺或错误、质量问题等，请您当场向配送人员指出并拒收整个包裹或致电客服中心处理。如您验收商品后确认商品的名称、数量、价格等信息无误，商品包装完好、商品没有破损等质量问题，请在发货单正面‘客户签收栏’签字确认。您或您委托的收货人签字后，即表示您已确认上述内容无误。”

2. 提醒售后解决方式

提醒顾客如果有任何问题可以随时与客户服务人员进行联系，减少纠纷的发生，避免顾客遇到问题时盲目发起售后、维权等。

3. 引导正面评价

客户服务人员需要进行评价引导，提醒顾客对产品、服务、物流等给予 5 分评分，优质的评价内容，可以衡量店铺的一些指标，可以对服务、物流、产品品质等进行优化。除了正常的评价内容外，客户服务人员也可以引导顾客对自身服务的部分内容进行评价，可以真实反映出顾客对客户服务人员的满意程度，帮助客户服务人员进行提升。

4. 感谢顾客礼貌告别

与顾客进行真诚的告别，在感谢顾客光顾的同时，对顾客进行简单的祝福，至此，完整的销售流程就顺利结束了。

课程 6-3　售后服务管理

学习内容

<table>
<tr><th>学习单元</th><th>课程内容</th><th>培训建议</th><th>课堂学时</th></tr>
<tr><td rowspan="6">售后服务管理</td><td>1）售后服务的重要性
①提升顾客满意度
②提升复购率
③提升好评率</td><td rowspan="6">（1）方法：讲授法、案例教学法、演示法
（2）重点：售后服务管理内容
（3）难点：客户投诉处理技巧</td><td rowspan="6">2</td></tr>
<tr><td>2）售后服务管理内容
①查单、查件
②退换货处理
③产品售后服务
④评价统计</td></tr>
<tr><td>3）投诉处理
①投诉处理流程
②投诉处理要点
③投诉处理禁忌</td></tr>
<tr><td>4）客户关怀的重要性</td></tr>
<tr><td>5）关怀内容
①售后关怀
②情感关怀
③节日关怀
④促销推送</td></tr>
<tr><td>6）关怀形式
①短信关怀
②电话关怀
③邮件关怀
④即时通信工具关怀</td></tr>
</table>

学习单元　售后服务管理

一个完美的销售过程，不仅包括售前服务、售中服务，还包括售后服务，而且售后服务在一定程度上对顾客更为重要。售后服务就是在商品出售以后所提供的各种服务活动。从销售工作来看，售后服务也是一种促销手段。客户服务人员要采取各种方式，通过售后服务来提高企业信誉，扩大产品的市场占有率，提高销售工作的效率。

一、售后服务的重要性

在线下购物中，顾客和导购沟通后购买商品时，已充分了解了商品的特点和性能等，确认了其价值。但电子商务恰恰重置了这个流程，在线上交易过程中，商品到达顾客手中之前，是通过图片和文字及客户服务人员的介绍获取产品信息的，顾客拿到商品时，其与商品的交互体验才刚刚开始。未来的电子商务市场，售后服务注定是市场营销的重要环节，是电子商务发展的生命所在。

好的售后服务，不但可以提升在整个交易过程中顾客的满意度，还能提升复购率、好评率。

1. 提升顾客满意度

提升顾客购物满意度，使其获得满足感。通过售后服务，公司对顾客的承诺才能及时实现，借此建立与顾客之间的信任，让顾客得到满足。和谐完善的服务过程和及时周到的服务效果，有利于顾客在精神、情感等心理方面的需要得到满足。积极主动地为顾客提供良好的售后服务，是增强和巩固良好客户关系的重要方式。

在电子商务交易中，顾客对商品价值的体验和确认发生在交付商品之后，在整个交易过程中，难免在售前、售中，包括物流等环节发生错误，顾客的满意度有可能会降低。如果售后服务不到位，直接反馈就是卖家服务评级系统（Detail Seller Rating，DSR）评分的降低，严重的还会影响到品牌及企业形象。售后服务做得好，顾客满意度高，DSR 评分也就会高，如图 6–3–1 所示。

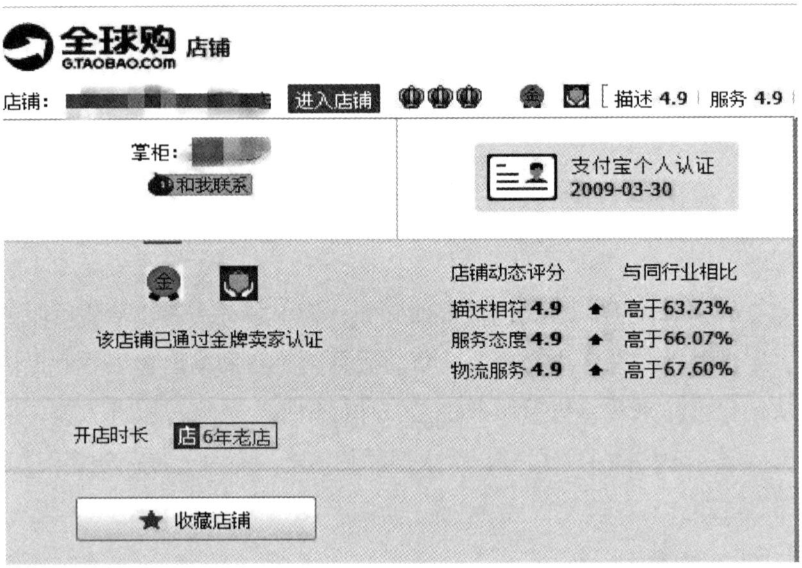

图 6-3-1　客户满意度 DSR 评分图示

2. 提升复购率

做好售后服务，可以提升顾客的复购率。

复购率就是重复购买率，指消费者重复购买次数占购买商品的消费者总数的百分比。重复购买率越高，反映出消费者对品牌的忠诚度越高，反之则越低。

开拓新顾客的成本是留住老顾客成本的 6 倍，因此，做好老顾客营销，投入产出比更高。商家应抓住回头客，提高重复购买率。

高质量的售后服务能提高顾客满意度和忠诚度，同时也能增加顾客重复购买的概率，并乐于为企业传播好的口碑。另外，那些对服务质量不满意的顾客则会为企业传播坏的口碑，强烈地影响着其他顾客对企业服务质量的感知，使潜在的新顾客对企业的服务顾虑重重。

3. 提升好评率

好评是影响转化的重要因素之一，评价直接影响着后面买家的购买意向。好评如潮会坚定买家的购买意愿。

为了在短时间内提升好评率，可以利用好评有礼的方式，如根据利润空间及自己承受的能力，可选择“好评返款 5 元”等方式，从而让买家在利益的驱动下，给出更多好评。

二、售后服务管理内容

1. 查单、查件

客户服务人员要随时跟踪包裹去向。顾客付款后要尽快发货并通知顾客，货物寄出后要随时跟踪包裹去向，如有运输意外要尽快查明原因，并向顾客解释说明。客户服务人员还需要及时处理各类快递问题。

（1）疑难件的处理

货品发出后，因各种原因导致无法及时送达顾客手中的件为疑难件。出现疑难件一般有顾客、快递两方面的原因。

1）顾客原因疑难件是指因顾客信息登记不正确或暂时联系不上顾客（如电话无法联系、地址不正确等）导致无法送达的件。

处理方法：利用一切可以联系上顾客的方式与之联络，如电话联系、QQ 或旺旺留言等；如果四天内仍无法联系到顾客，则通知当地快递一周内将货件退回，等顾客主动与客户服务人员联系，确认正确的联系方式及发货地址后重新安排发送。

2）快递原因疑难件是指因快递发错地址、件爆仓、件留仓、顾客签收非本人等原因导致无法及时送达顾客手中的件。

处理方法：查明原因后，向顾客表示歉意，以“不影响顾客体验”为前提，协助顾客主动进行催件并及时告知顾客跟进情况，跟进至货送到顾客手中。若快递长时间无法安排送货，应及时安排重发，并跟踪原件退回。

（2）破损件的处理

因快递派送导致产品破损或破碎无法正常使用的件为破损件。

处理方法：1）核实。核实包裹是否完好、破损程度、破损件数等。2）取证。需让顾客拍下破损产品的细节图（2～3 张）。3）致歉。就因此带给顾客的不便，向顾客表示歉意。4）补发。马上安排补发，不影响公司服务。5）跟进及记录。跟进至顾客顺利收货，并及时录入破损件信息。

（3）丢件的处理

在快递派送途中无法得知件的去向，且与快递公司核实确认为在某段时间内无法找回的件为丢件。

处理方法：1）核实。与快递公司核实确认。2）通知顾客。第一时间内通知顾客快递件情况。3）致歉。就因此带给顾客的不便，向顾客表示歉意。4）补发。马上安排补发，不影响公司服务。5）跟进及记录。跟进至顾客顺利收到，并及时录入丢件信息。

（4）超区件的处理

因仓库发货安排不当或快递送货区域变更导致无法安排送达的件为超区件。

处理方法：安排重发，原件追回；转其他能到的快递发送；请客户自提。

2. 退换货处理

商品退换货流程如图 6–3–2 所示，主动退货流程如图 6–3–3 所示。

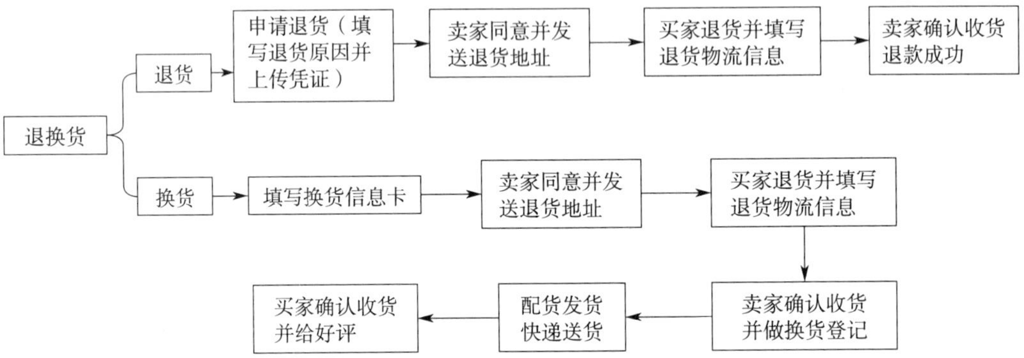

图 6–3–2　商品退换货流程

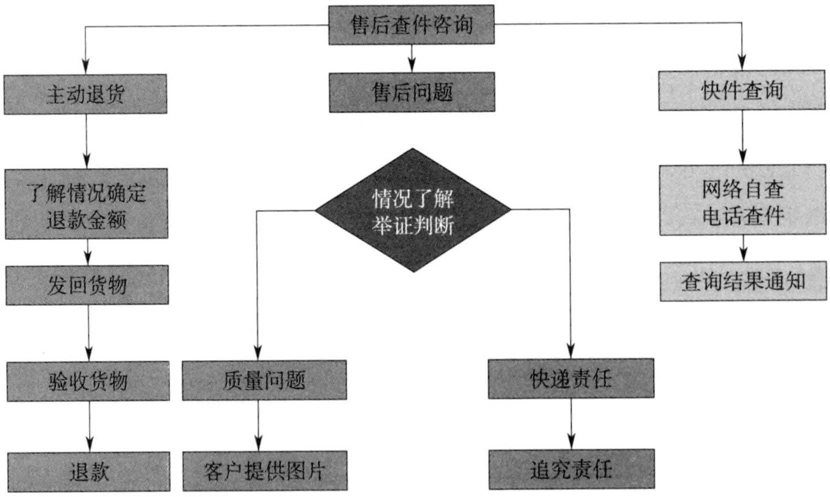

图 6–3–3　主动退货流程

网购商品的退换货存在不同的原因，修订后的《消费者权益保护法》实施后，赋予消费者 7 天无理由退货的权利。在这样的背景下，售后客户服务人员如何通过自身的努力，降低退换货率，提升店铺形象，就显得尤为重要。

（1）商品质量问题

商品质量有问题，顾客要求退换货，客户服务人员要立即核实情况，请顾客拍照留证，通过照片判断是否属于质量问题。经确认确属质量问题，要立即退换并对顾客致歉，由此产生的费用由卖家负担。

商品有质量问题，顾客不退货。这种情况也比较普遍，很多顾客怕麻烦，或者商品能正常使用，就不退货了。这样就不产生退货费用该谁出的问题。

（2）快递原因

因物流运输导致破损的货品，应经顾客拍照证实后，与顾客协商退换及邮费承担问题。因快递丢件、服务态度差或者派送不及时导致顾客未收到货品而要求退货，应尽量与顾客协商，避免退货。经协商，顾客仍要求退货的，如货品已发出，应立即跟踪快递退回货品；货品未发出的，指导顾客进行退款操作。因快递原因导致退货，由快递承担邮费。

（3）顾客原因

为了更好地服务顾客，很多电子商务企业都为顾客提供 7 天无理由退换货服务。由此产生的退换货，需在确认退换产品不影响二次销售后方可退换，并由顾客承担产生的邮费。

（4）卖方原因

因客户服务人员或仓储工作人员造成的货品漏发、错发或缺货，需及时联系顾客，告知详细原因，协调处理是否需要退换，经过协调处理仍需退换的，如货品已发出，应立即跟踪快递退回货品；货品未发出的，指导顾客进行退款操作。

退换货会涉及退款，退款分为部分退款和全额退款。部分退款多发生于少发、漏发、产品有损坏，以及产生差价的情况。全额退款多发生于顾客未在约定时间内收到货物，或者货物在运输过程中遗失，卖家又不具备补发条件的情况。

3. 产品售后服务

网购的商品出现故障，无论是厂商、经销商还是顾客，都不愿意遇到。但故障发生之后，还是需要多方积极地面对和解决的。

在顾客这一层面，需要尽量在售前就维护好自己的权益，如仔细阅读网络商家的售后条例，购买具有发票的商品，了解国家“三包”规定等。如果遇到商品故障，要在与网络商家沟通协商解决方案的时候，保留好通话记录、聊天信息等以作为投诉和维权的证据。遇到网络商家不按售后条例和法规处理售后问题的，应向其上级平台提供完整的证据，投诉维权。遇到与网购平台发生纠纷的，应与其对应的供货厂商沟通寻求帮助。如与厂商发生纠纷并解决未果的，还可向消费者协会等机构请求支持。

在网络商家、网购平台和厂商这一层面，对于网购售后状况的改善更多地在于服务意识和服务质量的提升。依据现行的法律法规和条例，积极耐心地与遭遇产品故障的顾客沟通，共同寻求最佳解决方案，并逐步完善售后水平，扩大售后覆盖面，才能在未来的商场上走得更稳更远。

4. 评价管理

评价是买卖双方对购物过程的一个综合看法，也是潜在顾客参考的一个重要因素。好的评价会让顾客放心购买，差的评价会让顾客望而却步。交易结束要及时做出评价，不论顾客还是商家都很在意自己的评价，有些顾客不能及时做出评价，客户服务人员可以友善地提醒顾客做出如实评价，这些评价将成为其他顾客的重要参考。

（1）正面评价

给予正面评价的顾客一般乐于分享，并且有成为忠实顾客的潜力，如果多一些鼓励和关怀，他们将成为最好的口碑营销载体。在每天产生的大量新评价中，一些正面评价容易被淹没，如果客户服务人员能写一些评价解释，有回应的正面评价就会特别醒目，也更容易让后面的顾客看到这个评价。

（2）负面评价

对于评价数量较多的商品来讲，难免出现负面评价。售后服务人员要明白自己所处的环境和站的角度与顾客不同，要能够理解对方。如果在售后服务中花心思和精力去做好沟通，要得到正面评价不是一件难事。

评价还有一个很重要的解释功能，如果顾客做了不公正的评价，可以在评价下面及时做出合理的解释，防止其他顾客产生错误理解。

（3）评价解释注意事项

1）评价解释属于公开信息的展示，而不是商家与某个顾客的私密对话，双方对话会展现给其他顾客看，所以要注意专业形象。

2）文字要多才能引人注意，字越多、占的位置越大，才越显眼。处理一些写得详细的负面评价时，也要有针对性地解释得更周全、具体，同时要注意礼貌。

3）要遵守网站的相关规则，不能公布顾客的地址和联系方式，要保护好顾客的隐私。

三、投诉处理

投诉是顾客对商家的产品质量问题、服务态度等各方面不满，向商家主管部门反应情况，检举问题，并要求得到相应的补偿的一种手段。

解决投诉的意义在于：没有平息委屈和解决困难的顾客大多数不会再回来；未解决问题的顾客会将问题告诉其他潜在顾客；积极解决顾客的抱怨，会提高顾客的回头率。

1. 投诉处理流程

处理客户投诉的步骤如下。

（1）耐心倾听，真诚道歉

当顾客投诉时，要热情地对待，不要急着去辩解，更不能否认问题所在。应当耐心地倾听顾客对商品和服务的哪些方面不满意。顾客在反映质量问题时，可能会表现出愤怒、泄气、失望等不良情绪。这时，客户服务人员应当换位思考，假如自己购物时发生了同样的问题，会怎样做。

无论是什么原因造成顾客不满意，客户服务人员都应该诚恳地向顾客道歉，对给顾客造成的损失道歉，不要找借口对顾客的抱怨敷衍了事。

（2）仔细询问，详细解释

当不良情绪发泄之后，顾客心情会相对平缓。客户服务人员可在此时询问顾客的用户名及所交易的商品，查看与顾客之前的聊天记录和交易记录，与顾客一起分析问题所在，解释出现这些问题的原因，再有针对性地找出问题的解决方案。切忌直接拒绝或教育、讽刺客户。

（3）提出补救，解决问题

了解事实情况后，应及时想出补救办法，至少提出一个以上的补救措施供顾客选择。顾客发现产品存在质量问题时，第一时间想到的是问题能不能得到解决，需要多久得到解决。当顾客发现客户服务人员的补救办法合情合理时，就会消除心中的顾虑。

（4）及时执行，跟进反馈

顾客同意补救措施后要立即执行，如果有特殊原因无法执行或需要延迟执行，应立即通知顾客。在补救措施执行过程中，要及时通知顾客，可通过旺旺、QQ、短信等方式告知，让顾客随时了解事件进程。

2. 投诉处理要点

（1）保持冷静，避免个人情绪受困扰。

（2）向积极方面去想，并采取积极的行动。

（3）只讲顾客希望知道的，而不是客户服务人员想讲的。

（4）集中研究解决问题的办法，熟悉各种可行的办法，并向顾客提出适当的建议。

（5）避免提供过多不必要的资料或假设。

（6）要充满信心。

（7）即使顾客粗鲁无礼，也要保持关注和同情。

（8）多用“谢谢您提醒，我们会注意的”“谢谢您告诉我们”“我们明白您的困难和问题”等类似语言。

3. 投诉处理禁忌

客户服务人员在与顾客沟通时要保持良好、积极的心态，解决在整个售后过程中出现的问题。要记住“客户永远是对的”。在整个售后服务过程中，客户服务人员要谨记以下禁忌。

（1）不要直接拒绝客户，永远不要对顾客说“不”。

（2）不要争辩、争吵或打断顾客话语，倾听比解释更有用，应该给顾客更多机会说出他的真实想法。

（3）不要暗示顾客有错误，不要只强调自己正确的方面，不承认错误。

（4）不要表示或暗示顾客不重要，每一个顾客都是商家的重要资源。

四、客户关怀的重要性

客户关怀理念最早由克拉特巴克提出，他认为：客户关怀是服务质量标准化的一种基本方式，它涵盖了公司经营的各个方面，从产品或服务设计到如何包装、交付和售后服务。

对老顾客的关怀，可以提升顾客满意度，当顾客回购时，因为信赖产品及服务，从而更加愿意尝试高价产品，并对其口碑相传。越忠诚的顾客，越追随品牌，而对价格波动不敏感；相反，低满意度的顾客，往往更关注产品本身或价格而非品牌。

五、关怀内容

1. 售后关怀

当顾客下单付款后，商家发货时通常会给顾客发送短信，告知发货时间、使用的快递等，如说："亲，您购买的宝贝已经发货，使用的是 ×× 快递，预计 2～3 天到达，请保持手机开机，方便快递联络。"

售后关怀能够帮助顾客清楚地知道自己所购买商品的物流情况，从而提高顾客的购物体验，提升满意度。除了发货关怀、同城关怀、签收关怀以外，最重要的一项是使用关怀，使用关怀最能让顾客印象深刻，客户服务人员可以在顾客收到产品一周左右，询问顾客使用产品的感受，听取顾客的意见。这样不但能让顾客认为商家注重顾客体验，还能了解到顾客的真实想法，从而改进产品或服务。

2. 情感关怀

商家做客户关系管理的目的是培养顾客的忠诚度与满意度。客户关系管理除了需要资金投入以外，还离不开感情投资。这需要客户服务人员在与顾客沟通时，更人性化，更注重顾客情绪，而不是一味地使用快捷短语或自动回复。

3. 节日关怀

在节日来临前，客户服务人员通过短信或旺旺对顾客进行关怀，并适当推送促销信息。

4. 促销推送

当商家发布新品、店铺庆典、日常促销时，通常会提前给顾客发送优惠券或红包，客户服务人员应及时告知顾客活动相关信息。

六、关怀形式

1. 短信关怀

如果商家采取短信关怀的方式，应注意短信的发送时间和内容，不宜在顾客休息或忙碌时间段发送，发送内容不宜死板。

优势：覆盖面广、收费低、可群发。

劣势：字数有限、无表情、容易被忽略。

2. 电话关怀

电话关怀的时间段不宜过早或过晚，关怀内容不适合推送促销信息，更适合询问顾客对使用产品的感受。如果顾客表示不愿意接到类似电话时，应及时致歉并在顾客标签中备注。

优势：实时性高、沟通效果好、顾客记忆深刻。

劣势：成本高、对沟通人员能力要求高、效率低、骚扰度高。

3. 邮件关怀

邮件可群发，可制作精美的版面与图文，但是容易被当成垃圾邮件，时效性差。

4. 即时通信工具关怀

优势：免费、可使用表情、可群发、不限制字数、骚扰性低。

劣势：顾客不在线时无法及时沟通。

模块7

物流基本作业

课程设置

课程	学习单元	课堂学时
7-1　仓储作业	（1）入库作业	2
	（2）出库作业	2
	（3）商品包装	1
	（4）装卸搬运作业	1
7-2　快递物流作业	快递物流作业	4

课程 7-1　仓储作业

学习内容

学习单元	课程内容	培训建议	课堂学时
（1）入库作业	1）入库准备 ①入库作业的流程 ②影响入库作业的因素 ③入库作业的原则 ④入库作业常见的问题 2）入库作业 ①入库验收 ②编写货号 ③入库登记 ④货位分配 ⑤入库上架	（1）方法：讲授法、演示法、实训法 （2）重点与难点：入库作业	2

续表

学习单元	课程内容	培训建议	课堂学时
（2）出库作业	1）出库准备 ①出库作业的要求 ②出库作业常见问题	（1）方法：讲授法、演示法、实训法 （2）重点与难点：出库作业	2
	2）出库作业 ①订单审核 ②出库信息处理 ③拣货 ④发货检查 ⑤装车 ⑥发货		
（3）商品包装	1）商品包装的功能	（1）方法：讲授法、演示法、实训法 （2）重点与难点：商品包装的要求	1
	2）常用的包装材料		
	3）商品包装的要求		
	4）常用的包装方法		
（4）装卸搬运作业	1）装卸搬运作业要求	（1）方法：讲授法、演示法、实训法 （2）重点：装卸搬运作业要求 （3）难点：装卸搬运作业的注意事项	1
	2）装卸搬运的原则		
	3）装卸搬运作业的注意事项		

学习单元 1　入库作业

一、入库准备

1. 入库作业的流程

货物入库是指接到货物入库通知单后，经过接运提货、装卸搬运、检查验收和办

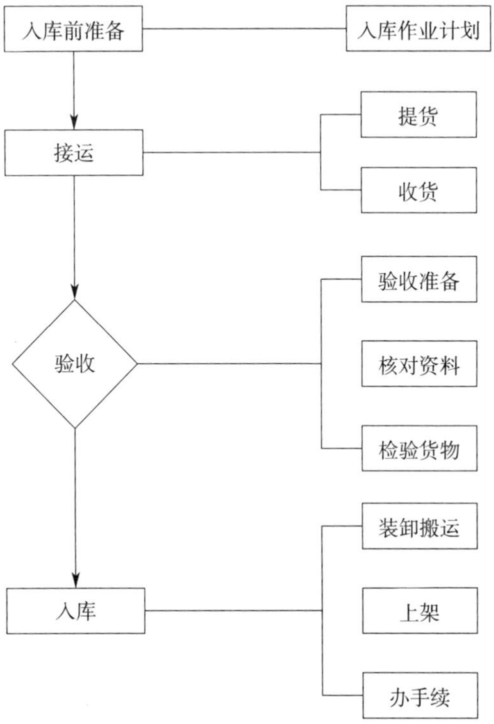

图 7-1-1 入库作业流程

理入库手续等一系列作业环节所构成的工作过程。入库作业具体包括货物入库前准备、货物接运、货物验收、货物入库交接和登记。入库作业流程如图 7-1-1 所示。

货物入库前的准备工作是指仓储部门根据仓储合同或入库单的要求，编制入库计划、熟悉货物、安排库容、安排人力和设备、准备验收工具和单证文件等，以保证入库作业的顺利进行。

入库作业计划是存货人发货和仓库部门进行入库前准备的依据。入库作业计划主要包括：到货时间、接运方式、包装单元与状态、存储时间及物品的名称、品种、规格、数量、单件体积与重量（习惯上用来指质量）、物理特性等详细信息。仓库部门对入库作业计划的内容进行分析后，根据物品的在库时间及物理、化学、生物特性等详细信息，即可合理安排货位，安排相关作业人员进行物品入库前的准备工作。

2. 影响入库作业的因素

影响入库作业的主要因素如下。

（1）供应商的送货方式

供应商的送货方式直接影响入库作业的组织和计划。

1）平均每天送货的供应商数量。平均每天送货的供应商数量的多少，以及一天中最多有多少供应商来送货，对仓库入库作业的影响最大。闲时，仓库里的货很少，仓库人员、设备的劳动生产力降低，部分人员、设备会出现闲置；忙时，仓库货物增加，工作量增加，计划性、效率降低，仓库服务水平降低。因此，在做入库作业计划时应充分考虑每天送货供应商的数量和均衡性，以做到人员安排的合理性及设施设备等资源配置（购置或租赁）的合理性与经济性。

2）送货的车型及车辆台数。送货的车型主要影响卸货站台的合理安排与利用，以及卸货方式。车辆台数直接影响作业人员的配置和作业设备、作业方式的选择。

3）每台车平均的卸货时间。每台车平均卸货的时间是用来衡量入库作业效率高低的重要指标，每台车平均卸货的时间越短，服务水平就越高，但这对设施设备的自动化、机械化的程度要求较高。

4）物品到达的高峰时间。物品到达的高峰时间是制订作业人员轮班轮岗计划的重要依据，要合理安排不同班次的作业人数，以求做到作业人员的作业量和劳动强度的均衡，兼顾成本和服务水平。

5）物品的装车方式。散货装车，则卸货时应充分利用货物自身的重力；件杂货且经过配装，则卸车主要以人工为主，尽量采用不落地的装卸搬运方式；以单元形式装车，则尽可能选择机械作业方式。

（2）商品种类、特性与数量

1）平均每天送达的物品品种数。平均每天送达的物品品种越多，物品之间的理化性质差异也就越大，对接货方式、装卸设备机械、仓储设施设备的配备、库区货位的确定与分配、苫垫材料的选择等作业环节影响越大。

2）单位物品的尺寸及重量。单位物品的尺寸及重量对装卸搬运、堆码上架、库区货位的确定等作业会产生影响。单位物品尺寸小、重量小且未单元化，一般采用人工作业或人工辅助机械入库作业。单位物品尺寸大、重量大，一般采用机械化装卸作业。

3）物品的保质期。物品保质期的长短直接影响物品的在库周期，保质期短的物品入库存储宜选用重力式货架，以严格保证“先进先出”，以延长物品后续的销售周期和消费周期。

（3）仓库设备及存储方式

仓库设备是组织入库作业的影响因素，叉车、传送带、货架储位的可用性，以及人工装卸、无货架堆码等要加以综合考虑。设备先进的仓库操作过程简单，现场干净整齐，仓容利用率高，便于管理。设备简陋的仓库，基本是依赖人工操作，现场一般比较杂乱，仓容利用率低，管理难度大。

仓库应根据不同的管理策略、货物属性、数量，以及现有库存情况，设定货物堆码位置、货物堆码顺序规则，从而有效地利用现有仓库容量，提高作业效率。

3. 入库作业的原则

仓储部门进行入库作业时应遵循以下原则。

（1）集中作业

商品到站后要及时安排入库作业，在最短时间内保质保量地完成整个入库作业，保证商品的安全。在入库过程中，应尽可能将卸货、验收、上架等作业集中在一个场所进行，保证整个入库流程高效率地完成。

（2）合理安排

在入库过程中，合理安排卸货站点及所需人力、物力等，避免无计划入库造成时间、财力上的损失。

（3）保持畅通

在整个作业过程中，要按规章制度严格进行，要保持仓库通道的畅通，才能保证入库过程的顺利进行。

（4）详细记录

上架完成后，要对入库作业中需要填写的单据等认真核实并记录，为入账及查询等做好准备工作。

4. 入库作业常见的问题

（1）在物品入库凭证未到齐之前不得正式验收。如果入库凭证不齐或不符，仓库有权拒收或暂时存放，待凭证到齐后再验收入库。

（2）发现物品存在质量问题时，要会同有关人员当场清查点验并确认，作为索赔依据，如确认责任不在承运方，也应做好记录，由承运人签字，以便作为向供货方联系处理的依据。

（3）在验收过程中，计件物品应及时验收，发现数量不符的问题要及时指出，由收货人在凭证上做好详细的记录，按实际数量签收，并通知供货方。

（4）点收时对货物包装有疑问的（如已拆封或已破损），收货人员应会同货物运送人员开箱查验，如发现有缺损情况，应当即做好有关记录，并对货物选择专门地方堆放，以便处置。

（5）单证与货物出现不符时，收货人员有权拒收。

二、入库作业内容

入库作业是指仓储部门按照存货方的要求合理组织人力、物力等资源，按照入库作业程序，认真履行入库作业各环节的职责，及时完成入库任务的工作过程。

互联网的发展为网络购物提供了更多的便利条件。从商品展示到咨询洽谈，从出价购买到支付货款，交易双方通过互联网就可以轻松地完成绝大部分的交易环节，然而，除了虚拟物品以外实物商品的物流环节还是必须通过线下的各物流公司来完成。网店日常运营人员应对商品入库流程有所了解。

1. 入库验收

入库验收是指按照合同要求或货物入库凭证对货物的品质、数量、包装等进行检查、检验活动的总称。当供货商将商品运抵仓库时，担任收货工作的人员必须严格认真地检查，做好验收准备，核对凭证，检验货物。

（1）数量检验

数量检验是保证物资数量准确不可缺少的措施，要求在物资入库时一次性完成。数量检验一般在质量验收之前，由仓库保管职能机构组织进行。按商品性质和包装情况，数量检验又分为计件、检斤、检尺求积三种形式。

1）计件。计件是按件数供货或以件数为计量单位的商品，在做数量检验时的件数清点。计件商品应全部清查件数。固定包装的小件商品，如包装完好，打开包装对保管不利，可以抽样检验，按一定比例开箱点件验收，可抽验内包装 5%～15%。贵重商品应酌情提高检验比例或全部检验。进口商品按合同或惯例办理。

2）检斤。检斤是对按重量供货或以重量为计量单位的商品，做数量检验时的称量。商品的重量一般有毛重、皮重、净重之分。毛重是指商品重量包括包装重量在内的实重；净重是指商品本身的重量，即毛重减去皮重。通常所说的商品重量多是指商品的净重。

3）检尺求积。检尺求积是对以体积为计量单位的商品，如木材、竹材、沙石等，先检尺，后求体积的数量检验。

凡是经过数量检验的商品，都应该填写验收记录单。在做数量验收之前，还应根据商品来源、包装好坏或有关部门规定，确定对到库商品是采取抽验还是全验方式。

（2）质量检验

质量检验包括外观检验、尺寸检验、物理性能检验和化学成分检验四种形式。仓库一般只进行外观检验和尺寸检验，后两种检验如果有必要，则由仓库技术管理职能机构取样，委托专门检验机构检验。

以外观检验为例，外观检验是指通过人的感觉器官检查商品外观质量的检查过程。主要检查货物的自然属性是否因物理及化学反应而造成负面的改变，如是否受潮、玷污、腐蚀、霉烂等；检查商品包装的牢固程度；检查商品有无损伤，如撞击、变形、破碎等。对外观检验有严重缺陷的商品，要单独存放，防止混杂，等待处理。

（3）包装检验

物资包装的好坏、干潮直接关系着物资的安全储存和运输。所以对物资的包装要进行严格检验，凡是产品合同对包装有具体约定的要严格按约定验收，如箱板的厚度，纸箱、麻包的质量等。对于包装的干潮程度，一般是用眼看、手摸方法进行检查验收。

货物验收完毕后，应由验收员根据实际情况填写入库验收记录表，见表 7-1-1。

表 7-1-1　入库验收记录表

<table>
<tr><td>供应商</td><td colspan="2"></td><td colspan="2">采购订单号</td><td></td><td colspan="2">入库单号</td><td></td></tr>
<tr><td>运单号</td><td colspan="2"></td><td colspan="2">合同号</td><td></td><td colspan="2">车号</td><td></td></tr>
<tr><td>发货日期</td><td colspan="2"></td><td colspan="2">到货日期</td><td></td><td colspan="2">验收日期</td><td></td></tr>
<tr><td>序号</td><td>货物名称</td><td>货物编码</td><td>规格型号</td><td>计量单位</td><td>应收数量</td><td>实收数量</td><td colspan="2">差额</td></tr>
<tr><td>1</td><td></td><td></td><td></td><td></td><td></td><td></td><td colspan="2"></td></tr>
<tr><td>2</td><td></td><td></td><td></td><td></td><td></td><td></td><td colspan="2"></td></tr>
<tr><td>3</td><td></td><td></td><td></td><td></td><td></td><td></td><td colspan="2"></td></tr>
<tr><td>4</td><td></td><td></td><td></td><td></td><td></td><td></td><td colspan="2"></td></tr>
</table>

单位负责人：　　　　　　　　　复核：　　　　　　　　　检验员：

确定商品外包装完好后，验收员应依据订货单和送货单核对商品的品名、等级、规格、数量、单价、有效期等内容，仔细检查商品的外观有无破损和明显的污渍，做到数量、规格、品种都准确无误，质量完好，配套齐全后方可入库保管，若出现破损或临近保质期等情况，要拒收此类货物，并及时上报相关主管部门。

2. 编写货号

每一款商品都应该有一个货号，编写货号的目的是方便进行内部管理，在店铺或仓库里找货、盘货都更方便。最简单的编号方法是“商品类别 + 序列数”，具体做法如下。

（1）将商品区分一下类别，如头饰、耳环、项链、手链、戒指等。

（2）提炼出每一类别名称的汉语拼音首字母，如头饰缩写为“TS”，耳环缩写为“EH”，项链缩写为“XL”等。

（3）每一类别的数字编号可以是两位数、三位数或者四位数，视该类商品的数量而定，但也要有发展的眼光，因为商品款式可能会越来越多，要留有发展的余地。例如，TS-001 就代表头饰类的 001 号款式。

如果销售的是品牌商品，厂家一般都有标准的货号，网店就不需要再编写货号，只需要照原货号登记即可。另外，网店日常运营人员要能解读厂家货号的含义，货号通常反映商品的属性。

3. 入库登记

商品验收无误并编写货号以后，即可登记入库。收货人员要详细记录商品的名称、数量、规格、入库时间、凭证号码、送货单位和验收情况等，做到账、货、标牌相符。

进行入库登记时要保证商品数量准确、价格无误。为了防止入库货物出现差错，必须严格遵守入库制度，做到凭入库单入库，无单不入库。入库物品经过点数、查验之后，可以安排卸货、入库堆码，表示仓库接受物品。在卸货、搬运、堆垛作业完毕之后，收货人员要与送货人办理交接手续，并建立仓库台账。货物入库手续主要包括登账、立卡、建档等。

登账的内容主要包括货物入库日期、凭证编号、名称、规格、数量、累计数或结存数、存货人或提货人、接货经办人、批次和金额、货位号等。

立卡是指将入库货物的名称、数量、规格、质量等信息编制成一张卡片然后将其插放在货架支架上或挂在货垛正面的明显位置。

建档是指整理和核对入库作业过程中的货物凭证和有关资料，并建立货物档案，以便查阅和管理。建档时应遵循“一物一档、编号统一、妥善保管”的原则。货物档案主要包括：货物出厂资料、货物运输资料、货物入库资料、货物保管资料以及相关回收资料。

4. 货位分配

货位是指仓库中实际可用于堆放商品的位置。货位的分配是在商品分区分类的基础上进行的，目的是把货品分配到最佳的货位上。货位的分配应遵循确保商品安全，力求节约仓容的原则，根据商品的性质和仓库内货位分配的原则，计划商品所需占用的仓容大小，为商品安排合适的存放位置。

常见的货位编号方法是四号定位法，此方法是采用四个数字号码对应库房（货场）、货架（货区）、层次（排次）、货位（垛位）进行统一编号。例如，“5-3-2-11”即指 5 号库房（5 号货场）、3 号货架（3 号货区）、第 2 层（第 2 排）、11 号货位（11 号垛位）。

5. 入库上架

（1）装卸搬运

装卸搬运指在货物验收完毕后，将验收合格的货品，按照入库作业计划安排好的货位，将货物进行堆码。

1）散堆。散堆指将无包装的散货在库场上堆成货堆的存入方式。这种方式适用于大宗散货，如煤炭、矿石、散粮和散化肥等。

2）箱堆。箱形商品的堆垛通常有以下 4 种基本形式。

①重叠式。各层货物排列的方法和数量一致，堆码方式相同，上下对应，无交错堆码。

②正反交错式。同一层中，不同列的货品以 90° 垂直码放，相邻两层的货品码放形式是另一层旋转 180° 的形式。

③纵横交错式。相邻的两层货物旋转 90°，一层横向放置，另一层纵向放置，层与层之间呈纵横交错堆码。

④旋转交错式。同一层中，不同列的货物以 90° 垂直码放，相邻两层货物的码放不重叠，层与层之间的码放形式呈 180° 旋转。

四种堆码方式如图 7-1-2 所示。

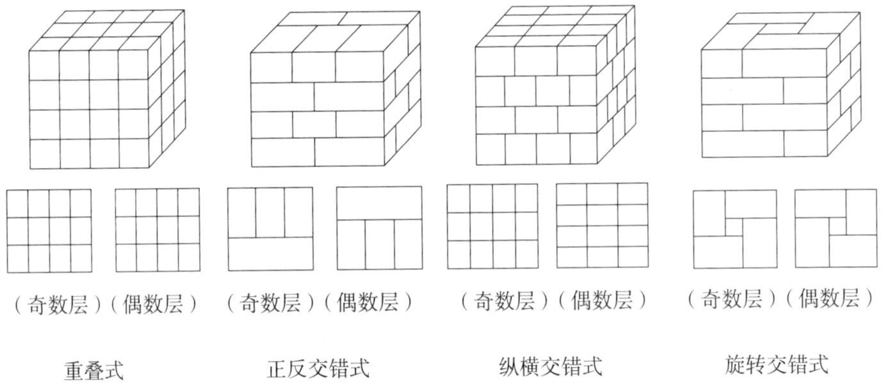

图 7-1-2　4 种堆码方式

（2）上架

组盘完成的货物可由验收区用叉车搬运至托盘货架交接区。入库上架人员扫描要上架的托盘，读取上架储位信息，货位匹配正确以后，利用堆高车进行入库上架。在完成入库上架后，上架人员利用射频扫描设备扫描储位标签，确认上架完成，最后将入库作业中所使用的设备归位。上架作业如图 7-1-3 所示。

图 7-1-3　上架作业

三、退货的处理

退货是指仓库已办理出库手续并已发货出库的商品因某种原因未使用而退回的业务，也是售后服务的一项内容。凡属商品内在质量问题，客户要求退货时，应由国家指定的质检部门出具检查证明、实验记录，经主管部门同意后，可以进行退货或换货。退货处理的一般程序如下。

1. 客户退货时应填写“退货申请表”并在收到同意退货的“退货申请表”后，按约定的运输方式办理运输。

2. 仓库收到客户的退货时，应尽快清点完毕，如有异议，必须以书面的形式提出。

3. 仓库应检验退回的货品与“退货申请表”是否相符，并以仓库清点为准。

4. 仓库应将退入仓库的物品根据其退货原因分别存放、标记。对于供应商所造成的不合格品，应与采购部门联系，催促供应商及时提回。对于仓库造成的不合格品且不能修复的，应每月申报一次，及时进行处理。

5. 登记入账，对于已发放的货品和退回的货品，要及时入账，并按时向相关部门报送。

学习单元 2　出库作业

一、出库准备

出库作业是货物储存阶段的终止，也是仓储作业的最后一个环节，它使仓库工作与运输部门、货物使用单位直接发生联系。而在出库作业中，出库准备是作业的基础，只有准备工作做好，才能保证后续各项工作的顺利完成。

1. 出库作业的要求

（1）凭证发货

物品出库必须依据一定格式的正式凭证进行。货主的出库通知或出库请求的格式不尽相同，无论采用何种格式，都必须是符合财务制度要求的有法律效力的凭证，要坚决杜绝凭信誉或无正式手续的发货。任何情况下，仓库都不得擅自动用、外借货主的库存物品。

（2）先进先出

在保证物品使用价值不变的前提下，坚持“先进先出”的出库原则。同时要做到保管条件差的先出，包装简易的先出，容易变质的先出，有保管期限的先出。仓库管理人员必须经常注意物品的安全保管期限等，对已经变质、过期失效、失去原使用价值的物品，不允许出库。

（3）及时记账

物品发出后，应随即在物品保管账簿上核销，并保存好发放凭证，同时调整卡片。

（4）保证安全

物品出库作业，要注意安全操作，防止损坏包装和压坏、摔坏物品。同时，还要保证运输安全，做到物品包装完整，捆扎牢固，标志正确清楚，性能不互相抵触，避免运输差错和损坏物品的事故发生。

2. 出库作业常见问题

（1）出库凭证问题

1）出库凭证过期。凡是出库凭证超过提货期限的，客户前来提货时，必须先办理手续，按规定缴足逾期仓储保管费后，方可发货。

2）出库凭证假冒。在核对出库凭证时，如发现凭证有假冒、复制、涂改，应及时与仓库保卫部门及领导联系，进行妥善处理。

规格开错或与印鉴不符的，仓库保管员不得调换规格发货，必须重新开票后方可发货。凡出库凭证指定厂家的，仓库保管员必须照发，未注明的，可按发货原则处理。同型号、同规格、不同颜色的商品，凭证上注明的，按凭证要求发货，未注明的，由仓库保管员安排。

3）出库凭证遗失。如客户因各种原因将出库凭证遗失，客户单位必须出具证明，持证明到制票员处挂失，制票员签字作为凭证，然后到仓库找仓库保管员报案挂失。

（2）出库中出现问题

1）商品品种混串。商品出库后，客户反映品种规格混串、数量不符等问题，如确属仓库保管员发货差错，应予纠正并致歉；如不属仓库保管员差错，应耐心向客户解释清楚，请客户另行查找。

2）商品型号规格开错。型号规格开错时，凡属客户原因，并且制票员同意退货，仓库保管员应按入库验收程序重新验收入库。如果包装损坏或产品损坏，仓库保管员不予退货，待修好后，按入库质量要求重新入库。

3）包装破漏。包装破漏是指在发货过程中，因物品外包装破损引起的渗漏等问题。这类问题主要是在储存过程中因堆垛挤压、发货装卸操作不慎等情况引起的，发货时都应经过整理或更换包装，方可出库，否则造成的损失应由仓库承担。

4）漏记账和错记账。漏记账是指在出库作业中，由于没有及时核销明细账而造成账面数量大于或少于实存数的现象。错记账是指在商品出库后核销明细账时没有按实际发货出库的商品名称、数量等登记，从而造成账实不相符的情况。

无论是漏记账还是错记账，一经发现，除应及时向有关领导如实汇报情况外，同时还应根据原出库凭证查明原因调整保管账，使之与实际库存保持一致。商品出库后，仓库保管员发现账实不符时，要派专人及时查找追回，以减少损失，不可久拖不决。如果由于漏记账和错记账给货主、运输单位和仓库造成了损失，应予赔偿，同时应追究相关人员的责任。

二、出库作业内容

商品出库作业是仓库根据业务部门开出的商品出库凭证（提货单、商品调拨单），按其所列商品名称、规格、型号、数量等项目，组织商品出库一系列工作的总称。其业务水平、工作质量在一定程度上反映仓储企业形象，直接影响企业的经济效益和社会效益。因此，及时、准确地做好出库业务工作，是仓储管理的一项重要内容。

1. 订单审核

订单主要审核以下内容。

（1）审核出库凭证的合法性和真实性。

（2）审核出库凭证手续是否齐全，内容是否完整。

（3）核对出库商品的品名、型号、规格、单价、数量。

（4）核对收货单位、到站、账号等是否齐全和准确。

2. 出库信息处理

相关人员对出库凭证经审核确认无误后，应对出库凭证信息进行处理。

（1）接受订货

接受订货是订单处理的第一步，随着信息技术的进步，现在基本通过网络进行电子订货。

（2）订单确认

接受订单后，检查订单是否全部有效，即信息是否完全、准确。

（3）存货查询

输入客户订货信息，与库存资料核对，查看此商品是否缺货。同时考虑商品储位，依据储位前后相关顺序安排拣货，避免重复行走。

（4）订单处理

如果存货充足，就做好拣货准备；如果出现缺货或存货不足的情况，应及时与客户沟通，按照客户的意愿及公司的决策进行合理安排，采取取消订单内容、替换商品或进行补货等措施。

（5）订单输出

订单资料经过上述处理后，即可以进行输出，打印单据，如拣货单、补货单、装箱单、出库单等，用以展开后续的物流作业。

3. 拣货

依据客户的订货要求或仓储配送中心的送货计划，尽可能迅速地将商品从其储存位置或其他区域拣取出来的作业过程称为拣货。拣取过程可以分为按订单拣取、批量拣取和复合拣取三种。

（1）按订单拣取（摘果式）

针对每一份订单，作业人员巡回于仓库内，按照订单所列商品及数量，将客户所订购的商品逐一由仓库储位中取出，然后集中在一起的拣选方法就是按订单拣取。这种拣货方式类似于人们进入果园，在一棵果树下摘下数个果子后，再转到另一棵树前摘果，所以又被形象地称为摘果式分拣。

这种拣货方法的优点是订单处理简单；拣货作业简单；适用于订单较少、品项较多的订单的拣选；人员素质要求低，培训简单；容易实施且弹性大。缺点是拣货行走路线长；差错较多；不适于较重货物的拣选；在少量多次拣货的情况下，造成大量的重复行走。

（2）批量拣取（播种式）

将每批订单上的同类商品各自累加起来，从仓库储位上取出，集中搬运到理货场所，然后将每一个客户所需的商品按订单取出，分放到不同客户的暂存货位处，直到配货完毕，这种方式称为批量拣取。这种拣取方式类似于农民播种时先准备几亩地的种子，再进行播种，所以又被形象地称为播种式分拣。

这种拣货方法的优点是大大缩短拣货行走的距离，消除拣货重复行走，提高拣货效率，适用于订单数量多、品项少的拣货情况。缺点是订单处理时间较长，作业流程复杂，对人员素质要求高，对信息系统的要求高，增加人工搬运次数。

（3）复合拣取

复合拣取是将按订单拣取和批量拣取组合起来的拣货方式，即根据订单的品种、数量及出货效率分别采取不同的拣货方式。

4. 发货检查

为了保证出库商品不出差错，在配好货后企业应立即进行发货检查。将商品逐个点数并逐一核对出库单，进而查验出库货物的数量、品质及状态情况。出库人员对照出库凭证，如出库单或提货单，对出库货物进行再次核对。核对内容如下。

（1）商品品名、规格是否相符。

（2）商品数量是否准确无误。

（3）出库商品各种凭证是否齐全。

（4）商品包装是否牢固、安全。

（5）包装标志是否安全、正确。

5. 装车

此处装车指的是在仓储企业内部的装车活动，如仓库到车间、车间到车间、车间到企业大门等。车辆检查完毕，需要重新打包的货物，打包好装上车。车辆装货时，必须将重货置于底部，轻货置于上部，避免重货压坏轻货，同时可使货物重心下移，保证装卸搬运时的安全。拼装在一个车上的货物，其化学性质、物理属性不能互相抵触，如不能将散发臭味的货物与具有吸臭性的食品混装等。应根据货物的外包装尺寸来确定堆码的层次及方法。装载时不允许超过车辆所允许的最大载重量。装载易滚动的卷状、桶状货物，要垂直摆放。货物应捆扎牢固，码放、堆放整齐，标志向外，箭头向上。成件货物应尽可能集装成托盘系列、货捆、网袋等货物单元再进行装卸作业。

6. 发货

（1）清点交接

出库商品无论是客户自提，还是委托发货，仓库管理人员必须向提货人或运输人员按出库凭证所列逐件当面点交清楚，划清责任。如果是自提，由仓库管理人员与客户清点交接，由客户签字。

在点交过程中，仓库管理人员要将重要商品、特殊商品的技术要求、使用方法、运输注意事项等，向提货人、承运人讲解清楚，做好技术咨询等支持工作。

商品点交后，仓库管理人员应在出库单上填写“实发数”“发货日期”“提货单位”等内容并签名，提货人、承运人必须在相关出库单证上签字，然后将出库凭证有关联次同有关证件交给客户或运输人员。

（2）登账

审核出库凭证，做好出库记录，并根据自留的一联出库凭证登记实物明细账卡，做到随发随记、日清月结，账面余额与实际库存和卡片相符。

（3）库内清理

商品出库后需要进行相应的清理，包括现场清理和档案清理。

1）现场清理。商品出库后，有的货垛被拆开，有的货位被打乱，有的现场还留有垃圾、杂物。仓库管理人员应根据储存规划要求，进行必要的并垛和挪位，以备新的入库商品使用；清扫发货场地，保持清洁卫生；检查相关设施设备和工具是否损坏，有无丢失等。

2）档案清理。仓库管理人员应收集整理该批商品的出入库情况、保管保养情况及盈亏数据等情况，清理并按规定传递出库凭证、出库单等，相关原始单据要定期装订成册并存入商品保管档案，档案要妥善保管，以备查用。

学习单元 3　商品包装

包装是在物流过程中为保护产品、方便储运、促进销售并按一定技术方法而采用的容器、材料和辅助物的总称，也指为了达到上述目的而在采用容器、材料和辅助物的过程中施加一定技术方法等方面的操作活动。

一、商品包装的功能

1. 保护功能

保护物品在流通过程中不受损害是包装的首要功能，其作用体现在以下几个方面。

（1）防止物品破损。要求做到物品在运输、装卸、保管过程中防止因受冲击、震动等机械外力而损坏，包装应具有足够的强度，能抵抗外力的破坏。

（2）防止商品发生化学变化。即防止在流通过程中因受潮、光照、气体腐蚀等引起商品发霉、变质、锈蚀等变化。要求包装能起到阻隔水分、潮气、光照，以及各种有害气体的侵蚀作用，避免外界不良因素的影响。

（3）防止商品受鼠咬、虫蛀。要求包装具有阻隔虫、鼠侵入的作用。

（4）防止异物混入和污染物品，防止货物的散失和丢失。

2. 方便功能

通过包装而方便处理也是包装的作用之一。货物的形态是各种各样的，有固体、液体、气体之分，有大有小，有规则与不规则，有块状与粉末状，有硬与软之分。而装卸、运输的工具式样相对单一。为了提高处理的效率，必须对货物进行包装，有了包装，更方便处理。另外，流通中的劳动生产率指标一般都用包装后所组成的货物单元来描述。大多数货物都采用成组化或集装化的包装。

3. 促进销售

良好的包装能起到美化产品、促进销售的作用。因此，销售包装必须通过装潢艺术来吸引消费者，唤起消费者的购买欲望，达到促进产品销售的目的。

二、商品包装的要求

商品包装应遵循科学、经济、牢固、美观、适销的原则，一般有下列要求。

1. 商品包装应适应商品特性

商品包装必须根据商品的不同特性，分别采用相应的材料与技术处理，使包装完全符合商品理化性质的要求。

食品商品包装要根据食品的不同特性，为避免食品的变质，采取相应的材料和技术处理。特别应注意包装的洁净卫生、密封防潮和避光阻氧，并应注意要有一定的抗压性。日用工业品商品包装不仅要注意保护商品，还需注意外观造型优美别致，便于展销和使用。

2. 商品包装应适应运输条件

商品在流通过程中，要经过运输、装卸、储存等环节，易受到震动、冲击、压力、摩擦、高温、低温等各种外界因素的影响，而遭到破坏和损坏。要保护商品安全，就要求商品包装应具有一定的强度，坚实、牢固、耐用。对于不同的运输方式和运输工具，还应有选择地采用相应的包装容器和技术处理。整个包装要适应流通领域中的储存运输条件，满足运输、装卸、搬运、储存的强度要求。

3. 商品包装应标准化、通用化、系列化

商品包装必须推行标准化，即对商品包装的包装容（重）量、包装材料、结构造型、规格尺寸、印刷标志、名词术语、封装方法等加以统一规定，逐步形成系列化和通用化，以便有利于包装容器的生产，提高包装生产效率，简化包装容器的规格，节约原材料，降低成本，易于识别和计量，有利于保证包装质量和商品安全，有利于包装回收利用。

三、常用的包装方法

包装方法是指在包装作业过程中所采用的技术和方法。通过物流包装方法，可以将运输包装体和销售包装体形成一个有机的整体。

1. 一般包装作业

最常见的包装技术有充填、装箱、裹包、封口和捆扎等。

（1）充填作业

将产品按要求的数量装入包装容器的操作称为充填。充填是包装过程的中间工序，在此之前是容器准备工序（如容器的成型加工、清洗消毒、按序排列等），在此之后是封口、贴标、打印等辅助工序。在充填过程中，精密地计量内装物是很重要的。

充填技术主要用于销售包装，但在运输包装中也有应用，如用专用运输工具运输散装的水泥、水果等，如图 7–1–4 所示。

（2）装箱作业

箱常用于运输包装。箱的种类和形式较多，按材质可分为木板箱、胶合板箱、纤维板箱、硬纸板箱、瓦楞纸箱和塑料周转箱等，其中尤以瓦楞纸箱最常见，如图 7–1–5 所示。

图 7-1-4　充填作业

图 7-1-5　装箱作业

（3）裹包作业

裹包是用一层或者多层柔性材料包覆产品或包装件的操作。它主要用于销售包装，有时也用于运输包装，如用气泡垫将产品裹包在一起，如图 7-1-6 所示。

（4）封口作业

封口是指将产品装入包装容器后，封上容器开口部分的操作，如图 7-1-7 所示。

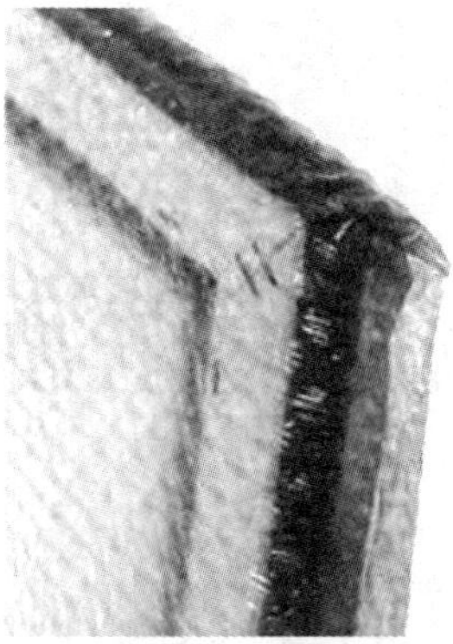

图 7-1-6　裹包作业

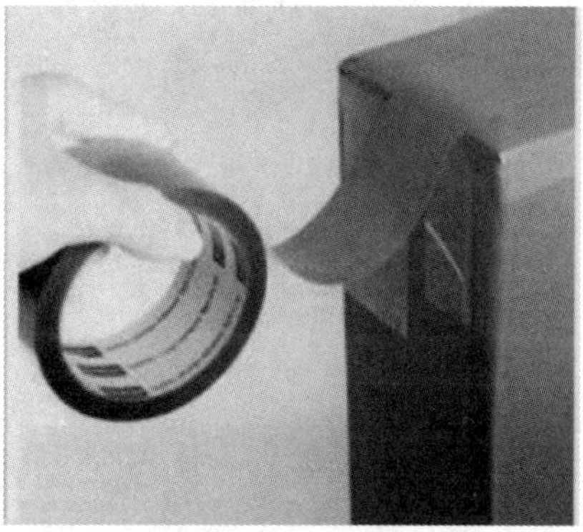

图 7-1-7　封口作业

（5）捆扎作业

捆扎是将产品或包装件用适当的材料扎紧、固定或增强的操作，如图 7-1-8 所示。

图 7-1-8　捆扎作业

2. 防护包装作业

（1）防震包装

防震包装是指为了减缓内装物受到的冲击和震动，保护其免受损坏而采取一定防护措施的包装。

防震包装技术是包装件在流通过程中十分重要的一种包装技术。

防震包装方法应该根据内装物的形状、特性，以及流通过程中的环境条件、缓冲材料的特性等因素来综合选定。防震包装方法一般分为全面防震包装、部分防震包装或悬浮式防震包装三大类，如图 7–1–9 所示。

（2）防水包装

防水包装是指防止因水浸入包装件而影响内装物品质的一种包装方法。如用防水材料衬垫在包装容器内侧，或在包装外部涂刷防水材料等。

防水包装材料应具有良好的耐水性能。常用防水包装材料有聚乙烯低发泡防水阻隔薄膜、复合薄膜、塑料薄膜、油纸等。辅助材料有防水胶粘带、防水黏结剂等。用于最外部的防水包装材料除要求有一定的强度和耐水性外，还应具有防老化、防污染、防虫咬、防疫病等性能，如图 7–1–10 所示。

图 7–1–9　防震包装

图 7–1–10　防水包装

（3）防潮包装

防潮包装是指为防止潮气浸入包装件并影响内装物品质而采用的一种包装方法。如用防潮包装材料密封产品或在包装容器内加入适量干燥剂以吸收残存潮气，也可将密封容器抽为真空等，如图 7–1–11 所示。

图 7–1–11　防潮包装

（4）防锈包装

防锈包装是指为防止金属制品表面在流通过程中发生化学变化引起锈蚀而采取一定防护措施的包装。如在产品表面涂刷防锈油，用气相防锈塑料薄膜或气相锈纸包封产品等，如图 7–1–12 所示。

（5）防霉包装

防霉包装是为了防止内装物发霉，影响质量而采取一定防护措施的包装。如对内装物进行防潮包装，降低包装容器内的相对湿度，对内装物和包装材料进行防霉处理等，如图 7–1–13 所示。

图 7–1–12　防锈包装

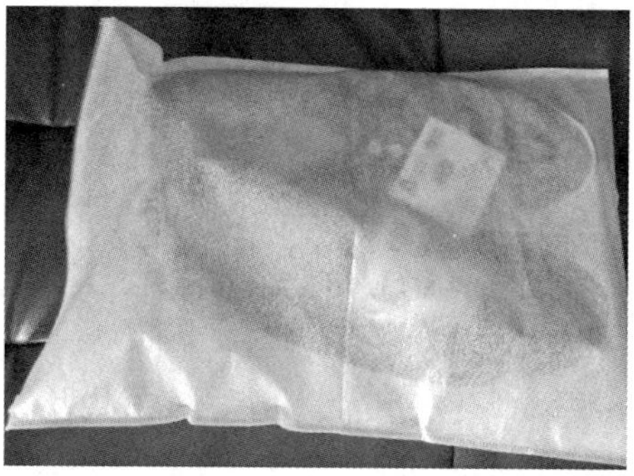

图 7–1–13　防霉包装

（6）防虫包装

防虫包装是为了保护内装物免受虫类侵害而采取一定防虫措施的包装。如在包装材料中掺入杀虫剂，有时在包装容器中也使用驱虫剂、杀虫剂或脱氧剂，以增强防虫效果等。此外，包装材料和包装容器应注意不用易被虫蛀的木材或其他材料，如有使用必须经过消毒和蒸煮，糊纸盒的糨糊要加入防腐剂，以防止蛀虫的滋生，如图 7–1–14 所示。

图 7–1–14　防虫包装

3. 其他包装作业

（1）收缩包装与拉伸包装

收缩包装是指用收缩薄膜裹包物品或包装件，然后对薄膜进行适当热处理，使薄膜收缩紧贴物品或内包装件的包装技术。拉伸包装是由收缩包装发展而来的，拉伸包装是靠机械装置在常温下将弹性薄膜围绕待包装件，在一定张力下拉伸紧裹，并在其末端进行封口的一种包装技术。此两种包装如图 7–1–15 和图 7–1–16 所示。

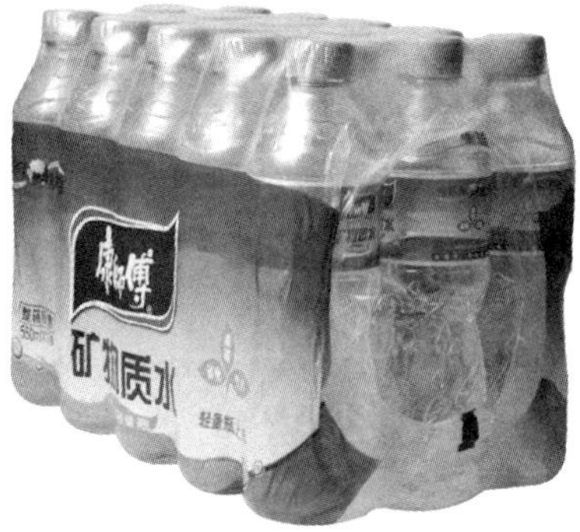

图 7-1-15　收缩包装

图 7-1-16　拉伸包装

（2）充气包装与真空包装

充气包装是指将产品装入气密性容器，用氮或二氧化碳等气体置换包装容器中原有空气的一种包装方法。真空包装是指将产品装入气密性容器，抽去容器内部的空气，使气密后的容器内达到预定的真空度的一种包装方法。充气与真空包装有小袋、软管、半刚性容器等方式。此两种包装如图 7-1-17 和图 7-1-18 所示。

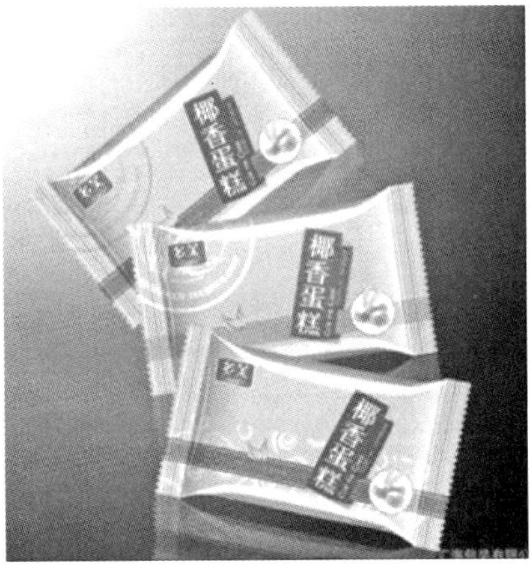

图 7-1-17　充气包装

图 7-1-18　真空包装

（3）泡罩包装与贴体包装

泡罩包装是指将产品封合在用透明塑料形成的泡罩与底板（用纸板、塑料薄膜或薄片、铝箔或它们的复合材料制成）之间的一种包装方法。贴体包装是指将产品放在能透气的、用纸板或塑料薄片（膜）制成的底板上，上面覆盖加热软化的塑料薄片（膜），通过底板抽成真空，使薄片（膜）紧密地包贴产品，其四周封合在底板上的一种包装方法。此两种包装如图 7-1-19 和图 7-1-20 所示。

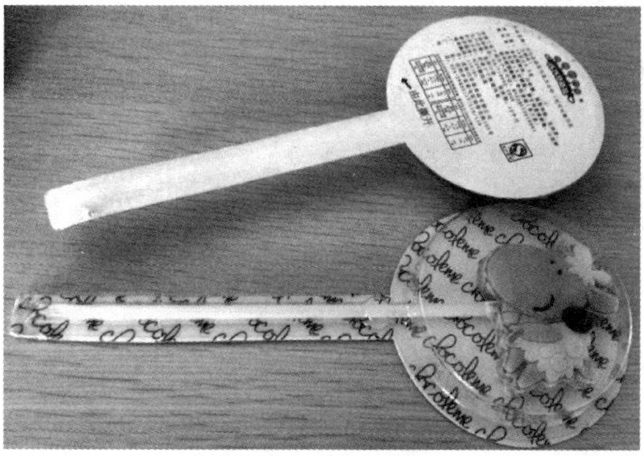

图 7-1-19　泡罩包装

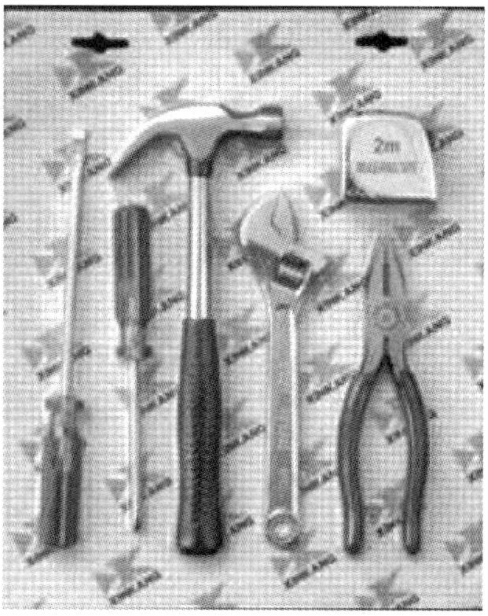

图 7-1-20　贴体包装

（4）危险品包装

危险品包装是根据危险品的特点（如放射性、易燃、易爆等物品），按照有关法律、法规和标准进行专门设计的包装。任何危险品包装都必须标明代表危险品类别和性质的标志，如图 7–1–21 所示。

图 7-1-21　危险品包装

（5）集合包装

集合包装是指将一定数量的包装件或产品，装入具有一定规格、强度，适合长期周转使用的更大包装容器内，形成一个合适的搬运单元的一种包装技术。集装容器有集装箱、集装袋、托盘、滑片、集装框等，如图 7–1–22 所示。

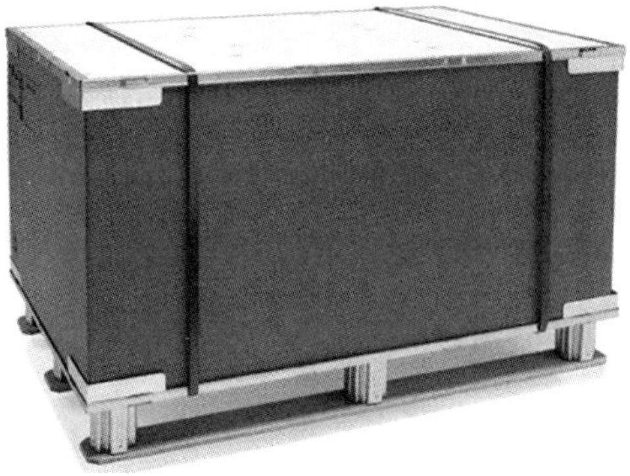

图 7-1-22　集合包装

学习单元 4　装卸搬运作业

在同一地域范围内进行的，以改变物品的存放状态和空间位置为主要内容和目的的活动称为装卸搬运。有效的搬运可以加速货物移动，减少作业时间，降低储存和相关成本。良好的搬运系统不但可改善工作环境，而且可保证货物的安全与完好，以及降低费用。

一、装卸搬运作业要求

1. 人员要求

（1）应根据作业人员的技术、经验及体力情况，调配工人与分配其工作。

（2）作业人员必须经过适当的培训考核，合格后方可上岗。

（3）作业现场应统一指挥，装卸搬运作业人员和设备操作人员应严格遵守作业要求，非以上作业人员不准在作业现场逗留。

（4）作业人员应按照要求穿戴好相应的劳动防护用品（如安全帽、安全带、防护口罩、手套等），进行文明作业，严禁奔跑，保障作业人员的人身安全。

2. 设备要求

（1）作业人员在作业前必须了解所要装卸、搬运货物的品种规格、数量、外包装、特殊装卸要求，准备必要的操作设备和工具。

（2）所有装卸搬运工具在使用前必须检查，符合安全使用要求的才能使用。

（3）如果发现异常情况应及时报告仓库管理人员。

（4）装卸工具使用后应摆放整齐，并存放在指定地点。

3. 作业要求

（1）装货时，应将重货物放在下面，轻货物放在上面，使货物重心尽可能降低，做到小心轻放，合理堆放。不堆高货物，以防货物搬运过程中发生倒塌。货物尽量放平排列，在货物间隙处可放入填塞物以防止运输过程中因货物的相互挤压、摩擦产生外包装变形及损坏。

（2）操作中应维护货物、爱护包装，装卸搬运前应仔细阅读外包装上储运的标志和说明表示商品的性质特点方面的注意事项，如防湿、防热、防冻、避光等或指示操作的要求。搬运时遵照其要求操作，严禁野蛮作业，如丢、甩、拖拉货物而造成货物损坏或货物外包装的损坏和污染。

（3）装货或仓库装卸时应将货物外箱运输标志和装卸标志向外，以引起其他工作人员的注意。

（4）装卸过程中，作业人员有责任积极主动发现问题并及时报告收发货仓库管理人员。

二、装卸搬运的原则

装卸搬运原则是装卸搬运活动要求达到的目标和应当遵循的基本原则。

1. 安全文明原则

安全文明原则是指在装卸搬运作业中，坚持文明装卸，杜绝野蛮装卸。在装卸搬运作业流程中，不安全因素比较多，必须确保作业安全，尽量减少事故。

2. 省力节能原则

节约劳动力，降低能源消耗，是装卸搬运作业最基本的要求和原则。

3. 最小化原则

减少装卸搬运次数，就意味着减少装卸搬运作业量，从而减少装卸搬运劳动消耗，节省装卸费用。

4. 程序化原则

装卸搬运作业应遵循一定的程序，尽量做到流水化作业，不间断，不停顿。

5. 系统化原则

仓库管理人员应将各个装卸搬运活动作为一个有机的整体实施系统化管理。装卸搬运作业组织的出发点是实现装卸搬运的合理化，而其合理化的目标是系统的整体优化，要充分发挥系统中各要素的功能，从作业质量、效率、安全、经济等方面对装卸搬运系统进行评价。

6. 机械化原则

在装卸搬运作业中要尽可能用机械作业替代人工作业。

三、装卸搬运作业的注意事项

装卸搬运作业是物流过程的一个重要环节，物流过程的很多环节都是依靠装卸搬运而联系在一起的。在整个物流过程中装卸搬运作业所占的比重较大，制约着物流过程各个环节的活动。装卸搬运作业有以下几点要求。

1. 搬运时轻拿轻放，所有产品不超出托盘的边缘，严禁抛货，如图 7–1–23 所示。
2. 装载或存放时按要求摆放，重不压轻，大不压小，如图 7–1–24 所示。
3. 装卸或摆放归位时不要倒放、斜放，要箭头向上，如图 7–1–25 所示。

图 7–1–23　错误的装卸搬运作业（1）

图 7–1–24　错误的装卸搬运作业（2）

图 7–1–25　错误的装卸搬运作业（3）

4. 所有产品的摆放要与托盘的边缘对齐，呈水平或垂直状态，如图 7–1–26 所示。

5. 要按产品的摆放标识进行摆放，不要超高，如图 7–1–27 所示。

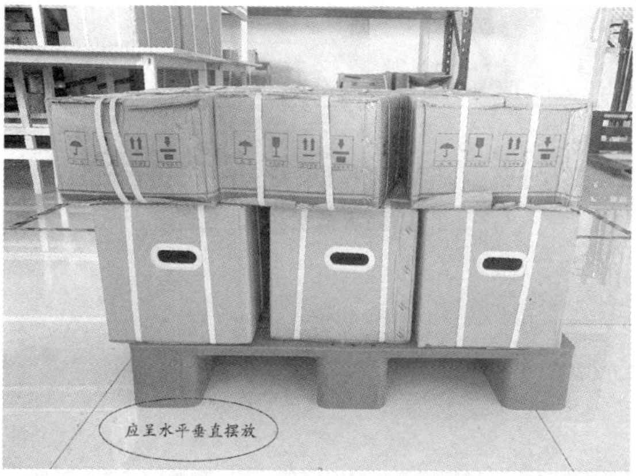

图 7–1–26　错误的装卸搬运作业（4）

图 7–1–27　错误的装卸搬运作业（5）

6. 存放时应把所有的产品标签朝外，如图 7–1–28 所示。

7. 室内作业应戴好安全帽，装卸时应穿上安全服，如图 7–1–29 所示。

图 7–1–28　错误的装卸搬运作业（6）

图 7–1–29　正确的装卸搬运作业

课程 7–2　快递物流作业

学习内容

学习单元	课程内容	培训建议	课堂学时
快递物流作业	1）网点作业 ①网点业务操作 ②网点加盟管理 2）分拨中心作业 ①分拨中心分拣作业 ②分拨中心扫描作业 ③分拨中心其他作业 3）运输作业 ①运输作业分类及对运输品的要求 ②公路运输的操作及异常情况处理 ③航空物流的操作及异常情况处理	（1）方法：讲授法、演示法、实训法 （2）重点与难点：分拨中心作业	4

学习单元　快递物流作业

快递物流作业是指在一定的合理区域范围内，根据用户要求，对快递货物进行分拣、包装、分类、组配等作业，并以最短时间送达指定地点的物流活动。相对于其他行业的物流来说，快递行业物流的作业环节比较少而且简单，但快递行业物流对时间的要求非常高，强调以最短的时间完成物流任务，因此在物流成本上高于其他行业的物流。快递物流作业主要包括网点作业、分拨中心作业、运输作业和快递物流的选择。

一、网点作业

快递网点是快递公司在单个城市中最小、最基本的操作单位。它负责该城市某一区域内快件的揽收、运输、分拣与派送工作，同时还可能会有一些辅助环节，如查询、撤回、投诉、索赔等。

1. 快件揽收

快件揽收是指快递业务员从客户处收取快件，包括验视、包装、运单填写和款项交接等环节。收寄的形式有两种，一种是上门收寄，快递业务员到客户家里或办公地点收取快件，并询问、验视、封装、填写单据和收取费用；另一种是营业场所收寄，是指客户到公司营业场所寄发快件，由快递服务员进行询问、验视、封装、填写单据和收取费用。

如果需要上门收寄，快递业务员要先打电话与客户约好时间，穿着统一的具有组织标识的服装，并佩戴工号牌或胸卡。收件后要核查快件，确认客户寄递的快件是否在网络派送区域之内，对不在服务区域内的快件可向客户提供解决方案或不予收寄。快递业务员应严格按照《禁止寄递物品管理规定》的要求验视快件，若属于禁寄物品或限寄物品的，应不予收寄，若发现违反国家法律、法规的物品必须及时向公司及国家相关部门报告。

快递业务员应指导或者协助客户使用规范包装物料和充填物品包装快件，使快件符合中转运输的要求，确保寄递物品安全。快递业务员应告知客户阅读运单背书条款，并提醒客户贵重物品应保价。对客户已填好运单的，对填写内容进行检查；若客户未填写运单，则指导客户填写或代客户填写，并让客户在指定的位置签名。对已包装好的快件进行称重，确认支付方和支付方式，并在运单指定的位置注明。将填写好的运单、标识等贴在快件的合适位置。将运单客户联给客户留存，并为客户开具票据。对已揽收的快件做信息采集，并上传至系统。运单示例如图 7-2-1 所示。

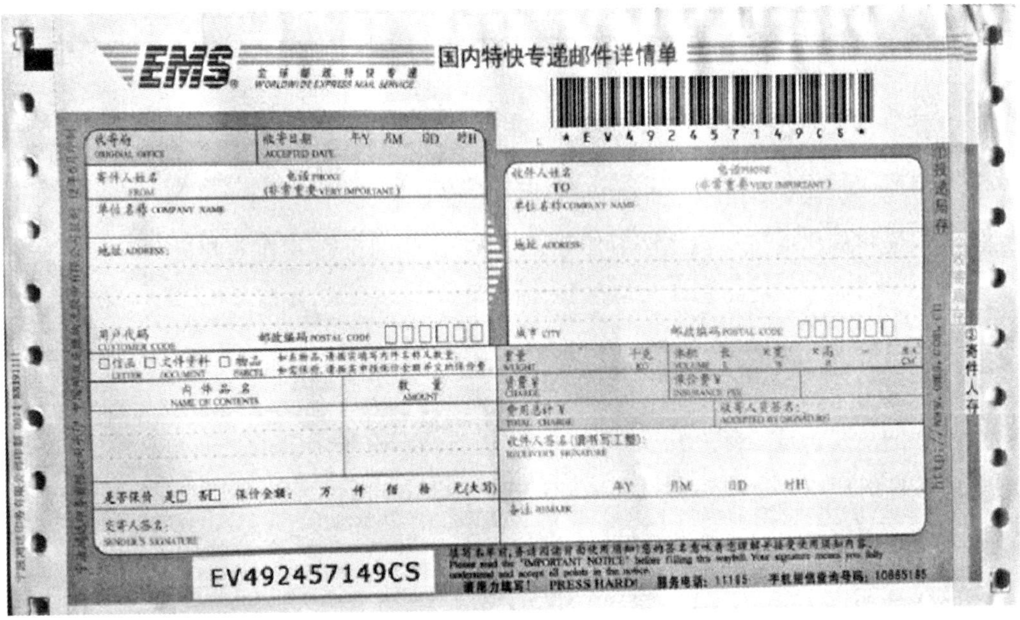
EMS
WORLDWIDE EXPRESS MAIL SERVICE
国内特快专递邮件详情单
EV492457149CS
寄件人姓名 FROM
电话 PHONE
单位名称 COMPANY NAME
地址 ADDRESS
用户代码 CUSTOMER CODE
邮政编码 POSTAL CODE
内件品名 NAME OF CONTENTS
数量 AMOUNT
是否保价
保价金额
交寄人签名 SENDER'S SIGNATURE
收件人姓名 TO
城市 CITY
重量 WEIGHT
资费 CHARGE
保价费 INSURANCE FEE
费用总计 TOTAL CHARGE
收寄人员签名 ACCEPTED BY (SIGNATURE)
收件人签名 RECEIVER'S SIGNATURE
备注 REMARK
请用力填写！ PRESS HARD!
③寄件人存

图 7-2-1　运单示例

2. 快件运输

业务员将揽收快件在规定的时间内运回网点，并将运单公司留存联及费用交给相关的工作人员，快件进入运输阶段。快件运输是指在统一组织和指挥调度下，按照运输计划，综合利用各种运输工具，将快件迅速、有效地运达目的地的过程。

3. 快件分拣

快件分拣指分拣人员按照快件封面所贴详细地址，将相关快件按类进行归置的过程。快件分拣工作是快件处理过程中的重要环节，快件处理人员只有掌握了相关的地理知识、地址信息、信息录入方法等才能避免错分，提高工作效率，保证快件按预计的时限、合理的路线及有效的运输方式送达客户。

（1）总包接收

分拣部门接收趟车和转运部门交来的快件，点验总包数目、规格，与交方办理快件及路单交接手续。速递系统与营业系统和中心局系统已实现互联互通的，同时接收网上路单信息。转运作业与分拣作业为流水线方式的，总包快件由转运部门接收后，分拣部门直接进行开拆作业，不再进行点验接收处理。

（2）总包勾核

分拣部门接收转运部门交来的总包，点数正确则不用勾核，分拣部门直接接卸趟车和快班汽车快件的，应利用作业系统进行总包扫描勾核。

（3）总包开拆

1）开拆总包。开拆总包指开拆快递总包，点验内件数目、规格，扫描袋牌条形码，系统核对快件信息。

2）内件勾核。内件勾核指逐件扫描散件条形码，与系统快件信息进行勾核。如果系统无该单号，则逐件扫描补录开拆快件运单号。

（4）整理快件

开拆人员应根据机器分拣和人工分拣作业的要求整理快件。对总包接收、开拆或内件勾核、分拣过程中发现的各类不符合情况要进行发验处理。

4. 快件派送

快递派送是快递服务中最重要的环节之一，快递派送是指快递服务组织将快件递送到收件人或指定地点并获得签收的过程。快件派送不仅仅是把快件送到客户手中这么简单，快件派送必须有一个系统的流程，要求相关单位和人员密切配合，快递业务员尽心尽责。快递业务员对于本区域的快件提供上门投递服务，在投递过程中要确保人员及快件的安全。

（1）派件准备

在快件发送前，快递业务员应准备好需使用的交通运输工具、操作设备、各式单证、证件等，整理好个人仪容仪表。

（2）快件派送

快递业务员根据快件属性、目的地、时效等要求，合理安排派送顺序。对快件进行捆扎可以有效地防止快件在派送过程中出现散落、遗失等情况，应根据快件的数量、重量等，结合装运快件工具合理确定捆扎方法。到达目的地后，快递业务员应妥善放置交通工具及快件，以免丢失。

（3）快件签收

快递业务员应核查客户或客户委托人的有效证件，提示客户检查外包装是否完好，对于外包装破损的快件，快递业务员应礼貌做好解释工作，并根据公司要求，做拒收或者查验处理。对于到付或者代收货款的快件，应向客户收取相关费用，并开具相关票据。快递业务员在运单上填写自己的工号或姓名，并指导客户在指定的位置签字；采用电子签收的，则请客户在签收设备上签字。客户签收后，有条件的网点，快递业务员应立即使用扫描工具，对快件签收信息进行上传，并妥善处理运单签收联。正常签收的快件，将快件签收回单交给公司相关工作人员，涉及相关费用的，一并上交。

（4）无法正常投递的快件处理

首次投递不成功，工作人员应主动联系收件人，确认再次投递时间和地址。再次投递不成功，可告知公司地址和工作时间通知客户自取，若客户仍需要投递的，应告知额外费用。对于联系不上收件人和发件人的快件，除不易保存的快件外，在妥善保存 3 个月后，可按相关规定处置快件。

5. 快件查询

快递公司应向客户提供电话查询、网站查询、手机客户端查询等查询渠道，查询内容包括快件当前所处的服务环节及所在位置等。

6. 快件撤回

快件撤回是快递企业根据寄件人的申请，将已交寄的快件退还寄件人的一种特殊服务。符合下列条件的快件可撤回。

（1）尚未首次投递的同城和国内异地快件（我国港澳台地区未验关）。

（2）尚未出口验关的国际快件。

寄件人在向快递公司提出撤回申请时，快递公司应告知寄件人需要承担撤回的费用并告知收费的标准。

7. 客户投诉

快递公司有责任、有义务提供客户投诉的渠道，如电话、网络、信函等形式。快递公司应记录投诉人的姓名、地址和联系方式，投诉的理由、目的和处理方式。快递公司除了与投诉人有特殊约定外，同城和国内异地快件投诉处理时限为不超过 30 个日历天，国际快件投诉处理时限不超过 60 个日历天。

8. 索赔

索赔原因主要包括快件延误、丢失、损毁和内件不符。

快件延误指快件的投递时间超出快递公司承诺的服务时限，但尚未超出彻底延误时限。

快件丢失指快递公司在彻底延误时限到达时仍未能投递快件，与客户有特殊约定的情况除外。

快递损毁指快递公司寄递快件时，由于快件封装不完整等原因，致使快件损失部分价值或全部价值，与客户有特殊约定的情况除外。

内件不符指内件的品名、数量和重量与快递运单不符。

有下列情形之一的，快递企业可不负赔偿责任。

（1）由于客户的责任或所寄物品本身的原因造成快件损失的。

（2）由于不可抗力原因造成损失的（保价快件除外）。

（3）客户至交寄快件之日起满一年未查询又未提出赔偿要求的。

二、分拨中心作业

分拨中心是专门从事分拨活动的经济组织，它是集加工、理货、送货等多种职能于一体的物流据点。分拨中心是快递网络中的重要节点，起着对本区域业务组织管理及其他区域业务联络的重要作用。

1. 分拨中心分拣作业

分拨作业是快件操作的核心环节。分拣是根据快件的发运路线或目的地，尽可能迅速、准确地将快件进行分类拣取，并摆放在指定位置的作业过程。分拣作业在快件作业环节中不仅工作量大、难度高，而且要求作业时间短、准确度高。因此，加强对分拨作业的管理非常重要。影响分拣作业质量的主要因素有分拣难度、分拣信息、作业方式以及分拣人员等。

（1）分拣难度

分拣难度取决于分拣作业的需要，分拣区域越多，分拣端口就越多，分拣的难度也就越大。

（2）分拣信息

分拣信息包括信息系统中的快件记录和运单上的资料这两方面的快件信息。快件信息的准确度、完整度、清晰度以及填写的规范性是影响分拣作业质量的主要因素。如果快件信息填写完整、准确、规范、清晰，分拣人员就能够快速、准确地确定分拣区域，迅速完成分拣。

（3）作业方式

分拣的作业方式主要有三种：手工方式分拣、半自动机械分拣、自动分拣。

1）手工方式分拣。手工方式分拣指在分拣过程中用手工完成对分拣区域的确认、快件的拣取等动作。手工方式分拣效率低、速度慢、差错率高、连续作业能力差，但是对场地、工具的要求低，投入资金少，分拣成本低，是中小快递企业对小件货物主要采用的分拣方法。手工方式分拣如图 7–2–2 所示。

图 7–2–2　手工方式分拣

2）半自动机械分拣。半自动机械分拣指将待分拣快件通过输送装置进行传递，并在一定程度上识别分拣区域或生成分拣代码，由作业人员根据机械指示或人工判断，在接件口将输送到位的快件进行拣取。这是一种人机结合的分拣方式，是对手工方式的一种改进。其主要特点是使用机械对快件进行自动输送，减轻分拣人员劳动强度，改善分拣作业环境，实现连续不断的分拣，提高分拣效率。大件货物主要采用此种分拣方法。半自动机械分拣如图 7–2–3 所示。

图 7–2–3　半自动机械分拣

3）自动分拣。自动分拣指通过计算机自动识别待分拣快件的分拣区域，并由自动分拣设备将快件输送到该区域的分拣道口。这种分拣方式的特点是能连续、大量、准确地分拣，分拣误差率极低，分拣过程基本实现无人化，大幅度提高劳动效率。自动分拣如图 7–2–4 所示。

图 7–2–4　自动分拣

（4）分拣人员

不管采用哪种分拣方式，人在分拣作业中都是最主要的因素。在手工方式分拣中，分拣员对分拣区域及界定方法的熟练度决定了分拣的速度和准确度，分拣员的态度和积极性决定了分拣过程快件的破损率和差错率；在半自动机械分拣中，人机的配合度决定了分拣的最终效率；在自动分拣中，只有作业人员规范、正确地使用、配合自动分拣设备，并对分拣异常和无法自动分拣的快件进行及时处理，才能发挥自动分拣的最大效率。

2. 分拨中心扫描作业

扫描作业指通过对快件包装外面的条码进行扫描，将相关信息录入公司的管理系统，便于快件的信息跟踪和信息核对。

分拨中心扫描作业主要分为收件扫描作业、分拣扫描作业和发件扫描作业。

（1）收件扫描作业

分拨中心操作员领取属于分拨中心派送范围的快件，总包扫描包号，快件逐件扫描，检查快件，当场确认所取快件数量，并签字交接，如有问题将异常件交回处理人员。收件扫描如图 7–2–5 所示。

（2）分拣扫描作业

在快件进入分拨中心仓库前，操作员应逐件扫描条码，进行系统入库登记管理，按照运单上的地址信息，分别将快件分拣到指定位置，根据指定区域内的指定中转站代码，进行分发扫描，核对件数以后，操作员、仓管员分别签字确认。分拣扫描如图 7-2-6 所示。

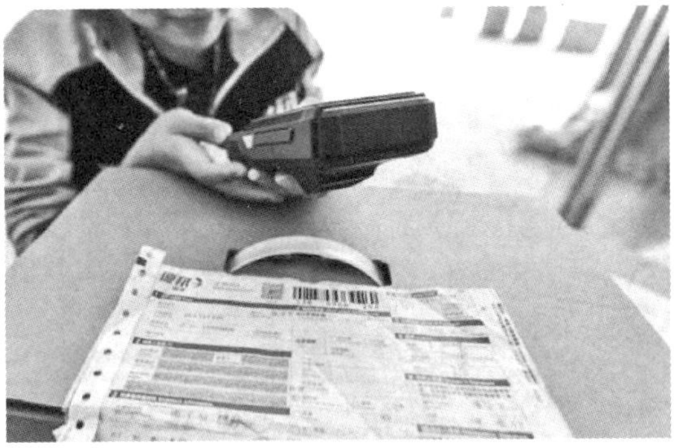

图 7-2-5　收件扫描

图 7-2-6　分拣扫描

（3）发件扫描作业

分拨中心按先后顺序发货，安排相应的货物出库，逐件出库扫描，进行系统入库登记管理，同时核对各中转站件数，将各中转站快件装入指定的包装并封口，对于封装的总包也要进行扫描。发件扫描如图 7-2-7 所示。

图 7-2-7　发件扫描

3. 分拨中心其他作业

分拨中心要在快递网络中发挥其应有作用，除分拣作业和扫描作业外，还有其他作业活动。

（1）存储作业

分拨中心的服务对象是为数众多的生产企业和商业网点（如超级市场和连锁店），分拨中心的作用是按照用户的要求，及时将各种已经配装好的货物送交到用户手中，满足生产和消费的需要。为了顺利而有序地完成向用户配送货物的任务，通常，分拨中心都要兴建现代化的仓库并配备一定数量的仓储设备，存储一定数量的商品。某些区域性大型分拨中心不但要在配送货物的过程中存储货物，而且它所存储的货物数量更大，品种更加繁多。存储作业如图 7–2–8 所示。

图 7–2–8　存储作业

（2）集散作业

在配送实践中，分拨中心凭借其特殊的地位和所拥有的各种先进的设备手段能够将分散在各个生产企业的产品（即货物）集中在一起，而后，经过分拣、配装向众多用户发运。与此同时，分拨中心也可以做到把各个用户所需要的多种货物进行有效的组合（或者配装），形成经济、合理的货载批量。分拨中心在流通实践中表现出来的这种功能即集散功能。集散作业是分拨中心所具备的一项基本操作，利用分拨中心来集散货物，可以提高卡车的满载率，并可由此降低物流成本。集散作业如图 7–2–9 所示。

图 7–2–9　集散作业

（3）加工作业

为了扩大经营范围和提高配送水平，国内外许多分拨中心都配备了各种加工设备，由此形成了一定的初加工能力。这些分拨中心能够按照用户提出的要求和根据合理配送商品的原则，将组织进来的货物加工成一定规格、尺寸和形状。加工货物是分拨中心的重要活动。分拨中心积极开展加工业务，不但大大方便了用户，而且也有利于提高物质资源的利用率和配送效率。加工作业如图 7–2–10 所示。

图 7-2-10　加工作业

三、运输作业

1. 运输作业分类及对运输品的要求

（1）运输作业分类

快件运输指利用各种交通工具在约定的时间内将货物运达目的地的行为。它贯穿了整个快递服务过程，具有全程性、网络性、联合性的特点，是实现快递服务快速、安全、及时送达的基本保障。快递企业根据不同客户的需求，采取不同的运输方式。快递运输主要有公路运输、铁路运输和航空运输 3 类，表 7-2-1 是各种运输方式的优缺点。

表 7-2-1　各种运输方式的优缺点

运输方式	优点	缺点
公路	可以实现“门到门”运输；机动灵活，富有弹性和适应性，可满足多种需求；近距离运输经济合理；原始投资少	运载量小，不适合大量运输；长距离运输费用高；受天气影响大；安全性差；污染环境
铁路	运送速度快，运输能力大；受自然条件限制较小；通用性能好，可运输各类不同的货物；运行平稳，安全可靠	投资大，建设周期长；占地面积较大；营运缺乏弹性
航空	长距离运输速度快；不受地形影响；舒适、安全；对运输货物包装要求较低；使用范围广泛，用途广	运量小、运费高，不适合运输附加值低的货物；易受天气影响

（2）运输品的要求

快递运输的货品主要为小批量、多品种、附加值高、高时效等时间价值高、对时间敏感的货物，如部分零担货物、集装箱货物、时令商品、鲜活易腐品、高价值贵重物品，以及用户要求快运的小件物品等。快件是快递企业按承诺时限依法快速递送的信件、包裹、印刷品的总称。国家有关标准明确规定了快件的总量与规格：快件单件总量不宜超过 50 kg，单件包装规格任何一边的长度不宜超过 150 cm，长、宽、高三边长度之和不宜超过 300 cm。

为维护社会公共安全、社会和谐稳定，维护国家利益，保障人民生命财产安全，防止禁寄物品进入寄递渠道，国家邮政局于 2016 年 12 月 16 日发布了《禁止寄递物品管理规定》，对禁寄物品做出了明确规定。具体禁寄物品如下。

1）枪支（含仿制品、主要零部件）弹药。

2）管制器具。

3）爆炸物品。

4）压缩和液化气体及其容器。

5）易燃液体。

6）易燃固体、自燃物质、遇水易燃物质。

7）氧化剂和过氧化物。

8）毒性物质。

9）生化物品，传染性、感染性物质。

10）放射性物质。

11）腐蚀性物质。

12）毒品及吸毒工具、非正当用途麻醉药品和精神药品、非正当用途的易制毒化学品。

13）非法出版物、印刷品、音像制品等宣传品。

14）间谍专用器材。

15）非法伪造物品。

16）侵犯知识产权和假冒伪劣物品。

17）濒危野生动物及其制品。

18）禁止进出境物品。

19）其他物品。《危险化学品目录》《民用爆炸物品品名表》《易制爆危险化学品名录》《易制毒化学品的分类和品种目录》《中华人民共和国禁止进出境物品表》载明的物品和《人间传染的病原微生物名录》载明的第一、二类病原微生物等，以及法律、行政法规、国务院和国务院有关部门规定禁止寄递的其他物品。

另外，在国家法律法规规定的禁寄品外，各个公司还设有各自的禁寄标准。以顺丰速运为例，航空快件禁止收寄易燃、易爆、易腐蚀、有毒、放射性及违法物品。航空快件的限制收寄要求如下。

1）航空快件单件计费重量不超过 80 kg 或三边（长、宽、高）分别不超过 2.5 m、1 m、0.8 m。

2）原商业包装液体、膏状、粉末类食品可通过航空方式发运，如原包装的奶粉、咖啡粉、保健品、矿泉水等；非商业原包装的其他液体、膏状、粉状类物品需提供“鉴定报告书”，在发运机场报备通过后方可发运航空。

3）除日用化工品外（如牙膏、洗面奶、洗洁精、化妆品），其他化工类物品需提供安全属性证明材料，确认安全后，将证明材料随货寄出，还需提供“鉴定报告书”，在发运机场报备通过后方可发运航空。

4）活体动物类除大闸蟹、甲鱼、大龙虾外，其他活物体动物禁止收寄。

5）电池类必须提供符合 UN38.3 测试和 1.2 m 跌落实验相关检查报告，并提供检测报告原件向机场报备通过后方可发运，还必须为商业包装，每台电子产品最多 2 块电池，且机电分离，电池须独立密封包装，机电一体的电子产品须关机。禁止收取摩托车、汽车、电动车（含电动单车、三轮车、平衡车）的蓄电池，禁止收取额定能量大于 100 W · h（瓦 · 时）的锂电池或充电宝。

2. 公路运输的操作及异常情况处理

（1）公路运输操作流程

1）接单。公路运输主管从快递分拨中心接收运输计划单，运输调度从分拨中心接出库提货单证，并核对单证。

2）登记。运输调度在登记表上分送货目的地和收货站点标定提货号码。司机到运输调度中心拿提货单，并在运输登记本上确认签收。

3）调用安排。运输调度填写运输计划表，将计划提供的信息录入车辆信息跟踪表，计算机输单。

4）车队交接。车队根据送货方向、重量、体积，统筹安排车辆，报运输计划给下个站点，并确认到站提货时间。

5）提货发运。司机检查车辆情况，办理提货手续，提货，盖好车棚，锁好箱门，办好出库手续。

6）在途追踪。司机及时反馈途中信息，填写车辆在途跟踪表，有异常情况及时与公司联系。

7）到达签收。司机按时准确到达指定卸货地点，货物交接，与站点签收运输单，将回单传真给上个站点。

8）运算结算。运输公司整理好收费票据，做好收费汇总表交至客户，确认后交回结算中心，结算中心开具发票，向客户收取运费。

（2）公路运输异常情况处理

1）若车辆在运输途中发生故障，运输调度应评估车辆故障的程度和需修复时间，若能及时修理并且不造成货物迟到，应马上安排抢修；若无法及时修理，应安排其他车辆送货。

2）若车辆在运输途中发生交通事故，运输调度应组织进行事故的现场处理，并通知保险公司；若车辆在运输途中因天气、道路等原因不能按时送达货物，运输调度应确认情况并及时电话通知下个站点；若车辆运输途中因其他非自然因素导致不能按时送达货物，司机应及时通知运输调度，运输调度应负责协调解决事件。

3）若发生运输货物事故（货物被抢、被盗，遇交通事故或地震、台风等不可抗力引发货物损坏等），应按公司规章制度的相应规定进行事故现场处理和向保险公司办理货损的理赔事宜。

3. 航空物流的操作及异常情况处理

（1）航空物流操作流程

航空快递指航空快递企业利用航空运输，收取收件人的快件并按照向发件人承诺的时间将其送交指定地点或者收件人，掌握运送过程的全部情况并能将即时信息提供给有关人员查询的门对门速递服务。

航空快递公司根据自己业务的实际情况在中心地区设立分拨中心，将收集起来的快件，按所到地区分拨完毕，装上飞机。当晚各地飞机飞到分拨中心，各自交换快件后飞回。第二天清晨，快件再由各地分公司用汽车送到收件人手中。这种方式看上去似乎不太合理，但由于中心分拨减少了中间环节，快件的流向简单清楚，减少了错误，提高了操作效率，缩短了运送时间，被事实证明是经济、有效的。

航空快递业有自己独特的运输单据，通常为四联。第一联留在始发地并用于出口报关；第二联贴附在货物表面，随货同行，收件人可以在此联签字表示收到货物，但通常快件的收件人在快递公司提供的送货记录上签字，而将此联保留；第三联作为快递公司内部结算的依据；第四联作为发件凭证，留存在发件人处，同时该联印有背面条款，一旦产生争议时可作为判定当事各方责任、解决争议的依据。

（2）航空运输异常情况处理

1）对航空公司检查确定为禁运品的货物，如液体物品，需带回快递公司，并在向客户进行必要的解释后拒收。如涉及违反国家法律、法规的物品，必须立即通知当地公安部门。

2）若遇到因天气原因、流量控制、机械故障等原因而造成的航班延误，航空公司应立即启动应急预案，并打电话及时告知机场接机人员及下一个站点工作人员。

3）若发生运输货物事故（货物被抢、被盗等不可抗力引发货物损坏等），应按公司规章制度的相应规定进行事故现场处理和向保险公司办理货损的理赔事宜。

四、快递物流的选择

1. 我国主要快递公司

（1）顺丰速运

顺丰速运网络全部采用自建、自营的方式，有国内同城件、省内件、省外件、港澳台件、国际件、即日件、次晨件、次日件，还可提供寄方支付、到方支付、第三方支付等多种结算方式。

（2）申通快递

申通快递分别在全国各省会城市（除台湾）以及其他大中城市建立起了多个分公司，主要承接非信函、样品、大小物件的速递业务。申通快递主要经营市内件和省际件。

（3）圆通快递

圆通快递的服务涵盖报关、报检、海运、空运、进出口货物的运输服务，中转、国际、国内的多式联运，分拨、仓储及特种运输等一系列的专业物流服务。圆通快递提供国内件、国际件、限时服务。

（4）韵达快递

韵达快递是中国特色的物流及快递品牌，结合中国国情，用科技化和标准化的模式运营快递网络。韵达快递已在全国拥有千余个服务规范的服务站点，致力于不断向客户提供富有创新的满足客户不同需求的解决方案。

（5）中通快递

中通快递的服务项目有国内快递、国际快递、物流配送与仓储等，提供“门到门”服务和限时（当天件、次晨达、次日达等）服务。同时，中通快递开展了电子商务配送、代收货款、签单返回、到付和代取件等增值业务。

2. 选择快递公司应考虑的因素

在店主和顾客之间，快递公司充当了桥梁的作用。好的物流配送服务，对卖家（网店店主）而言，不仅会节省更多的物流成本，加快资金的流动，还会因为良好的服务，带来更多的回头客；对买家（顾客）而言，快递能让他们及时、准确、完好地获得商品，他们对店主就会更加信任。

反之，不好的、不负责任的物流配送服务，可能会让店主和顾客之间产生信任危机，出现纠纷，快递公司就成了店主和顾客之间的矛盾导火索，轻则重新发货，重则直接影响店主的信誉，被店主投诉。所以，对网店店主来说，选择一家好的快递公司至关重要。

影响快递公司选择的因素主要有价格、速度、覆盖网点、安全性、方便性。

（1）价格

不同的快递重量，不同快递公司所产生的资费大不相同。通过比较，能很明显地看出来哪家快递公司最实惠，哪家快递公司最昂贵。有的快递公司在一定重量以上更便宜，而有的快递公司在某些地区资费较低。店主要结合具体情况进行选择。

（2）速度

快递速度的快慢不仅对服务质量有影响，而且也直接影响网店的生意和资金回收效率。速度快就意味着更快的资金流动速度，可以带来更多的赚钱机会。这里的速度包括快递公司业务员上门服务（取件）的速度、快件运输的速度、物品送达客户手中的速度等多方面。不同的快递公司快递运输速度各不相同。如国家邮政局 2017 年对 10 家快递服务品牌时限指标进行排名，全程时限方面，民营快递公司顺丰在寄出地处理时限、寄达地处理时限、投递时限、72 小时准时率均排名第一。

（3）覆盖网点

网店店主面对的是各地买家，所以要选择网点覆盖面广的快递公司，快递公司覆盖的网点就是自己的商品覆盖的网点。网点覆盖范围的大小，直接影响快递发送的范围，对于网店店主来说，选择的快递公司网点覆盖范围越大，未来的客户群潜力就越大。不同的快递公司，因为成立时间的早晚、拓展能力的不同，所覆盖的网点也不同。如邮政 EMS 拥有最全面的网点覆盖，目前已经覆盖全球 200 多个国家和地区。

（4）安全性

网店的商品能否安全地到达顾客手中，关乎网店的信誉和顾客的利益，无论用哪种运输方式，一定要保证商品能安全完整地送到顾客的手中，丢失、损坏货物，会对店主和顾客造成困扰，使他们损失时间和金钱。

（5）方便性

快递公司在设置服务场所、安排营业时间等方面应便于为客户提供服务。快递公司应具有固定的、易识别的营业场所，通过各种渠道告知客户。快递服务营业场所应有组织标识，标识应醒目、整洁。